生活保護解体論

セーフティネットを編みなおす

岩田正美
Masami Iwata

岩波書店

目次

序章　解体でみえる、最低生活保障の新たなかたち

1　パンデミックと「最後のセーフティネット」

都内バス停にて――ホームレス女性殺人事件

二〇二〇年一一月の早朝、東京渋谷区のバス停のベンチで休んでいた女性が、通行人に殴られ、搬送先の病院で死亡した。所持品から身元が確認され、大林三佐子さん（六四歳）であることがわかった。大林さんは短期契約でスーパーの試食販売員をしていたが、この事件より三年ほど前に家賃滞納でアパートから退去し、おそらくネットカフェなどに泊まりながら暮らしていたようだ。二〇年の春頃から仕事がなくなり、夜をこのバス停で過ごす姿が近所の人から目撃されている。死亡時の所持金は八円であったという。この事件を受けて、翌月に一七〇人もの人が集まった追悼集会が開かれ、「彼女は私だ」「生きる事は全ての人の権利」といったプラカードが掲げられていた。

右は、この事件についての報道(1)を要約したものです。ホームレスの人たちをねらった襲撃事件は今に始まったことではないのですが、大林さんの事件が女性たちに「彼女は私だ」という反応を素早く引き起こしたのは、目新しいことでした。それは、一方で #MeToo 運動の流れでもあったかもしれませんが、他方で新型コロナウイルスの感染拡大による就労不安が、飲食店やサービス業に従事する非正規労働の女性に、より大きく現れていることと関係していたに違いありません。独立行政法人労働政策研究・研修機構とNHKが共同で行なった、二〇二〇年一二月のLINEによる民間企業労働者五〇〇〇人への調査によれば、新型コロナウイルスによって解雇や労働時間の減少など雇用に大きな影響を受けた人は、男性では一九％に対して女性では二六％、非正規労働の女性では三三％にものぼっていたそうです(NHK・JILPT 二〇二〇)。また、弁当配布や日用品支援などをしている支援団体は、多くの女性や家族連れ、若者が列に並んだことに驚いたと、報告しています。

このような、ギリギリに追いつめられた困窮状態にあるとき、あなただったらどうしたでしょう？ あるいは、周囲にそういう人がいたとき、あなたには何ができるでしょうか？ この新型コロナの拡大のような事態、あるいは大災害や大恐慌などが社会を襲えば、「自助」など意味をもたないし、非常時でなくても病気、障害、失業などのリスクを完全に回避することは難しいでしょう。老齢になれば雇用の場からは遠ざけられます。このように、誰もが生活の危機から逃れられないことを前提に、多くの国で社会保障制度が整備されてきました。なかでも、生活保護制度は、社会保険料を納めていない人でも「今、貧困である」ことを条件に利用できる最後のセーフティネットとして存在しています。「誰もが、この社会で生きること」を保障しているわけですね。では、なぜ大林さんは、あるいは弁当配布に並ぶ人びとは、生活保護制度を利用しなかったのでしょうか？　なぜ周囲の人は、区役所などに連絡・相談しなかったのでしょうか？

パンデミック下の生活保護利用と特別定額給付金

生活保護は、新型コロナウイルスの感染拡大の影響で、生活困窮に陥った人びとにとっても、重要な選択肢の一つです。このパンデミックの中で生活保護はどのくらい利用されているのでしょうか。厚生労働省の「被保護者調査」(2)という統計でみると、生活保護の利用者は二〇二一年六月時点(月次調査)で、約二〇四万人、日本の人口の一・六三％(保護率といいます)にすぎません。世帯でみると約一六四万世帯です。感染拡大前の二〇一九年六月の保護人口は約二〇八万人、世帯は約一六三万世帯だったので、比較すると保護人口はやや減っており、世帯数もほぼ横ばいであることがわかります。つまりコロナ禍で生活保護が有効利用されているようにはみえません。

では申請件数のほうはどうでしょう。困った人が増えれば、少なくとも申請は増えると考えることができますね。図序-1(次頁)は、二〇二〇年一月から二一年六月までの申請件数と対前年同月の伸び率を示したものです。これをみると、月々の申請件数(棒グラフ)も一・六万件から二・一万件程度のあいだで推移しており、それほど増えた感じではありません。二〇年の三〜四月と、二一年の一月は二・一万件とやや多くなっています。折れ線グラフは対前年同月の伸び率を示し

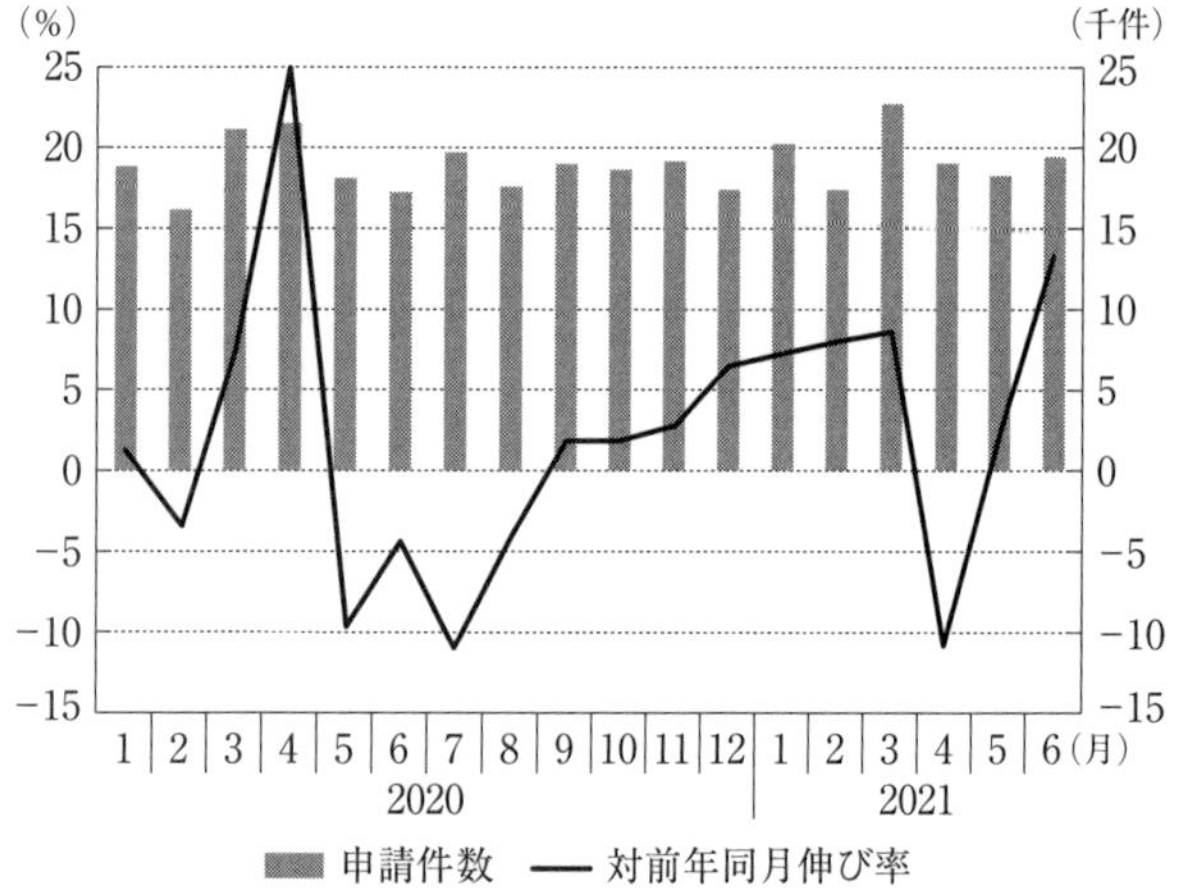

図序-1　生活保護申請件数と対前年同月伸び率

資料）厚生労働省「被保護者調査」（月次）

ていますが、二〇年四月が二五%ちかく増え、五月、七月は一〇%前後減っています。また、九月頃からは、対前年同月の伸び率ではやや増加傾向がみてとれます。

申請件数は、相談に行った人の全体ではなく、相談の過程で、福祉事務所が申請用紙を渡した数と考えられるので、実際はもっと多くの人が相談に行ったかもしれません。しかし相談者についてはわかる統計がありません。そこでこの図で推測すると、新型コロナが生活保護申請に与えた影響は、二〇二〇年の三～四月頃にやや大きくなったが、すぐ減少し、同年九月頃から微増傾向に転じている、ということになります。あまり頼りにされていない感じですね。

その一つの原因は、新型コロナ禍による就業や生活不安への「緊急支援策」が折れ線グラフでマイナスとなった時期に展開されたからでしょう。政府はまず、緊急小口貸付と総合支援貸付という社会福祉領域の貸付制度（「生活福祉資金貸付制度」）の一部を「特例貸付」として新型コロナ緊急対策の中に位置づけました。貸付の乱発は、二〇〇八年の、いわゆるリーマンショックといわれた世界金融危機のときと同じです。また、同じく世界金融危機の後に導入された「生活困窮者自立支援制度」の一部である「住居確保給付金」も、緊急対策の一つとして位置づけられ、その支給期間の延長も行なわれました。これについては後でくわしく述べます。さらに雇用調整助成金(休業手当)や、後には休業支援給付金なども実施されました。

しかしなんといってもインパクトがあったのは、住民票に記載されている人全員に一人一〇万円支給するという「特別定額給付金」が二〇二〇年四月にアナウンスされたことです。当初政府は、収入が大きく減少した世帯に対して一世帯あたり三〇万円の現金を給付することを表明していました。それを撤回して一律給付に切り替えたわけです。これは、リーマンショック後の二〇〇九年に実施された定額給付金を踏襲したともいえますが、一人あたりの金額はずっと大きなものでした。もちろん申請手続きの問題や、住民票を失ったホームレスの人たちへの対応がなかったなどの批判はありました。亡くなった大林さんは支給されなかった可能性が高いですね。

「現金一〇万円一律給付」と生活保護制度

さて、この特別給付金のオンライン申請が「名ばかり」だったことを批判する記事が二〇二〇年六月二九日の日本経済新聞朝刊に掲載されました(大林 二〇二〇)。「特別給付金」は、政府のいうところでは「簡素な仕組みで迅速かつ的確に」給付されるように、①郵送申請と②マイナンバーカードを使ったオンライン申請の二つの方法を選べるようになっていました。日経新聞の上級論説委員である大林尚氏の批判は、特に②について、オンライン申請といっても住民基本台帳との照らし合わせが手作業で行なわれた点や、マイナンバーカードを活かし切れていない点にありますが、あわせて「貧困に苦しむ人を的確、迅速、公正に救う政策を一貫して磨いてこなかったのがわかる」と日本の貧困政策をやり玉にあげています。比較して賞賛されているのは、ふだんから稼ぎが少ない人を把握し、必要な人にだけ自動的に現金給付する「給付付き税額控除制度（税制の仕組みの中に社会保障の機能を組み入れ、納税額の還付だけでなく給付まで行なうもの）」をもつ英米の手法でした。

先の特別給付金は国民全員を対象とするものですから、貧困者把握の手法とは話が異なるはずですが、私が注目したのは「貧困に苦しむ人を的確、迅速、公正に救う政策を一貫して磨いてこなかったのがわかる」の後に続いた次の文章です。「それは、生活保護に気安く頼る人を生む副作用を生んだ」。この部分についての説明がないので、なぜこのような文を挿入したのかは推測するしかありません。大林氏が強調したいのは、生活保護は、「必要な人」ではなく「気安く頼る人」を引きつける副作用をもった、公正ではない制度だ、ということになるでしょうか。

ところで、新型コロナウイルスの影響が長期化する中で、一律給付金をもう一度実施してはどうかという声が出はじめ、二〇二一年一月の国会では議員から質問もなされました。すると、当時の菅総理大臣は、「最終的には生活保護という、そういう仕組みも（ある）」と答弁しました。この答弁は、一律支給はもうやりたくない、という表明だったのでしょうが、そういえば、生活保護のような最後のセーフティネットがあるな、と気がついたのかもしれません。

もちろん、先に図序−1で申請件数をみたように、生活保護は今のところ「気安く頼る」状況にありません。生活保護法は国の制度ですが、それを実施するのは自治体の福祉事務所です。「必要とする人」が「ためらわず」手を挙げても、すぐ申請→調査→決定とはいきません。今回のパンデミックで、仕事も家も失なって「もう死ぬしかない」という事態に直面した人びとに対しても、福祉事務所の入り口で「ためらう」よう仕掛けられていることが少なくありません。これらについては、『コロナ禍の東京を駆ける——緊急事態宣言下の困窮者支援日記』(稲葉・小林・和田編 二〇二〇)がビビッドに描いていますので、ぜひご覧ください。

また他方では、支援の場で生活保護利用という選択肢があることを示しても、生活保護と聞いただけで相談に来た人が怒ってしまうということがよくあるそうです。これは、私たちが生活保護利用を、「よほど落ちぶれた人が使う特殊な制度」のようにみている現れともいえます。英語で down and out という言葉があります。これは落ちぶれ果てて、という意味だそうです。down は収入や生活水準が貧困線以下へ落ち込むという感じですが、out は社会から外れるというニュアンスがあります。つまり、貧困というだけでなく、社会から外れてしまった人びとが使う制度、と考えられているのかもしれません。「生活保護なんてプライドが許さない」「そこまで落ちぶれていない」、そうした反応が生まれるのも、制度それ自体が、不名誉を表す烙印(スティグマ)として機能してしまっているためではないでしょうか。

2　誤解とマイナスイメージ

社会扶助としての生活保護

生活保護は、先に述べたように、社会保障の一つの手段である社会扶助制度です。社会保険のように社会保険料の支払い(拠出)を条件として、今後生じる可能性のある一定の共通リスクに対して現金やサービスの給付を行なうのではなく、多様な原因によって生じた「今、貧困である」状態に対して、租税から給付を行なうという手法をさします。もちろん、貧困状態の確認のための所得や資産の調査(ミーンズテスト)が条件となりますから、その意味で貧困者を「選別」する＝「必要な人を選んで対応する」、いわゆるターゲット政策になります。

日本だけでなく、多くの福祉国家は(いくつかの)社会保険と(いくつかの)社会扶助を組み合わせて貧困の予防や救済にあたってきました。社会保険には、保険料の支払い(拠出)という条件があり、また制度が決めた共通リスクの範囲の貧困予防に限定されるため、どこの国でも社会扶助による補完が不可欠なのです。なお、日本では公的扶助とよばれてきたのですが、後で述べる「自助／公助」のような意味での「公助」として意識されやすいことと、国際比較などでは社会扶助がよく使われるので、本書でも社会扶助と呼んでおきたいと思います。

社会保険と社会扶助は、社会サービスや社会手当などとともに社会保障の重要な柱ですが、こうした福祉国家における貧困の予防・救済策の伝統的組み合わせに対して、大林氏が述べた給付付き税額控除制度とか、今回の一律給付のようなベーシック・インカムなどの新たな手法についても多くの議論があります。そして、どのような政策が貧困の根絶に効果的かという議論がさらに「磨かれて」いかねばならないのは、まったく大林氏のいわれるとおりです。

しかし、給付付き税額控除制度は公正な貧困政策で、日本の生活保護は「気安く頼る人を生む副作用をもつ制度」だという断定に確かな証拠があるでしょうか。政策というのは、手法そのものから優劣がわかるほど単純なものではなく、その効果をふまえた試行錯誤によって改良を繰返していく類《たぐい》のものです。本書がこれから述べるように、生活保護の要否判定や資産調査は、前年課税資料を使った社会保険の保険料軽減などに比べて、厳格すぎるほどです。したがって、「気安く頼れない」ところにむしろ問題があるという見方も十分あり得ます。

生活保護が増えると国の底が抜ける?

どのような国でも、社会扶助へのマイナスイメージは存在します。とりわけ「働ける年齢なのに扶助に依存する」ことは、近代資本主義社会の「勤労観」にかかわりますから、これへの警戒が常につきまといます。いわゆる「惰民(怠け癖のある貧困者)をつくる」ことへの警戒ですね。このため、近代社会が誕生する途上で現れた、英国「救貧法」のような救貧策では、市民権の剝奪や強制労働などがともなっていました。これに対して、社会保障の一つとして位置づけられた社会扶助は、むしろ市民の確立した社会権の一部です。

しかし、貧困が怠け心から生じているという見方は根強く、また国民の税金で支払うという点で、社会扶助への見方は厳しくなる傾向があります。生活保護が取り上げられると、「不正受給」「外国人の受給」「年金より高い」「パチンコやめろ」などの判で押したような反応が示されることも、大きな特徴です。長年ジャーナリストとして生活保護制度をわかりやすく伝えてきた、みわよしこ氏は、ラジオ番組で制度について説明した際に、「お笑い芸人のお母さんが生活保護を不正受給していた件がありましたが」とパーソナリティに振られて、内心「えっ」と思ったと述べています。なぜかといえば、このお母さんの生活保護利用に不正があったわけではないからです。しかしそのことを十分説明する時間もないため、不正受給の件数や金額(平均して保護費総額の〇・五%程度)を述べるにとどめたと記しています(みわ 二〇二一)。

こうしたマイナスイメージによる生活保護批判は繰り返し現れてきました。近年では二〇〇八年の世界金融恐慌以降、稼働できるとされている年齢層の人びとの生活保護利用についてマスメディアによる批判が続きました。たとえば二〇一一年九月放送のNHKスペシャル「生活保護三兆円の衝撃」は、稼働年齢層の拡大に警鐘を鳴らしました。この番組は後に書籍化され、冒頭にこう書いてあります。「この国の底が抜けた」。底が抜けたというセンセーショナルな表現は、「働ける世代の生活保護受給者」の存在と、彼らを取り込んで生活保護制度にたかる貧困ビジネスや不正受給を目の当たりにした取材班の「感覚」だそうです(NHK取材班 二〇一三：三〜四)。また、仕事はあるのに、生活保護に「入る」人びとの仕事意識の変化への危機感でもあると書かれています。こうした認識や、引用されている生活保護統計の咀嚼の悪さなど、細部にわたって徹底的に批判したい衝動に駆られますが、本書の目的ではないので控えます。[3]

ただ、あらかじめここで皆さんに示しておきたいのは生活保護に割り当てられている予算額です。それは、二〇一九年度で約二・九兆円、社会保障関係費の約八・五%を占める程度です。「三兆円の衝撃」の根拠になる予算ですが、衝撃というほどの大きさではないのです。ちなみに社会保障関係費総額約三四兆円のうち年金が三五・八%、医療が三五・三%、介護が九・五%ですから、生活保護の予算規模の小ささがわかると思います。また、後からもくわしく述べますが、生活保護費の約半分は医療扶助という医療サービスの給付費で占められています。

では、このようなマイナスイメージの生活保護を廃止してしまうという選択肢があるかといえば、そう簡単ではありません。今のところ生活保護だけが直接貧困に対処できる唯一の制度だからです。だから、生活保護を批判する人も、「必要な人」への支給はよいと、かならず言い訳をするのです。そのうえ、生活保護制度にはいわゆる所得保障だけでなく、医療、住宅、教育など全生活面での保障があるので、いわれているような給付付き税額控除やベーシック・インカムですべて代替できるようなものではありません。さらに長期的にみれば、生活保護は戦後日本社会の貧困対策としてそれなりの存在感をもってきました。

高齢・単身利用者の急増

戦後史をみわたすと、生活保護利用人員はおおむね、景気変動等の変化に沿って増減しています。図序-2（次頁）は、被保護者の人数と、保護率（＝被保護人口／総人口）の戦後の推移を示しました。おおまかにいえば、当初の高い保護率は、高度経済成長期に下がり、バブル崩壊後、一九

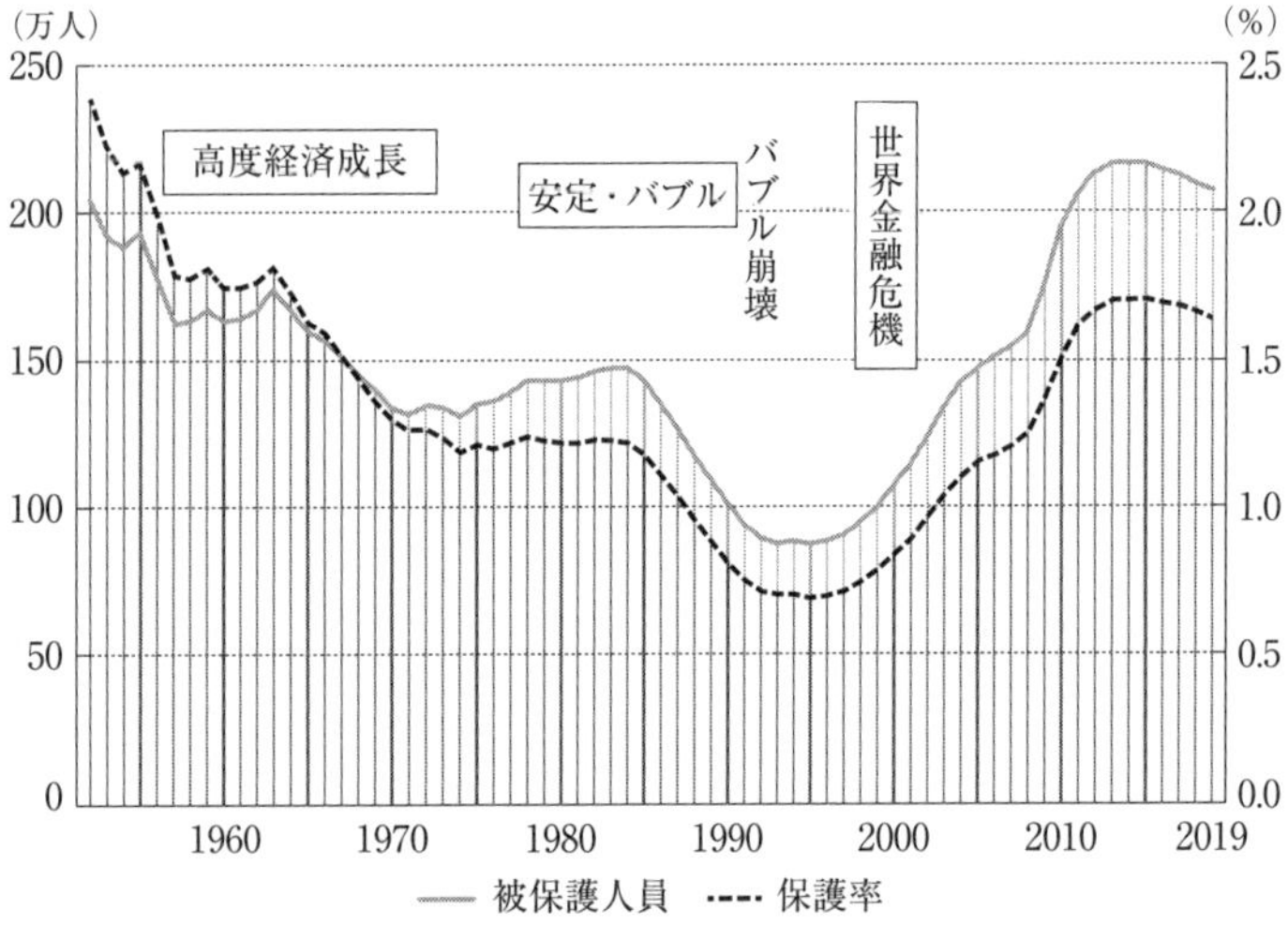

図序-2　戦後被保護人員数と保護率の推移

資料）国立社会保障・人口問題研究所「「生活保護」に関する公的統計データ」
厚生労働省「被保護者調査」

九五年の〇・七%を底に上昇に転じて今日まで来ています。一見、好不況の波とよく連動しているようにみえます。しかし高度経済成長期にも保護率が上昇している時期があります。これは、国策としてのエネルギー転換による炭鉱離職者の増大を反映したものです（厚生省社会局保護課 一九八一：四一八）。また、「国民病」とまでいわれた結核の長期療養や、各種公害による生活難に際しても、生活保護が対応してきた事実もあります。

さらに、一九八〇年代の安定・バブル景気期でも被保護人員の増大の山がみられますね？ これは実は、高齢者の生活保護利用の増大を反映しています。そこで生活保護の全体像を知るために、年齢別の被保護者数の推移を図

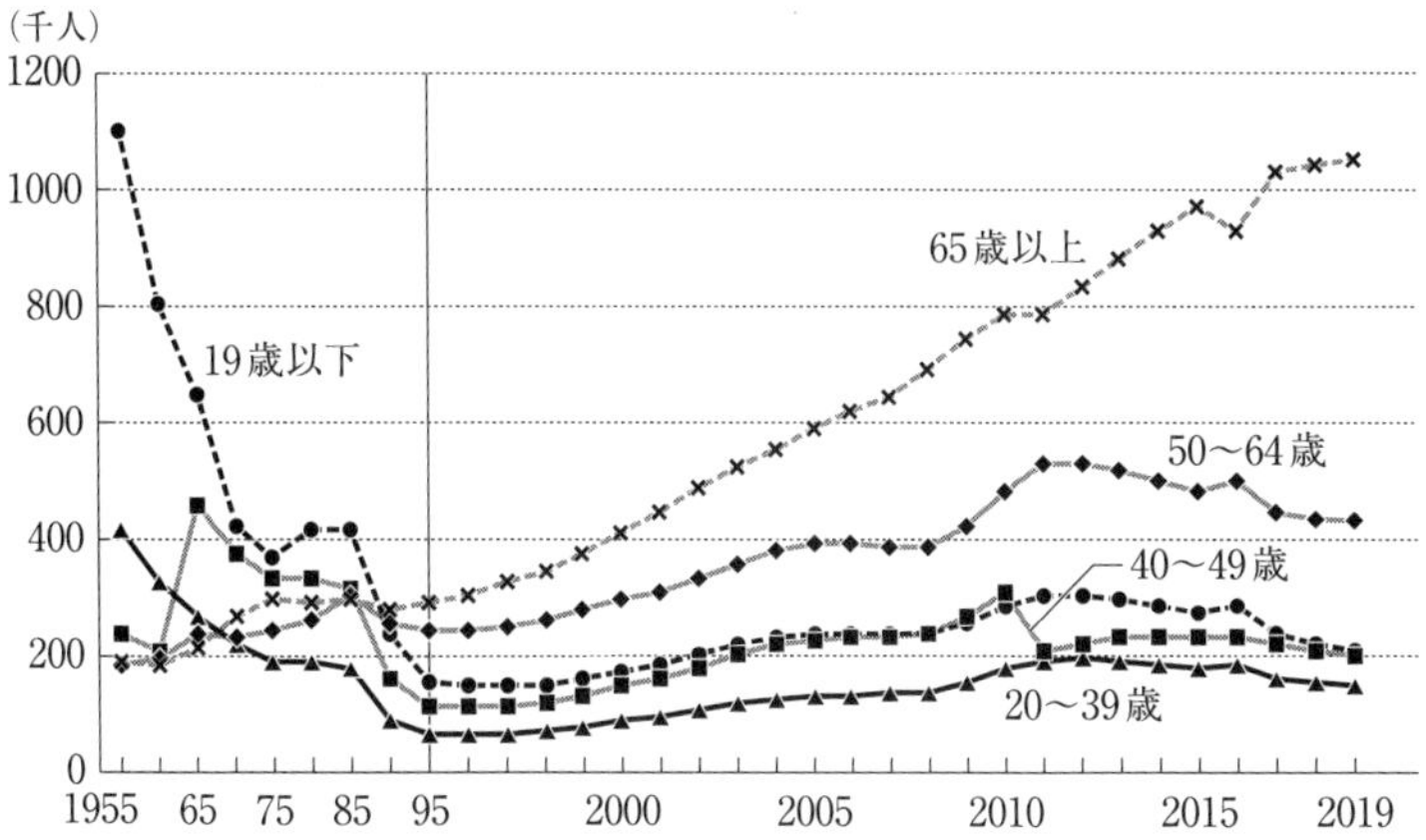

図序-3　年齢別被保護者数の推移

資料）厚生労働省「全国被保護者一斉調査」「被保護者調査」（年次）
注）1995年までは5年おき，その後は毎年.

序-3で確認しておきましょう。生活保護の利用は世帯単位で扱われるので、世帯類型別の状況（高齢世帯や母子世帯など）がよく利用されますが[4]、ここでは、世帯員も含んだすべての被保護者の年齢別推移を描いています。

　この図では一九九五年までは五年おき、それ以降は毎年としてあるので、前半が圧縮されていますが、高度経済成長期・安定成長期に一九歳以下が急速に減少しているのに対して、保護率が反転する一九九五年以降、六五歳以上が急増していることがみてとれると思います。なお六五歳以上を七四歳までの前期高齢者と七五歳からの後期高齢者に分けると半々ぐらいです。また、この高齢者を性別で見ると、六五歳以上全体では女性がやや多いという程度なのですが、七五歳以上では六三％、八〇歳以上ではほぼ七割が女性で占められています（被保護者調査 二〇一八、一九）。女性が長生きということもありますが、夫との死別後一人の年金では暮らせない女性や、もともと賃金が低いために年金額も低い一人暮らしの女性の貧困がうかがえます。

一九九〇年代以降の「失われた二〇年」とよばれた時期には、非正規雇用の増大や格差社会への移行が盛んに論じられました。ホームレス状態の人びとが増えたことでも知られています。しかしこの不況や格差社会から保護率が高まったというより、高齢貧困者による押し上げが基調にあったということなのです。しかもよくみると、被保護者の高齢化はもっと前の七〇年代から始まっています。ちなみにバブル景気直前の一九八五年の六五歳以上人口の割合は、国勢調査の一般世帯で一〇・三％ですが、被保護者では二一・三％と、一般を大きく上回っています。二〇一五年では、国勢調査で二六・六％に対して、被保護者ではなんと五〇％にも達しています。

また、この高齢化は単身化とともに進んでいることも重要です。単身世帯は一九七〇年で、国勢調査一般世帯の一八・五％ですが、被保護世帯では五〇％を占めています。つまり、高度経済成長の最後あたりからバブル景気の頃にかけて、高齢単身世帯の貧困が生活保護制度にキャッチされはじめ、それが九五年以降の保護率の増大の基盤になっていったと考えられるわけです。今日にいたる保護率上昇の基底にあるのは、いわれているような稼働層ではなく、特に女性が多い単身高齢世帯なのです。生活保護利用者のイメージが大分変わったのではないでしょうか。もちろん、先のNHKスペシャルで強調された「稼働層が大量に流れ込んできた」という点については、二〇〇八年の世界金融恐慌以降二〇一二年頃まで、四〇～六四歳層がやや膨らんでいることで確認できます。しかし、これは右に述べた高齢単身世帯の継続的増大に比べれば、それほど大きくはありません。

こうして、戦後の生活保護の動向は、景気変動をよく反映している反面で、それ以外の要因による保護の拡大をも示しています。稼働層より、なぜ高齢単身者がこのように増えているのかを検討する必要がありそうですが、これらの動向全体をしっかり分析した研究はありません。

とはいえ、日本の戦後史の中で、生活保護は、景気変動の谷間を支えるだけでなく、日本社会の高齢化、単身化を先取りするかのように、高齢単身者の貧困にいち早く対応してきたことは確かでしょう。むろん、それは「必要な人」へ十分な生活保障がなされていたという意味ではありません。また生活保護によって貧困が減少したということが証明されたわけでもありません。

3 「必要な人」にどのくらい利用されているか

生活保護が「必要な人」とは?

ところで、大林氏や生活保護批判者がよく使う「必要な人」の意味ですが、これをどうやって把握するかは大変難しい問題です。まずいっておきたいことは、社会扶助は「今、貧困であること」へ介入して、最低生活まで保障しようとする制度なので、まず「貧困であること」が「必要な人」の条件になります。

この場合、社会の中で、ここからは貧困であるという収入や生活費の水準がはっきりしていて、誰もがそれを妥当だと思うような貧困基準が明確にある場合は、これを使えばいいですね。終章でくわしく述べますが、日本では生活保護基準がこの貧困線として機能してきた経緯があります。したがって、生活保護基準以下の人口＝生活保護が「必要な人」という理解が成り立ちます。

先に保護率（被保護人口／総人口）を示しましたが、「必要な人」を強調するとすれば、この保護基準以下の人口（＝必要な人）に対する実際の生活保護利用人口の割合が重要になってきます。つまり「必要な人」を生活保護がどのくらいキャッチしているかを示す比率ですね。これは一般に、捕捉率（take up rate）と呼ばれます。社会扶助に限らず、ターゲット型の政策は、常に捕捉率を問題にしたほうがいいのです。せっかく制度をつくっても「必要な人」に使われないと意味がないからです。ここは誤解されやすく、保護率が低いことが、さも良いことのように思われがちですが、「必要な人」をきちんと拾い上げていることが制度にとっての勲章なのです。

日本では保護率は定期的に算定されていますが、捕捉率はほとんど算定されていません。唯一の例外は、民主党政権になったばかりのころ開催された、「ナショナルミニマム研究会」（二〇〇九年一二月〜二〇一〇年六月）に提出された資料です（表序-4）。

ここでは保護基準以下の世帯を低所得世帯としています。生活保護法の本来の定義では「要保護者・世帯」がこれにあたります。まさに「必要な人」ですよね。それなのに厚労省は「要保護世帯」とはいわずに「低所得世帯」としています。厚労省は貧困とか要保護より「低所得」というあいまいな言い方が好きなのですね。

この表は「低所得世帯」（実は要保護世帯）に対する被保護世帯の割合（つまり捕捉率）を試算した結

表序-4　生活保護の捕捉率(被保護世帯／低所得世帯)

(単位：%)

	低所得世帯率		低所得世帯数に対する被保護世帯数の割合(保護世帯比)	
	所得のみ	資産*1を考慮	所得のみ	資産*1を考慮
H16 全国消費実態調査 最低生活費 1 (生活扶助＋教育扶助)	4.9	0.3	29.6	87.4
H16 全国消費実態調査 最低生活費 2 (最低生活費 1＋住宅扶助)	6.7	0.7	23.8	75.8
H19 国民生活基礎調査 (生活扶助＋教育扶助＋高等学校等就学費*2)	12.4	4.8	15.3	32.1

*1　資産には，保有する住宅・土地等の不動産や，自動車，貴金属等の資産の評価額は含まれない．また，親族からの扶養や稼働能力の有無などが不明であるため，上記低所得世帯が保護の受給要件を満たしているか否かは判断できない．さらに，仮に保護の要件を満たしていても，生活保護は申請に基づいた制度であることから，今回の調査から得られた「保護世帯比」が，申請の意思がありながら生活保護の受給から漏れている要保護世帯(いわゆる漏給)の割合を表すものではない(〔原資料〕2ページ参照)．

*2　高等学校等就学費は平成 17〔2005〕年度に創設された．

出所）厚生労働省 ナショナルミニマム研究会第 8 回資料(2010 年 4 月)

果を示していますが、所得のみでみた場合と、資産も考慮した場合に分けた結果を出しています。また、これを計算する元のデータは二種類使っており、さらに生活保護の扶助の種類(これについては第Ⅰ章でくわしく述べます)を変えています。そうして一二通りの結果がでてしまったわけですね。目くらまし戦法か……という感じもします。これは大変複雑な表なので、詳細は省略しますが、捕捉率は、所得のみをみた場合で一五〜三〇%、資産も考慮した場合で三二〜八七%であるとの幅の広い結果になっています。現在の生活保護の運用では所持可能な金融資産が極端に小さいので、同じ程度の預

表序-5　社会扶助の捕捉率(英国)

(単位：%)

年	ペンションクレジット高齢者用	インカムサポート／無拠出雇用支援給付	住宅手当(家族用)
2012-13	62	85	82
2013-14	63	86	80
2014-15	62	87	79
2015-16	61	84	77
2016-17	61	85	79
2017-18	61	88	81

資料) イギリス労働年金省 "Income-related benefits: estimates of take-up" (2020)

貯金である低所得(要保護)世帯自体が小さくなり、その結果として捕捉率が高くなっていると思います。しかし、同表序-4の国民生活基礎調査データの推計では資産を含めても三二・一%ですから、生活保護制度は「必要な人」の多くを落としてしまっている可能性もあります。ともあれこの結果から、日本の保護行政は「必要な人」＝要保護世帯の数も正確に摑もうとしていないことがわかってしまいました。この点で日本は大林氏のいうとおり「必要な人」の把握を怠っていることになりますね。

生活保護は捕捉率が大事

外国でも捕捉率は計測が難しいこともあって公表している国は多くありませんが、例外は英国です。毎年きちんと公表しています。比較のため、英国の社会扶助制度の近年の捕捉率を確認すると、表序-5のようになります。英国は複数の社会扶助制度があり、しかもしょっちゅう制度改革がありますが、ここでは三つの例を出しています。ペンションクレジットは高齢者の最低生活保障のための扶助、インカムサポートは一六歳から年金年齢までの低所得者用の扶助、無拠出雇用支援給付は傷病／障害で稼働が難しい対象者への扶助です。住宅手当は家族用を取り上げています。失業者用の別の制度もあり、またペンションクレジットの他の扶助を結合したユニバーサルクレジットが現在、段階的に導入されはじめていますが、この時点での算定は、別々の制度ごとになされています。また捕捉率は、この表では人ベースの算定で、利用資格のある人びとのうち何人が利用しているか、で計算されます。

この表を見ると、ペンションクレジットはやや低く六〇％強を捕捉、インカムサポート等はかなり高く八四〜八八％、住宅手当も八〇％前後の捕捉です。いずれも申請によるものなので、ペンションクレジットの捕捉率の低さを受けて老人団体などは制度の周知にやっきになっています。毎年捕捉率を推計し、公表しているのは、制度の有効性を確認するという意味があり、国民へのアピールでもあるわけですが、ペンションクレジットを除くと、捕捉率はまあまあということになるでしょうか。このような実績から制度見なおしとなることもあるようです。毎年の実績のある英国と比較するわけにもいきませんが、「必要な人」を取り上げているかどうかを問題にするならば、このような推計が積み重ねられる必要があるわけです。

4　もう生活保護は解体して、出直したほうがいい

生活保護制度は「最後のセーフティネット」として、戦後史の中でそれなりの役割を果たして

きたと考えられますが、十分「必要な人」をとらえて、日本の貧困を削減させてきたかといえば、おそらくノーでしょう。先述の国民生活基礎調査の資産考慮データを使えば、六八％ちかくの人が捕捉されていなかったということになります。さらに、一九九〇年代の都市におけるホームレス型の貧困にも、二〇〇八年の世界金融恐慌の際の派遣労働者等の失業にも、さらには今回の新型コロナパンデミックに対しても、生活保護が十分人びとの貧困に対応できたかというと、そうではありません。

冒頭のバス停で夜を過ごしていた女性は、八円しか持っていなかったというのに、たくさんの人びとが、食糧支援の列に並ぶというのに、それらの「今、貧困である」状態がなぜもっと生活保護の利用に結びつかないのでしょうか。

こうしたもどかしい状況を、抜本的に改革するために、本書は、生活保護制度の解体を提案するものです。また、解体された複数の社会扶助を日本の社会保障制度全体の中に位置づけなおすことによって、より効果的な最低生活保障が実現できるのではないかと考えています。

え、解体？　そんなことしたら、現在以上に水準が下がったり、利用者の不利益が生じたりするのでは？　そういう疑問がわきますよね。私も（おそらく他の研究者も）本書で提案するいくつかの解体について、これまで示唆してこなかったわけではないのですが、基準引き下げなどに「悪用」されることを恐れて、本格的に解体論を展開してきませんでした。しかし、もうそれはやめたほうがいいと思います。なぜなら、そうしなくても、生活保護制度の劣化が相当進んできているからです。

近年の危機と第二のセーフティネット

生活保護制度は、二〇〇〇年の介護保険導入時に介護扶助が新設されたことを除けば、一九五〇年に現行の制度がスタートしていらい、最低生活保障としての基幹部分で抜本的な改革はなされていません。二〇一三年と二〇一八年に一部改正がありましたが、「就労自立」を強化しようとしたことが主な特徴です(5)。これらの改正に意味がないとはいいませんが、時代の変化や社会保険など他の制度との関係で、最低生活保障の方法を抜本的に見なおすことはされていません。ヨーロッパなどでは、社会保障も社会扶助も、たえず見なおされ、制度の編みなおしが行なわれています。日本の社会保障にとっては、高齢社会における制度の持続性を確保することが最も重要な課題であったせいか、失業や貧困の拡大への制度的反応は、「就労自立」以外は、きわめて鈍いものでした。

もちろん、何もなされなかったわけではなく、二〇〇八年の危機の折には、まず雇用保険の支給条件の緩和がなされました。次に、「第二のセーフティネット」と呼ばれる、生活保護とは別の制度が提案されました。求職者支援制度(二〇一一年)と生活困窮者自立支援制度(二〇一三年成立。二〇一五年開始)がそれです。

生活に困窮している人に広く開かれた「一般扶助」としての生活保護で対応できないわけではなかったのに、その生活保護と、雇用保険のあいだに、もう一つセーフティネットを張る、というのが第二のセーフティネットの意味です。つまり、日本では生活保護が「最後のセーフティネット」ということになっているので、雇用保険のような社会保険を第一とすると、生活保護とのあいだにもう一つ入れたらいいじゃないか、という発想ですね。しかし、新しく始まった二つの制度は、生活保護のような十分な現金給付の仕組みをもっていませんし、短期のものです。ねらいも最低生活保障というより、就労自立支援、生活困窮者への相談にウエイトが置かれています。ただ、求職者支援制度には職業訓練を受けている期間の「訓練給付」がありますし、生活困窮者自立支援制度には今回の新型ウイルス対策で一躍目玉政策となった「住居確保給付金」がありま す。いずれも税金による扶助であることに間違いありません。これらを先に発動させれば、生活保護をいじる必要はない、と考えられたのかもしれません。

さらに、第二のセーフティネットのほかに、消費税一〇%への移行とかかわって導入されることになった年金生活者支援給付金制度(二〇一九年)があります。これは、消費税率引き上げ分を活用して、低年金者を支援するために、年金に上乗せして支給するものと説明されています。要件は、基礎年金受給者で、前年所得が基礎年金満額より低いこと、世帯全員が市町村民税非課税であることなので、これも社会扶助とみてよいでしょう。生活保護における単身高齢者の急増は、年金への社会扶助による補完が必要だったことを明確に示したわけですが、この年金生活者支援給付金は、その一部を「国民年金」の制度内でやろうとしているわけですね。

問題は、これらの制度を、「生活保護の外」にあれこれと導入して、肝心の生活保護制度と他の社会保険などとの抜本的見なおしによる最低生活保障の再構築が十分なされていないということです。むしろ、そうした抜本的な改革をしないために、それらの新制度で「糊塗」したといえなくもありません。

なぜ「最後のセーフティネット」であることにこだわるのか？

本書は、こうしたあれこれの制度の導入ではなく、生活保護制度それ自体を解体して、社会保険や社会サービスとの関係をもう一回紡ぎなおしたほうが、最低生活保障の強化につながる、ということを提案するものです。その理由を次に述べてみましょう。

第一に、生活保護は、「何もかも失った困窮層」が「万策尽きて」利用する「最後のセーフティネット」という位置づけで来ていますが、社会扶助がすべてそのような位置づけである必要はありません。繰り返し述べているように、社会扶助は、社会保険などの手法では最低生活が維持できない「今、貧困である」ことへの対応であって、かならずしも「最後」を強調する必要はないのです。第一、第二のセーフティネットがあって、最後のセーフティネットがある、などの議論も、一見もっともらしく聞こえますが、貧困とは「あってはならない」状態である以上、「今、貧困である」ことへすばやく対応する制度があることが重要なのです。「最後」が強調されるのは、第I章で述べるように、生活保護制度における補足性の原理(自身の資産や労働能力の活用だけでなく、他法他施策の利用が優先される)が不当に強調されてきたからです。先に、down and out(落ちぶれ果てて)という語についてふれましたね。生活保護は、基準以下の貧困(down)への(できるだけ早い)対応をすべきなのに、out してから来るように、といっているようなものです。国民が生活保護には頼りたくない、と思うのは、当然かもしれません。

生活保護の八つの扶助は、異なった生活ニーズに対応している

第二に、生活保護の利用しにくさは、一般に「水際作戦」などと呼ばれる「窓口」対応へ向けられてきました。相談、申請に対する福祉事務所の対応や、「扶養照会」（親族からの支援が得られるかどうかの照会）の厳格化などがその例です。たしかに「水際作戦」や不当な「扶養照会」をどうにかしないといけませんが、本書では、むしろこの制度自体が「今、貧困である」ことへの対策として、いくつかの根本的な問題や矛盾を抱えていることに注目します。

たとえば、生活保護は、第I章でみるように、生活扶助、医療扶助、住宅扶助など八つの扶助に分かれていますが、これらをニーズに応じて「単品」で使うということができないのです。なぜなら、生活保護が対応する貧困は、「部分的な貧困」ではなく、利用者は「すべてに困窮している」必要があり、いわば「丸裸の人」へ、「すべてを着せてあげる」というような制度解釈が長期になされてきたからです。近年の危機でいつも問題になる家賃問題や、伝統的な貧困と傷病との関係などを考えると、「単品」の扶助を早めに使う、という方法がありうるはずです。そもそも、生活保護の八つの扶助は、本来異なった生活ニーズに対応するものです。その異なった機能をはっきり発揮できるようにするためには、一度各扶助をバラバラにしてみる必要があります。

第三に、福祉国家としての日本の中心にあるのは、各種の社会保険ですが、とくに「皆保険・皆年金」と呼ばれる、国民全体を対象とした医療保障制度と年金制度の体制が一九六〇年頃に確立され、日本型福祉国家の代名詞ともなりました。社会保険は、保険料の支払いを条件とします

から、「国民皆保険・皆年金」といっても、支払えない国民をどうするかが大きな問題です。一般的にはここに社会扶助が登場するわけですが、日本では生活保護はそのままとして、この「皆保険・皆年金」の中に、福祉年金という社会扶助と、保険料や自己負担の減免を行なう「低所得者対策」を繰り入れていきました。この経過は第Ⅱ章でくわしく述べますが、生活保護の「貧困対策」と社会保険内部の「低所得者対策」が並立してきたわけです。しかも、社会保険内部の「低所得者対策」が膨らんでいったのに対して、生活保護は、ほぼ創設時の姿で、あくまで「最後」の位置に留め置かれている、という矛盾があります。

この、「皆保険・皆年金」と生活保護の位置関係について広井良典氏が巧みに図示されていますので、ここで紹介したいと思います（図序-6）。

広井氏は、国民皆保険・皆年金体制は、高度経済成長へひた走る日本の、健康かつ有能な企業戦士を背後で支えるシステムとして「いわば〝日本株式会社の福利厚生部〟として機能した」ので、あくまでそのシステムの内部へ人びとを包含するものであったと指摘しています（広井　一九九九：六二〜六三）。そのシステムから外部化された社会保険としての失業

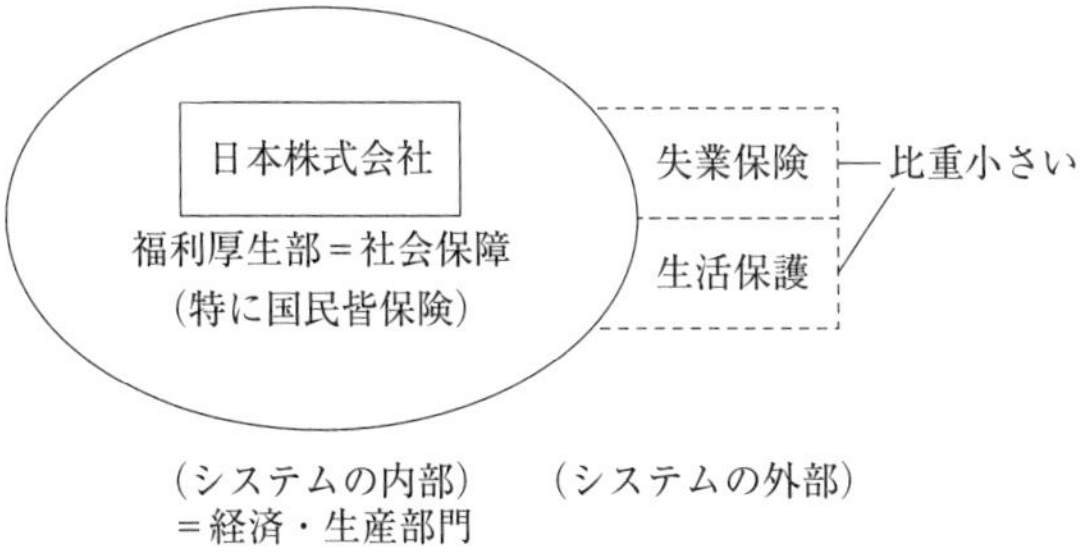

図序-6　戦後日本の経済システム（日本株式会社）と社会保障
出所）広井（1999: 63）図 2-4

保険と生活保護は、その比重がきわめて小さく、そこへ付与された強いスティグマ（負の烙印）が、人びとをシステムの内部に志向させる動機づけとして機能したというわけです（同）。この点は、先の down and out というフレーズを思い起こさせます。つまり、システムの外（out）にある生活保護ではなくて、「皆年金・皆保険」に向かうようにさせ、そこでの貧困には「低所得者対策」などが機能したということですね。さらに、国民健康保険や国民年金は自営業など当時のインフォーマルセクターを積極的に「拠出と給付」の社会保険の世界へ取り込んだ点で、いわゆる途上国型の社会保障にならなかったとも指摘しています（広井 一九九九：六四）。

たしかに、高度経済成長期までは、それでなんとかうまくいったということでしょう。しかし、少なくとも、バブル崩壊後の「失われた二〇年」に明らかになった経済社会の大きな変化に対応できるでしょうか。ポスト工業社会といわれる産業構造では、柔軟な生産体制を支える非正規雇用やフリーランスの増大、単身化など家族の変容によって、この図の内部システムに包含されない外部の領域がひろがり、そこに貧困が蓄積されています。しかも、外部にひろがる貧困を受け止めなければならない生活保護の拡大自体が警戒されている、という矛盾があります。システムから外れたところも含めた、生活保障の再構成こそが必要なのですが、本書はそれを生活保護の解体からアプローチしたいと考えたわけです。

「低所得者対策」と生活保護の関係を解きほぐす

第四に、「皆保険・皆年金」の内部での「低所得者対策」は、あくまで医療なら医療、年金なら年金という「保険」を「皆保険」に拡張するための対策です。また、ここには常に社会保険制度の技術的な縛りがありますから、「皆保険」の思想と、保険料を支払える人への支給という「保険」技術の矛盾が存在しています。とりわけ年金制度では、「低所得者対策」による「皆年金」が結局、低年金者をひろげる結果となったので、老後の最低生活保障は生活保護によって補完せざるをえない状況があります。

さらに、「低所得者対策」の「低所得」の定義は多様で、その所得基準は一定していませんし、生活保護基準との関係もまちまちです。低所得基準が保護基準スレスレ(ボーダーライン)、またはその若干上であれば、生活保護とは異なった層に対応することになります。しかし、実際には、生活保護は要保護層の一部しかキャッチしていないので、ボーダーライン層に加えて要保護層も社会保険の低所得者対策の対象として現れる可能性が少なくありません。

このような矛盾の中にある最低生活保障を立てなおすために、生活保護を生活ニーズにそって解体し、社会保険内部での社会扶助的なものもバラバラにしたうえで、両者をあらためてつなぎ合わせると、新たな最低生活保障の道筋がみえてくるのではないでしょうか。

5 これまでの改革案——再構築の道筋は

生活保護改革案

では、生活保護をどう解体し、どう再構築していくべきなのでしょうか。生活保護の制度改革について、これまでまったく提案がなかったわけではありません。

たとえば日本弁護士連合会は二〇〇八年に「生活保護法改正要綱案」を発表しています。この改正要綱は現実に生活保護が利用されにくい状況を転換するために、①水際作戦（福祉事務所窓口での申請を阻止するような対応）を不可能にする制度的保障、②保護基準の決定に対する民主的コントロール（厚生労働大臣が保護基準を決める現行方式の転換）、③権利性の明確化（名称を「生活保障法」とするなど）、④ワーキングプアに対する積極的な支援の実現（最低生活基準を下回るおそれのある者への住宅扶助、医療扶助、生業《せいぎょう》扶助の適用など）の四つの柱をたてています。

二〇一九年には改訂版が出ており、④でのワーキングプアから「一歩手前の生活困窮層」に表現が変わりました。また⑤ケースワーカーの増員と専門性の確保が加わっています。④の提言などは本書とも重なり合いますが、この改正要綱はあくまで生活保護法のみを対象として、「権利性」をより明確にしようとしたもので、社会保障全体の中で制度をとらえなおすという視点はありません。

すでに述べたように、①や③は現実問題としてきわめて重要ですが、本書ではあえて「水際作戦」等の行政問題に焦点を当てるのではなく、あくまで生活保障としての制度論として展開したいと考えています。

全国知事会・全国市長会の新たなセーフティネット案

さらに、生活保護改革案として、二〇〇六年に全国知事会・全国市長会が発表した「新たなセーフティネットの提案――「保護する制度」から「再チャレンジする人に手を差し伸べる制度」へ」があります。実は二〇一〇年にも指定都市市長会の生活保護改正案(「社会保障制度全般のあり方を含めた生活保護制度の抜本的改革の提案」)が出されています。後者のほうが社会保障制度全般との関連への目配りが良くなっていますが、どちらも中心にあるのは稼働層の就労支援とボーダーライン層の生活保護移行に対する防止措置で、これらは同じ主張といえます。ここでは二〇〇六年の提案の内容を批判的に検討し、そのうえで本書の解体の基軸を説明したいと思います。

全国知事会・市長会の提案は、大前提として、少子高齢化・人口減少社会、家族機能の弱体化、ワーキングプアの拡大(特に三五〜五五歳男性の非正規労働の拡大)、という社会変化をおき、また、稼働期と高齢期の貧困はその原因が異なること、保護基準、最低賃金、非正規労働者の収入との均衡を図り、ワーキングプアの生活保護移行防止が必要、という点を強調しています。

特に「貧困の罠」に陥ることを防止して、公平性を図るため「被保護者と、収入や資産の状況が生活保護受給要件に近いボーダーライン層との間で、それぞれが利用できるサービスの料金や補助金額等に調和・整合性をもたせなければならない」(全国知事会・全国市長会 二〇〇六:七)と述べています。(6)「貧困の罠」とは、社会扶助利用者の所得が増えて社会扶助を廃止しても、税や社会保険料、公共料金などが増えるため、社会扶助に留まっていたほうがいいと判断してしまうことを意味しています。

この改革案は、稼働年齢層の有期保護+就労支援に最もウエイトがあり、その事細かなプログラム(就業訓練から日常生活支援まで)がケースワーカーをコーディネーターとして実施されることが提案されています。これに対して高齢者の場合は金銭給付のみで、しかもそれは「長年の国民年金（基礎年金）保険料の納付が報《むく》われる給付構造とする」ことがポイントです。第Ⅰ章でみるように、生活保護費は、ある人の収入と、基準から算出される「最低生活費」を比較して、収入が最低生活費に届かない場合にその差額として支払われます。通常、年金は「収入」としてカウントされますが、この改革案では年金収入の一部を収入認定から控除することを考えているわけです。また資産活用（リバースモーゲージ）を行なうこと、ケースワーカーは配置せず、高齢者の見守りやケアは現行高齢者施策で対応可能としており、稼働層対策とは対照的です。リバースモーゲージなどはすでに生活福祉資金貸付制度の「要保護世帯向け不動産担保型生活資金」（高齢者の居住用不動産を担保に生活費を貸付、高齢者の死亡時または融資期間終了時にその不動産を処分し返済する）として取り入れられつつあります。

なお、全国知事会・市長会は、保護費の約半分を占める医療扶助についてはこの改革案では触れていません。

全国知事会・市長会提案と『わたしは、ダニエル・ブレイク』

このように全国知事会・市長会提案は、「惰民」をつくらないという伝統的な救貧思想に、当時流行していたワークフェアを合体したようなもので、なによりも、最低を記録した一九九五年（〇・七％）から反転して急増過程にあった当時の保護率への警戒、ボーダーライン層の生活保護移行防止などがあからさまに強調されていることが特徴です。ワークフェアというのは、欧米では一九八〇年代から顕著となった若者の長期失業など、それまでの工業社会とは異なった社会問題の拡大に対して、従来型の社会扶助ではなく就労要件をつけた政策へ転換することを端的に示した用語です。たとえば英国のブレア政権の標語“welfare to work”は、福祉給付が就労と強く結びつけられていく方向をよく示しています。

皆さんの中には、『わたしは、ダニエル・ブレイク』というケン・ローチ監督の映画をご覧になったかたもいらっしゃると思います。主人公のダニエル・ブレイクは大工として長く働いてきましたが、心臓発作で足場から落ちそうになり、医者から労働不可といわれたため、六五歳未満で病気や障害のために生活に困窮した場合に利用される社会扶助を申請しようとします。しかし審査で「就労可」とされて支給は停止。稼働能力者用の求職者手当の申請をすることになりますが、その手当給付の条件として、週三五時間の就職活動とその証明を求められます。さらにパソコンでの履歴書の書きかた講座に出るようにいわれて混乱していきます。ワークフェアとは、この求職者手当のように、就職活動を条件に手当があたえられるような仕組みの政策をいいます。

全国知事会・市長会の改革案に戻ると、日本の生活保護は、低所得層に占める生活保護利用の割合の低さに「ある意味支えられている」(同：九)と書かれた箇所があります。イギリスなどが八〜九割の捕捉率だったことや保護率一四%(一九九五年当時)だったことを引用して「国民の多くが公的扶助に頼って生きるという状況は国家として望ましいことではない」(同)とまでいっています。先にも述べたように、捕捉率は制度の健全性を示すので、高いのはよい制度である証拠です。保護率はあまり外国では使われませんが、低ければよいというより、それによって貧困が放置されないことが大事なのです。

国民の「最低限」の生活を保障することによって、社会の連帯や安全が確保されるという側面はどこかへ吹っ飛んで、為政者目線で、低い保護率・捕捉率で維持されている社会を褒め称《たた》えているようにもみえます。ともあれ、生活保護を押さえ込むことが目的であることを、こうも堂々と文書にできるのは、そうしても、現在の日本ではなんらの政治的緊張もおきないからかもしれません。それこそが問題であるように思います。

なぜ自治体は生活保護を押さえ込みたいのか

ところで、なぜ全国知事会・市長会は生活保護を押さえ込みたいのでしょうか。生活保護は、国家が最低生活を保障する制度ですが、保護の決定および実施は地方自治体の長に委ねられ、さらにその事務は福祉事務所が実施します。生活保護は本来国が行なうべき事務なので、国からの法定受託事務として分類されており、元来は生活保護給付費の八〇%は国の負担でした。これが一九八五〜八八年度に七〇%に下げられ、八九年度から七五%(四分の三)になって今日にいたっています。国の一〇〇%負担にしなかったのは、地方もその住民の保護に責任を負う必要があるとともに、地方の負担があるとその実施が「慎重」になり「濫給(必要ない者にまで給付してしまうこと)が自ら抑制される」からだとされています(小山 一九五一:七七二)。つまり、安易に保護を出し過ぎない、ということですね。そのうえ、ケースワーカーなど職員の給与や事務所経費は各自治体の自治事務となっているので、マスメディアや自治体職員のあいだで生活保護が増えると市町村の負担が大きくなると強調されることがよくあります。二〇一〇年の指定都市市長会の主張はまったくこの路線です。

しかし実は、地方負担の二五％と事務費は、基本的に国からの地方交付税交付金の「基準財政需要額」（各自治体の財政需要を地方交付税法の規定により判断したもの）に盛り込まれているので、それによって補塡《ほてん》されていると、財政学者の小西砂千夫氏は述べています。「したがって、生活保護率が高い団体で、生活保護の給付が大きいことで直ちに財政難になるわけではない」（小西 二〇一七：七二五）のです。また木下武徳氏も具体的に二〇一四年度の大阪市の生活保護収支を例に挙げ、扶助費のほか人件費、その他事務費を加えた総支出三〇六二億円のうち、約九八％にあたる三〇一二億円は国庫負担金と地方交付税から賄われているとしています（木下 二〇一八：八〇）。

つまり、生活保護拡大＝地方財政圧迫というほどストレートな関係はなさそうなのに、全国知事会・市長会の関心は生活保護の動向に強く向けられています。それは、交付税を生活保護よりも経済政策等に使いたいという意見が強いからだと木下氏は指摘しています（同）。

むろん地方交付金のない自治体は自前で対応することになりますし、直近の国勢調査人口を基礎に算定される「基準財政需要額」はその補正係数（測定単位の数値の補正）によって、個々の自治体の実際の需要額とズレが生じる可能性もありますから、財源はまったく安心というわけにはいかないかもしれません。しかし、生活保護による財政の圧迫は主張されるほどではない、ということをここで頭に入れていただきたいと思います。

提案にあたっての二つの原則

以上の全国知事会・市長会提案とは異なって、本書の提案は、利用を押さえ込むのではなく、生活保護を解体して福祉国家の制度全体の中に再配置し、貧困への生活保障力を高めようというものです。

ここでは、第一に社会扶助の目的は生活の最低限保障であり、「自立助長」策と一緒にしないほうがいいという判断に立っています。「たんなる経済給付でなく」とか「物的給付でなく」というような言い方が、社会福祉分野でよくなされます。近年では「関係性の構築」などが、あたかも経済給付より上位であるような言説があります。

しかし、ここではっきりさせておきたいのは、「今、貧困である」状態に対して、生活の最低限度まで貨幣給付やサービス給付で底上げすることが重要であり、社会扶助の役割はそこにある、ということです。「たんなる経済給付でなく」というときは、その経済給付を値切ろうとしているに違いないと思ってください。それ以外の配慮や援助は、必要な経済給付のうえでなされるべきでしょう。

第二に、解体の基点を初めから「稼働能力」におくことは避けます。稼働能力による「貧民」の分類は、救貧法いらいの伝統で、一六〇一年の英国エリザベス救貧法では、その対象を有能貧民、無能貧民、子どもの三区分として処遇を変えたことは有名です。特に子どもは新たな工場地帯の寄宿舎へ送られ、資本制工場の労働力として陶冶《とうや》されて(鍛えられて)いったのです。ちなみに日本はそのような貧民救済の「積極的位置づけ」はなく、労働能力を失い、家族のいない老人などしか救済の対象にしませんでした。ワークフェアはこのような救貧の伝統を、ポスト工業社会における資本の要請する労働力陶冶として応用したものともいえますが、遅まきながら日本もそこに乗っかって、新たな資本の世界へ適応できる「就労自立」を標榜しだしたのかもしれません。

カテゴリー別「制限扶助」の弊害

全国知事会・市長会は特定の世帯類型などによる扶助を提案していますが、それも本書では避けます。生活保護のように、年齢などで対象を制限しない扶助を一般扶助といい、年齢、世帯類型、労働力類型などのカテゴリーによる扶助を制限扶助といいます。カテゴリーによる扶助は、わりあい考えやすい改革案ですが、どのようなカテゴリーを構築するかは非常に難しい問題です。たとえば母子というカテゴリーをつくると、準母子というような拡張が必要になります。障害や難病をかかえた人びとについていえば、個々の障害や等級による差異が大きく、結局のところ細かい障害別や疾病別にでも区切らないと、なかなかニーズの一致をみることはできません。さらに大事なのは、カテゴリーによる制限扶助は、カテゴリー分類からはみでた貧困はどうするのか、という問題を残してしまいます。その意味で、次章で説明するように、生活保護法の一般扶助という設計は、たしかに英断だったのです。

もちろん、労働との関係をどうとらえるかは、いずれ問題になる点ですし、本書でも結果として、なんらかのカテゴリーを使うことになるかもしれません。しかし、本書の強調点は、生活保護をまずは基礎的生活の最低限保障として把握し、生活の基礎的ニーズに着目して解体するという点にあります。すべての国民が「今、貧困である」とき、使える社会扶助を、生活の基礎ニーズの違いから、分解し、そこから社会保障のいくつかと組み合わせて、再構築しようということなのです。

本書の構成

そこで以下では、まず第Ⅰ章で、生活保護制度の概要を示しつつ、国家責任や無差別平等などの新しい考えと、厳しい要件で選別された「何もかも失った貧困層」への一括保障という古い考えの混合で成り立っていること、運営の原理原則における二重構造や多層的な基準設定によって、最低生活保障給付が福祉的フィールドの中での「裁量」的判断に持ち込まれているという、「不思議な世界」であることを、いくつかの角度からご紹介します。次いで第Ⅱ章で「国民皆年金・皆保険」体制における低所得者対策と生活保護との関連を問います。この社会保険における低所得者対策についても、実はまとまった議論がほとんどなされていません。社会保険内部の「低所得者対策」が、「皆保険・皆年金」の加入者の拡大に寄与する一方で、保険技術との矛盾や、年金における「低所得者対策」だけでは最低生活保障が実現せず、さらに生活保護の補完を必要としている現実を指摘します。第Ⅲ章では解体・編みなおしをどのように行なうかの基本的考え方を述べ、あわせて保険、扶助といった概念にかかわる「原理問題」を整理・検討します。これをふまえて第Ⅳ章で具体的な提言を行ないます。終章では、最低生活保障で、実は最も大事な貧困基準をどのように考えるか、また資産調査や所得把握の問題、そしてベーシック・インカムなどの議論との関係など、いくつか残る課題について検討をする、という順序で記述を進めたいと思います。

生活保護にくわしい方は第Ⅰ章を飛ばしていただいても結構です。ただし制度に内在する矛盾については、水際作戦に比べて、近年はあまり論じられてこなかったところなので、そこはぜひお読みいただきたいと思います。また、第Ⅱ章は皆保険・皆年金を扱いますが、その制度展開のややこしさに加えて、これまでクローズアップされてこなかった「低所得者対策」に焦点を合わせるため、あるいは難易度が高いかもしれません。しかし、この「低所得者対策」って一体何だ、と疑問をもっていただけば、第Ⅲ章、第Ⅳ章で展開する生活保護の解体と、既存の社会保険等とのドッキングの提案への助走が完成します。

なお、本書の解体論と、近年の生活保護論の主流である自立論や、援助支援のありかた、行政組織のありかたとの関係については、別に論を立てる必要があるので、本書では触れません。

(1) NHKはこの事件をさらに時間をかけて取材し、若く生き生きとした彼女の笑顔の写真などとともに詳細にレポートしている(NHK事件記者取材 note「ひとり、都会のバス停で——彼女の死が問いかけるもの」二〇二一年四月三〇日)。

(2) 被保護者調査は、厚生労働省が、福祉事務所によって記入・提出された生活保護業務データをもとに被保護者の状況について集計したもの。月次(月ごと。その年平均も出している)、年次調査(個別、基礎)があり、年次調査は七月末日現在の状況が記入されている。

（3） 同書には、六五歳にならないと保護を出さないという大阪市の従来からの「運用」を下敷きに、それがリーマンショック時の「課長通達」で覆った結果、「働ける力がありながら生活保護を受けている人」が大量になだれ込んできたとも記されており（NHK取材班 二〇一三：六八〜七〇）、一般扶助という原則の理解、力があっても働く場がなければ、貧困状態にある人びとを支えるのは社会扶助の役割という認識が、根本から抜けていることが窺える。

（4） 生活保護統計の世帯類型はきわめて「独特の定義」によるものなのに、高齢者はすべて高齢世帯にいるかのような誤解に基づく分析がしばしばなされている。

（5） 具体的にみてみると、二〇一三年が①就労自立給付金、被保護者就労支援事業創設など就労自立支援の強化、②不正受給への厳格な対処、③医療扶助の適正実施にかかわるもの、二〇一八年は①進学準備給付金の支給、②後発薬（ジェネリック医薬品）使用の原則化、③被保護者健康管理支援事業の創設、④無料低額宿泊所の一部を「日常生活支援住居施設」とする、等が主な内容である。

（6） 全国知事会・市長会のボーダーライン層の定義は「被生活保護世帯とある程度似通った収入および資産状況にあるが、生活保護受給要件を満たすには至っていない層のこと」（同：六）を指すというものである。別の場所では、「ある時は生活保護基準以下の収入、ある時はそれ以上の収入というように、境界線を行ったり来たりする」との表現もみられる（同：一八）。全国知事会・市長会のボーダーライン層は実証的に把握されたものではなく、「ワーキングプアの増大で、こうした層がいるに違いない」と考えたものにすぎない。

第Ⅰ章　生活保護という不思議な世界

1　生活保護とはどういうものか?

序章でも述べたとおり、生活保護は、誤解に基づいた情報とともに語られることが少なくありません。たとえば、生活保護は母子世帯、高齢世帯……というような世帯タイプ別の制度だとか、働けない人だけ使える制度なのだ、車をもっていたら申請できないよ、というような話を、よく聞きます。それはこの制度が義務教育で教えられているわけでもなく、国や自治体のホームページを見ても、すぐスッキリわかるように説明されていない、ということがあるかもしれません。そこで、本書でこの制度の解体を述べる前に、生活保護とはどういうものかを、必要な範囲で、なるべく簡単に説明し、そのうえでこの制度が孕む問題点を指摘しておきたいと思います。

社会扶助は「今、貧困である」状態への、主として現金給付による社会保障制度で、その意味ではシンプルなものです。シンプルなのですが、生活保護の制度設計は、かなり複雑です。このため、生活保護法作成の中心人物であった小山進次郎氏らは、法制定後すぐ『生活保護法の解釈と運用』(小山 一九五一)という本を出版して、法のくわしい解釈と運用の仕方について補足しています。この本は長く生活保護行政のバイブルともいわれ、本書でもたびたび引用することになります。また現在でも、厚生労働省は、主に福祉事務所職員向けの『生活保護手帳』やその『別冊問答集』を出していますし、自治体によっては、これとは別に独自の運用事例集をつくっているところもあります。

なお、ここで生活保護というのは一九五〇年に成立し、現在も継続している生活保護法を指します。一九四六年に戦後初めての生活保護法ができていますが、一九五〇年法はそれを大幅に改正したものです。一九四六年法について述べるときは、旧法と表現して、両者を区別したいと思います。以下では、なるべく簡略に生活保護という制度のポイントを摑んでみたいと思います。そのために、表I-1のような簡略な一覧表をつくりました。

生活保護の目的と責任

生活保護法の目的、対象、責任のありかは、法一条に次のとおりコンパクトにまとめられています。

この法律は、日本国憲法第二五条に規定する理念に基き、国が生活に困窮するすべての国民に対し、その困窮の程度に応じ、必要な保護を行い、その最低限度の生活を保障するとともに

表Ⅰ-1　生活保護制度の概要

対　象	生活に困窮する国民　　　　外国人は準用
責　任	国家責任　　　　　　　　　地方も一部負担 実施は，地方自治体の長とそれが設置した福祉事務所
目　的	最低生活保障　　　　　　　自立助長 無差別平等(一般扶助)
保護の原則	申請の原則　　　　　　　　急迫状態などでは職権保護 基準および程度の原則(基準と資産調査で要否判定) 必要即応の原則　　　　　　個人や世帯に応じて 世帯単位の原則　　　　　　個人や世帯分離
保護の種類	生活保護の8つの扶助の組み合わせ(全一的保障) それぞれ基準あり　　　　　加算や特別扶助，一時扶助 生活扶助は居宅原則・現金給付．施設保護あり
貧困の認定	最低生活費　世帯ごとに算定 収入＜最低生活費の時，その差額を支給
要　件	保護の補足性　　　　　　　急迫保護は必要に応じて可 ①利用しうる資産の活用：預金，自動車，不動産など ②利用しうる能力の活用：能力と実際の就職状況 ③利用しうる他法・他施策の活用
優　先	民法の扶養義務も優先：扶養照会

に、その自立を助長すること を目的とする

憲法二五条の理念とは、一九四六年に公布された日本国憲法の生存権保障規定のことです。念のため記しておくと、①すべて国民は、健康で文化的な最低限度の生活を営む権利を有する、②国は、すべての生活部面について、社会福祉、社会保障および公衆衛生の向上および増進に努めなければならない、とされています。つまり憲法では、国民が生存権をもつこと、国はそのために具体的な制度をもって対応しなければならない、としたわけですが、その一つの具体

化が、生活保護法なのです。先の表の、対象、責任、目的をご覧ください。ここでのポイントは、生活に困窮する国民への必要な保護を国の責任で行なうとしたところです。したがってこの制度は国の制度なのですが、表にあるように、地方政府に一定の財政負担を求め、また都道府県知事、市長、福祉事務所を管理する町村長が実施機関となり、福祉事務所の社会福祉主事がこれを補助する、とされています。自治体の福祉事務所はその管轄する「福祉区」という行政領域をもっていますが、そこに存在している生活困窮者の保護責任をもつことになります。

もう一つのポイントは、最低生活保障とは別に、自立助長という目的が付加されたことです。この点は後で議論しましょう。

「誰」が利用できるか――無差別平等

次に、生活保護法には、「生活に困窮するすべての国民」であれば、貧困の原因を問うことなく、平等にこの制度の対象とすると書かれています。これは「無差別平等の原理」といわれているものです。

戦前の扶助(救護法)が老齢・一三歳以下の幼者・妊産婦・傷病者・障害者に限定されていただけでなく、次第に軍人扶助法、母子保護法、医療保護法など特別扶助法に「分散」されていった経緯を反省してか(あるいは連合国占領軍GHQに阻まれて)、すべての国民の権利としたわけですね。なお、現在でもギャンブルをやってはいけないというような議論もありますし、旧法では「欠格条項」がありました。これは、自立助長との関係で、後で取り上げます。

また、外国人については、旧法では特に国民に限定しない要保護状態の者を対象としていましたが、一九五〇年法は「生活に困窮する国民」としています。その理由は、形式的には生活保護が憲法二五条を基礎としているため憲法とそろえ、実質的には生活保護法が社会保障法であって、保護の請求権をもつことに基づくと、小山進次郎氏は述べています(小山 一九五一:九〇)。しかし、旧法時代には、保護を受けている外国人が存在しており、「内外人平等待遇」という国際原則もあることから、一九五四年に社会局長通知で、「生活に困窮する外国人に対する生活保護の措置について」を出し、法を準用して保護する途《みち》を拓きました(1)。ただし、準用の場合は保護を請求する権利が法で保障されているわけではありません。

さらに、保護の原則も定められています。表I-1の申請保護、基準と程度、必要即応、世帯単位の各原則がそれです。原則というといかめしいですが、ここでは、保護は、要保護者の申請によってスタートすること、保護の単位は世帯とされていることがポイントです。また生活保護の基準は厚生労働大臣が決め、実際に要保護者に給付する程度は、資産調査を行なって決定すること、しかし、世帯の事情に応じて適切に保護を行なうこととされていますが、これは「今、貧困である」状態をどう判断するかにかかわるので、保護の内容と一緒に次に説明しましょう。

必要な生活費をどう計算しているか

では、「今、貧困である」状態は何によって判断されるのでしょうか。生活保護制度は八つの扶助で構成されていますが、これらの扶助のそれぞれの基準から具体的に算定された、世帯の最低生活費と、その世帯の収入を比較して、収入のほうが小さければ貧困と判断されます。そのうえで、最低生活費と収入との差額を給付して、最低生活を保障するわけです。このように、生活保護は、貧困基準の役割をまず果たし、そのうえで給付の程度を決める尺度にもなっています。

八つの扶助とは、図I-2のように、生活扶助、住宅扶助、教育扶助、医療扶助、出産扶助、生業扶助、葬祭扶助に、後から介護扶助を加えたものです。

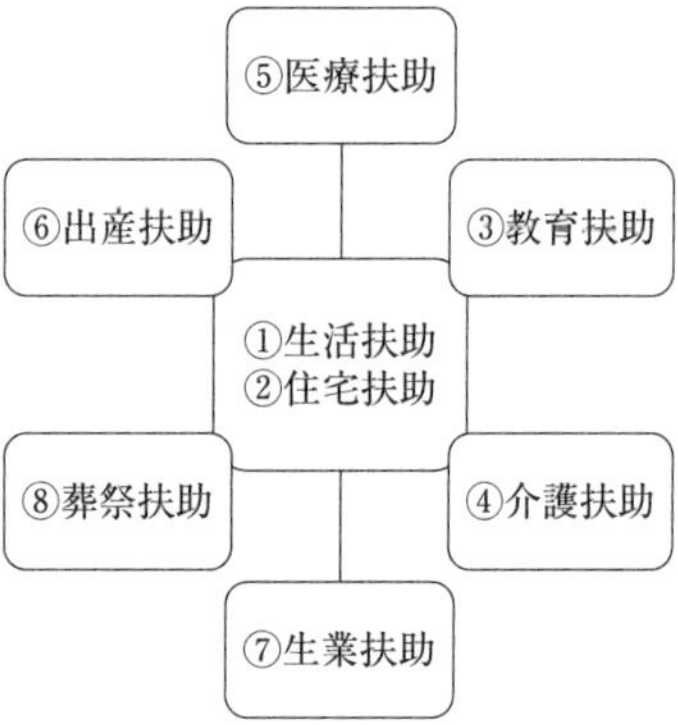

図I-2　生活保護の8つの扶助

注）番号は収入充当順位をさす. 71頁参照.

これらは、生活のニーズがいくつかの異なった局面をもっていることを示しており、生活保護という一つの制度がその生活の異なったニーズ全体に対応することを意味しています。つまり、日々の生活の費用（生活扶助）、住宅の費用（住宅扶助）、子どもの教育の費用（教育扶助）、医療の必要に対応した費用（医療扶助）、介護の費用（介護扶助）、出産や葬祭の際の一時的費用（出産扶助、葬祭扶助）、さらに所得保障とはやや性格を異にする「生業」＝小規模な事業のための資金（生業扶助）です。このうち医療と介護は現物サービスによる給付です。また、生活扶助は居宅で現金給付が原則です。

さて、今あなたが保護を申請したとすると、あなたの必要生活費は、この八つの扶助のうち、必要とされる扶助の組み合わせから算定されます。この額が、あなたの「今、貧困である」状態を判断する貧困基準になります。

なお、基準は、本章の終盤で述べるように、一般基準、加算、特別基準など、多層的につくられている場合があります。また生活扶助には、臨時的な一時扶助や期末一時扶助があります。収入も、判断に加える収入と、加えない収入があります。勤労している場合は、必要経費があると考えて、勤労控除（勤労収入を得るための経費を考慮して、勤労収入のうちの一定額を控除すること）がなされます。

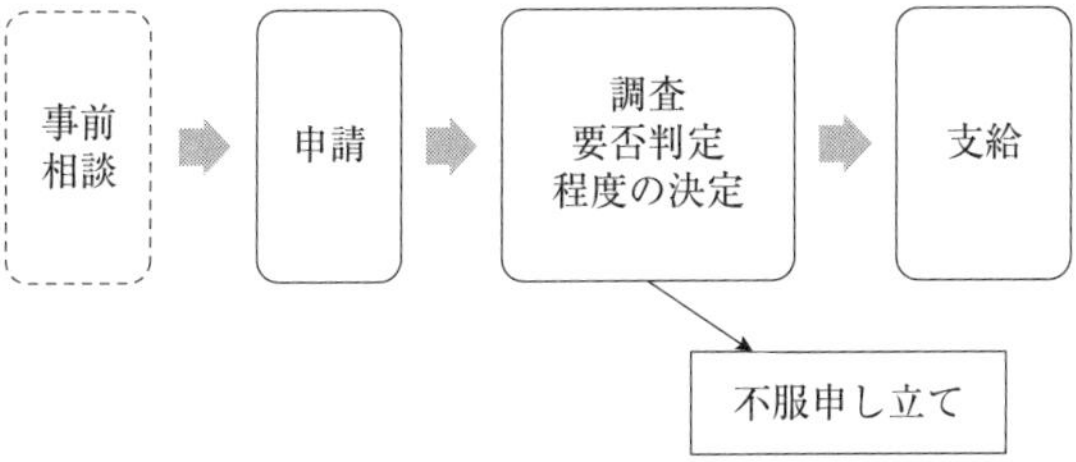

図Ⅰ-3　生活保護の申請のプロセス

図Ⅰ-3は、申請から給付までの流れを示したものです。申請の前に相談があるのは、法律でそうせよといっているわけではないのですが、ほとんどの福祉事務所はそのような手順で行なっています。その理由は、申請者が制度についてよく知っているとは限らないので、その説明の必要がある、また次に述べる資産などの調査についても周知が必要だし、他に利用できる制度があるかもしれない、ということだと思います。

しかし、もちろん法律上は、いきなり申請をしても構わないのです。しかも便箋に書いたものでも、口頭でもよく、「非（不）要式行為」（書類は必要としない）だとされています（池谷 二〇一七：二一九〜二二〇）。また収入を証明する書類を持っていなくとも、申請はできます。

相談のプロセスでは、序章でも触れたように「水際作戦」といわれる、申請抑制のあの手この手が使われてきた経緯があります。住所がないと申請できない、働けると申請できない、保護は六五歳から、ホームレス状態の場合は施設入所になる、親族の扶養を確かめてから──多くの「違法な」事例があります。最近では、「違法」な説明をして追い返した相談者が、相談内容をスマートフォンで録音していたために、言い訳できなくなった福祉事務所が謝罪したケースもあります。

申請が出ると、福祉事務所はこの世帯の「今、貧困である」状態の確認(生活保護が必要か否かの判定=要否判定)と、次に述べる資産などの要件を調査します。場合によっては検診命令が出されて、医療機関の受診が求められることもあります。保護が否となった場合、申請者は不服申し立ての権利をもちます。要否判定はのちほど具体例でみていきましょう。

資産調査(ミーンズテスト)と他の要件

社会扶助は、社会保険とは異なって、その給付に際して、資産調査(ミーンズテスト)がなされるのが普通です。生活保護の場合、まず収入が世帯ごとに算定された最低生活費より小さいことが大前提ですが、これに加えて利用しうる資産を活用してから、という要件があります。また能力の活用、他法他施策の活用も求められています。これらは、最低生活維持のために、「あらゆるもの」が活用され、それでもなお貧困であるときに、保護が行なわれることを意味しています。生活保護法では、これを「補足性の原理」としていますが、生活保護が「最後のセーフティネット」とされてきたのは、多分この原理が過剰に意識されてきたためではないかと思います。もちろん、他法他施策の活用は、社会保障全体でみた場合に、他法が生活保護法に頼らないように防御するという側面もあります。

では、資産とは何か、能力の活用とは何かが問題になりますが、これらの判断基準については、先に述べた『生活保護手帳』などである程度示されています。たとえば、預貯金は、開始時の手持ち現金としては、最低生活費月額の半分程度が目安とされ、収入の認定には加えません。家計繰越金と考えるというのがその説明です。それ以上になると、預貯金も収入として認定されます。保護開始後も、二〇一五年度より一二カ月ごとに資産の申告が求められることになったので、生活保護費のやりくりで生じた累積金の問題が浮上しています。その累積金については、計画的な家財道具の更新、子どもの進学など、法の目的に適う場合は容認しています。

しかし生活保護は「最低限度」の生活しか保障しませんので、あまりやりくりしすぎると、「最低限度」を割り込んでしまう可能性や、逆に累積金が可能ならば、保護基準が高すぎると判断される可能性を否定できず、それはどうするのかという疑念もわきます。なお、借金はマイナスの収入ですが、生活保護はこれを考慮に入れていません(終章二八二頁参照)。生活保護は、あくまで収入ゼロしか予定していません。また生活保護による給付金は差押禁止(五八条)なので、保護費から借金返済をすることも考えられていません。そうすると、最低限度の生活を割り込んでしまうからです。

持家の場合は、ローンがないことを前提に、処分・換金して生活費に充てるのが先というのが基本です。しかし、現に住んでいる住宅であるとか、処分してもたいした金額にならない、というような場合は、保有が認められることもあります。序章で述べたリバースモーゲージの可能性も検討されるでしょうが、うまくいくかどうかが問題です。よく問題になるのは自動車ですね。利用の理由や、当該地域の普及率（七〇％程度）や交通事情などから、保有が認められることもあります。しかし、自動車は維持経費も高いので、それをどうするかも含めて、福祉事務所や国との相談、ということになります。

能力の活用とは、主に労働能力の活用によって収入を得ることを指しますが、能力があっても就労の場を得られないことが現実にあります。また就労しても、収入の低い場合があります。それが最低生活費より低ければ、もちろん扶助の支給は可能となります。一般には医学的な判断や年齢（労働市場からの排除年齢）で判断されているようですが、教育程度や職歴なども加味して考えるべきとする意見や、稼働能力判定会議で決める最近の事例が『生活保護手帳 別冊問答集』（二〇一九：一三九）にあり、そのような場でプライバシーをさらすのか、とびっくりしました。社会保障法学者の菊池《きくち》馨実《よしみ》氏は、裁判例や行政実務から稼働能力の有無、能力活用の意思、実際の就労の場を得ることができるか、という三つの点で判断することがほぼ確立されているようだと述べています（菊池 二〇一八：二九九）。

いずれにしても資産や能力がある場合は保護を利用できないということではなく、「補足性の原理」から、先にそれらを活用して、不足分を生活保護が補うことになります。ここは誤解が多いところです。なお、労働争議中の労働者はこの「労働能力の活用」の面で疑義があるので保護は拒否される、と小山氏は『解釈と運用』(小山 一九五一:一二五~一二六)で述べていますが[2]、労働基本権ともかかわるのでそれは問題だとする批判もあります。その後、これについては困窮要因を慎重に調べてから判断する、という通知が出されています。

「親族扶養」はマストなのか?

親族扶養は、あたかも保護の要件のように扱われることがありますが、これは要件ではなく、扶養が可能な場合は「優先」してなされるという意味に過ぎません。ただし、日本の民法が定める扶養義務者の範囲は広く、絶対扶養義務者だけでも、夫婦、直系血族、兄弟姉妹を幅広く含みます。『生活保護手帳』には相対扶養義務者(三親等内の親族)まで含んだ図が掲載されており、皆さんがこれをご覧になれば、孫や甥・姪の配偶者にまで扶養を照会するのか、と驚かれると思います。参考のため、やや古いものですが、厚生労働省が外国の公的扶助の資産・扶養義務の条件と比較した表I-4(次頁)によれば、日本以外では、夫婦間と未成年の子の扶養は確認されるようですが、幅広い親族へ照会する例はありません。扶養照会は、現実にそれで生活保護費が大幅に減ったという結果がほとんど示されたことがないにもかかわらず、またその福祉事務所の事務コストがかかるにもかかわらず、これが持ち出されるので、申請をためらう人が多いといわれています。日本では、未だに親族ぐるみで「自助」が強調されているといえます。ちなみに、この表で資産保有限度額をみても、日本のミーンズテストの際だった厳しさがわかると思います。

なお、一般社団法人つくろい東京ファンドは、二〇二〇年末から二〇二一年初めにかけて、貧困や失業問題に取り組むいくつかの団体が実施した「年越し大人食堂」や相談会の会場で、生活保護利用に関してのアンケート調査を行なっています。生活保護経験のある人の半数以上は、扶養照会に心理的抵抗があったと回答し、また現在利用していない人の三割強が家族に知られたくないとの理由を挙げたそうです（つくろい東京ファンドＨＰ）。

の範囲・資産保有限度

イギリス 所得補助(IS)	日本 生活保護
就労収入のうち一定額(単身者は週5ポンド，カップルは週10ポンド，障害者世帯及び母子世帯は週20ポンド)が控除される.	就労収入8,000円までは全額が控除される．8,000円を超える場合は，就労収入額に比例して控除額が増加し，33,190円(1級地)が上限.
配偶者間及び未成年の子に対する親	配偶者間，親子間，兄弟姉妹間及びその他の3親等内の親族
世帯の合計資産が16,000ポンド(約218万円)以下 ＊6,000ポンド(約82万円)を超えると，250ポンドにつき1ポンドの所得があるとみなす. 資産と見なされるのは，預貯金，配偶者及び子の資産，土地・家屋(居住用は除く)，給与収入等	家具備品や居住用の土地・家屋等は，保有可(処分価値が著しく大きい場合は売却) 貯蓄については，原則収入認定(保護の要否判定に当たっては，最低生活費の1月分まで保有可(注6))
242ポンド (3.3万円)	64,870円(地方郡部等) ～83,700円(東京都区部等)

労働省社会・援護局委託研究)
に関する調査報告書」(平成15年度厚生労働省社会・援護局委託研究)
する調査」(平成22年5月 JILPT 資料シリーズ)
(PPE)」及び「ひとり親手当(API)」とともに「積極的連帯所得(R

理由とする給付)」に替わる制度として，「雇用・生活補助手当」が

「裁定外国為替相場」による平成23年4月中における実勢相場の平

る親又は子.
活費の半月分までの貯蓄は収入とみなさない取扱いとなっている.
住宅扶助等は含まれていない．ただし，フランスは住宅費が一部含
員数に応じた家賃相当額が減額される．また，ドイツ，スウェーデ

度の水準.
うえ，漢数字を算用数字にあらためた.

表Ⅰ-4　諸外国の社会扶助の扶養義務

各国の制度	フランス 積極的連帯所得(RSA)	ドイツ 社会扶助	スウェーデン 社会扶助
就労収入との関係	就労収入の62%(割合は政令で定められている)が控除される.	社会扶助のうち，生計扶助及び高齢・就労能力低下のための基礎保障について，就労収入の30%が控除される. *障害者については別に定めあり.	―
扶養義務の範囲	配偶者間及び未成年の子に対する親	配偶者間，親子間及びその他の家計を同一にする同居者(注5)	配偶者間及び未成年の子に対する親
資産の保有限度	資産の保有状況は問わない. *資産を活用して収入を得ている場合は収入認定	家具備品や居住用の土地・家屋等は保有可(処分価値が著しく大きい場合は売却) 一定程度の現金(生計扶助の場合1,600ユーロ(約19万円))は保有可	家具備品や居住用の土地・家屋等は保有可(処分価値が著しく大きい場合は売却) 貯蓄については，原則収入認定 *高齢者，子どもについて一部保有可
所得保障水準(月額)(注7, 8)	454.63ユーロ (5.5万円)	351ユーロ (4.2万円)	3,680クローネ (4.8万円)

資料) 野村総合研究所「諸外国における公的扶助制度等の調査研究報告書」(平成20年度厚生
UFJ総合研究所「我が国の生活保護制度の諸問題にかかる主要各国の公的扶助制度の比較
独立行政法人労働政策研究・研修機構「ドイツ・フランス・イギリスの失業扶助制度に関

注1) フランスにおいては，2009年6月より「参入最低保障(RMI)」が「雇用のための手当SA)」に統合された.

注2) イギリスにおいては，2008年10月より「就労不能給付」と「所得補助(疾病・障害を導入された.

注3) スウェーデンの社会扶助の対象者は，大部分が就労能力を有する者となっている.

注4) 邦貨換算レート：1ユーロ=120円，1ポンド=136円，1クローネ=13円(日本銀行均値).

注5) 高齢者，障害者に対する扶養義務は，年10万ユーロ(約1,200万円)を超える収入があ

注6) 生活保護が必要と判定された世帯の開始月における支給額の算定に当たっては，最低生

注7) 30代単身世帯について，日本の生活扶助(1類費・2類費)に相当する給付水準であり，まれており，住宅手当を受けているか又は家賃を払っていない場合，この金額から世帯人ン，イギリスにおいては，この金額とは別に光熱費が支給される.

注8) ドイツ，イギリスは2008年度，フランス，スウェーデンは2009年度，日本は2011年

出所) 厚生労働省 社会保障審議会生活保護基準部会第3回資料1(2011年6月)．一部修正の

日本的特徴――新しい考えと古い考え

以上のように、生活保護制度は、一方でその高い権利性、国家責任による最低生活保障、無差別平等の一般扶助、あらゆる生活ニーズを取り込んだ包括性といった、先進的な側面がある反面で、最低生活保障とならんで自立助長を目的に加えたこと、資産調査の厳しさや、幅広い親族扶養への期待といった矛盾をもっています。前者の先進性については、この制度が立案された当時の日本が占領下にあったという特殊な環境が影響していたと考えられます。連合国占領軍（GHQ）は「社会救済」指令（SCAPIN-775）として「保護の無差別性」「保護の国家責任（公私分離）」「必要十分（必要な救済費総額に制限を与えない）」という、いわゆる社会救済三原則を示しました。それは日本政府が、傷痍軍人や軍人遺族を優遇すること、あるいは社会福祉の責任を民間に任せてしまうことをあらかじめ防止する措置だったといえます。

さらに、社会保障制度審議会の「社会保障制度に関する勧告」（一九五〇年一〇月）の影響があります。社会保障制度審議会は、各国の福祉国家の設計に大きな影響を与えた英国のベヴァリッジ報告（一九四二年、第Ⅱ章註1参照）を下敷きに、戦後日本の福祉国家の青写真を描き、社会保険、国家扶助、公衆衛生および社会福祉が、相互の関連を保ちつつ総合一元的に運営されねばならないと勧告しました。ここで国家扶助は明確に社会保障の一環として位置づけられています。

では、後者は何かというと、小山進次郎氏は「古いもの」が残ったことと、「保護課の伝統に流れる厳しさ」という表現を使って説明しています。『生活と福祉』という雑誌で、一九六九年に日本社会事業大学教授だった仲村優一氏と小山氏の対談が行なわれていますが[3]、仲村氏は、補足性の原理において「あらゆるもの」を活用としたのは行きすぎではなかったかと、小山氏に問うています。小山氏は、そういうところが、昔の状態を新しい段階に切り替えられなかった「弱み」が現れている、と率直に応えています(厚生省社会局保護課 一九八一：一二七)。また、保護は無差別平等であるが、「受けるには、受ける者の欠格条項がある」べきだというような考えがまだあった、とも回顧しています(同：一一八〜一一九)。

利用の条件としての欠格条項は実際には挿入されなかったわけですが、考え方としてあったということですね。この点は、副田義也氏がその著書『生活保護制度の社会史』の中で解説していますが、「新旧の考えかたを混在させた矛盾のなか」で新生活保護法が形成されたので、いろいろな齟齬や行きすぎた表現がみられることになった一例としています。副田氏が、特に資産保有について、「条文は「健康で文化的な最低生活を維持するのに必要な資産は保有が認められる」という「肯定型の表現」がむしろ望ましかったのではないか」とも述べている点は重要だと思います(副田 一九九五：四二〜四四)。

もちろん、「保護課の伝統」だけでなく、社会扶助は、つねに「惰民を生みだすのではないか」という「世間の懸念」に制約されていますから、そうした懸念が先進性にブレーキを掛けてきたともいえるかもしれません。

2 古い「貧困理解」と、生活保障としての不徹底

以上の生活保護制度についての簡単なスケッチを前提に、ここからはこの制度の基本的な問題点をいくつか指摘してみたいと思います。本書で、制度解体を提言する理由でもあるからです。まず、もっとも基本的な点は、生活保護が前提にしている貧困理解が「古く」、何もかも失った貧困層へ、包括的な生活保障を行なうという体裁をとっていることです。

「生活困窮者」への「全一的」保障という設計

生活保護制度の対象は、「生活に困窮するすべての国民」だということはすでに説明しました。中央社会福祉審議会生活保護専門分科会の委員として生活保護基準作成に長くかかわってきた篭《かご》山京《やまたかし》氏は、「全ての国民は、その生活が困窮している時に」と表現すべきだったと批判しています(篭山 一九七八：四七～五二)。一見、どうでもよいことのようですが、後者のようにすると、すべての国民が、生活困窮状態になった時、という「状態」を対象としていることが明らかで、普通の労働者の貧困リスクに対応する福祉国家の社会保障との整合性がとれます。が、前者にすると、「生活困窮者」という特定の階層が対象のように受け取られるおそれがあります。その結果、戦前の恤救《じゅっきゅう》規則、救護法、そして戦後の旧生活保護法に受け継がれてきた、「最下層」の極貧の人びとしか対象にしようとしない伝統が残ってしまったと篭山氏は指摘しています。

他方で、生活保護法の法文上、八つの扶助は、「要保護者の必要に応じ、単給又は併給として行われる」(一一条二項)と記述されているので、たとえば住宅扶助だけとか医療扶助だけ申請する、ということが可能にみえますが、すでに説明したように、それは、あくまで支給が単給(単独での支給)または併給という意味で解釈されています。

複数の扶助の利用については、制度成立当初から二つの考え方があったそうです。一つは、小山進次郎氏＝厚生省の見解で、「健康で文化的な最低生活」とはこれらの扶助すべてを含む概念で、各扶助を区分したのはたんなる「整理手段で」、まったく「実務上の便宜」に過ぎない、したがって「生活に困窮する」とは、たんに生活扶助だけでなく、教育、住宅、医療、出産、葬祭、生業のいずれの点でも欠けたことを意味する、という考え方です(小山 一九五一：二二六〜二二八)。貧困とは、何もかも失った状態であり、だから生活保護は、何もかも失った生活困窮に「全一的」に、つまり八つの扶助を一体のものとして対応するものだということになります。「全一的な最低生活に対して全一的な保護がある」(小山 一九五一：二二七)というわけです。

貧困の原因を区別する

篭山京氏は、複数の扶助の利用をめぐって、小山氏とは異なる考え方をもち、「生活困窮者」への「全一的給付」に対しても疑問を呈しました。篭山氏は生活時間や家計の分配構造を研究してきたので、生活はいくつかの異なった分野に分かれるという考えが基礎にあります。たとえば、日々の生活に必要なモノやサービスの消費と、一時的に必要になる需要に対してなされる消費はそもそも異なっている、と考えたのだと思います。

そこで、所得が足りなくて、日々の最低生活を維持できない者に対して行なわれるのが生活扶助であるが、他の扶助は「ある目的のための支出が生ずることによって、生活困窮に陥ることを防ぐために行われる扶助である。その支出の要件がなくなれば、扶助の必要がなくなる」点が異なると述べています（篭山　一九七八：一五三）。ここで、篭山氏は、収入の不足が日々の経常的な最低限の需要を満たせないための貧困と、なんらかの生活費の増額のために貧困が生じることを区別しています。

社会保障や貧困論をかじったことがあるかたは、B・S・ラウントリーのライフサイクルと貧困の図を思い起こしてください。ラウントリーは、好況下で失業や賃金低下の可能性が低い時でも、普通の労働者が貧困に陥る危険がある三つのライフサイクル（生活周期）段階を挙げていますね。それは自分の子ども時代の段階と親として子どもを養育する段階、それに自分が高齢になった段階です。前の二つは、いずれも子どもの養育費が上昇することによって、世帯全体が貧困に陥る可能性が高くなるわけですが、後者は労働市場から引退を迫られた高齢世帯の収入がなくなって貧困に陥るリスクが高くなります。だから、子ども期・子育て期と高齢期の貧困はその原因が異なると考えたわけです。

生活扶助は、日々の生活を最低基準まで引き上げる役割を果たします。他方で、医療、住宅、教育、生業、葬祭などの他の扶助は、「ある目的のための支出が生ずることによって、生活困窮に陥ることを防ぐ」ための扶助なので、今「生活に困窮している者」だけでなく、それより収入は若干上だけれども「生活困窮のおそれのある者」をも含んで保護が行なわれることになると、篭山氏は指摘しています。

篭山氏は、貧困を、スラムの貧困層のそれだけでとらえるのではなく（もちろんそのような貧困は現代でも存在していますが）、普通の労働者の生活の中にその危機があるとする、二〇世紀の貧困の考え方に立っています。確かに、何もかも失った「生活困窮者」への「全一的」保障というより、篭山氏の考え方に立つほうが、無理がないように思います。

特に医療費や介護費の区別は重要です。医療費の重圧で日常生活の需要が満たせないというのは、貧困の一典型だからです。介護費は特に障害や高齢によって、ケアが不可欠な生活においては、食費と同様、あるいはそれ以上に必須のものでしょう。教育費はまさに現代的な子ども養育費の一部で、それによって生活が圧迫されます。ところが当時の厚生省が「全一性」にこだわったのは、敗戦直後の日本でも特に下層の「貧困層」だけを対象として想定したかったからかもしれません。また、GHQに忖度して、戦前の分散的な特殊扶助に戻らないように考えたのかもしれませんね。たとえていうなら、生活保護の資産調査を厳しくして、「何もかも失った」困窮者に対象を絞り込むと、いわば「丸裸」の貧困層が対象となるので、この「丸裸」状況へ対して、一枚一枚服を着せていくような「全一的」保障が導かれたのかもしれません。

社会保障と社会福祉のあいだで

生活保護制度をめぐるもう一つの大きな論点は、「最低限度の生活の保障」という目的に加えて、「自立を助長する」という目的を挿入している部分です。「自立助長」という部分がなければシンプルな社会扶助です。これは、今述べた「生活困窮者」への「全一的給付」の議論と比べて、早くから論争の主題となってきました。現在でも多くの研究者の議論があります。制定当時の考え方は、「惰民養成」という世論の批判に対するあらかじめの防御というものです。先にみたように一九四六年の旧法まで、日本の貧困救済には「素行不良者」や「怠惰者」などを対象から外す欠格条項がありましたが、GHQによってこの条項の廃止を迫られたため、これを廃したことによって「惰民養成」にならないようにするために、自立助長を入れたという解釈です。当時の社会局長木村忠二郎氏がこの解釈に立っています(木村 一九五〇:四九)。

ところが、このような解釈に反対したのが、「自立の助長」の挿入を行なった小山進次郎氏でした。小山氏は自立助長の付加は惰民防止というような「そんな調子の低いものではない」と強く否定しています。むしろ貧困である状態への生活保障だけでは消極的なので、「個人々々を社会生活に適応させるようにしていく」社会福祉的側面を強調すると説明しています(小山 一九五一:八四)。この小山進次郎氏と、木村忠二郎氏との説明の齟齬は、多くの研究者が注目しています(牧園 二〇一〇、池谷 二〇一七)。

小山氏の説明をあらためてみてみましょう。

「自立の助長ということを目的の中に含めたのは、「人をして人たるに値する存在」たらしめるには単にその最低生活を維持させるだけでは十分でない。凡そ人はすべてその中に何等かの自主独立の意味において可能性を包蔵している。この内容的可能性を発見し、これを助長育成し、而して、その人をしてその能力に相応しい状態において、社会生活に適応させることこそ、真実の意味において生存権を保障する所以である」（小山 一九五一：九二）

つまり、生活保護制度は最低生活保障であるとともに、「人間の自主独立の可能性を引き出すという社会福祉制度」でもあり、両者から生存権保障が導かれることになる、というのです。では可能性を引き出すのは何かというと、個人が社会生活へ適応していくことを、個別に援助していくケースワークが想定されていたと思われますが、ケースワークを生活保護法の中で規定するのが困難なため、生活保護事務としてしか想定できなかった、としています（同：九五～九六）。

このような考え方は、「自問自答」した結果だと、小山氏は仲村優一氏との対談の中で吐露しています（厚生省社会局保護課 一九八一：一一九～一二〇）。つまり局内で十分熟成しないまま挿入したので、木村氏との齟齬も生まれたというわけです。なお、この仲村氏との対談の中で、小山氏は「自立助長」ではなく「サービス」という表現を用い、金銭給付だけでなくサービスを提供して自立させていくところまでが生活保護制度の守備範囲だとも述べています（同：一二五～一二六）。

ここで、小山氏が使った社会福祉という用語の意味ですが、これは社会保障とは区別される個別的な援助サービスが念頭にあったと考えられます。ケースワークは現在では広くソーシャルワークといわれることが多いのですが、もともとはスラムの社会改良事業から分化して理論化されていったもので、個人が社会環境に適応していくことができるよう働きかける援助技術です。つまり、「個人の社会生活への適応」が大事だと小山氏は述べているのですね。ところが、同氏が国の責任による最低限度の生活保障をうたった部分（小山 一九五一：九〇～九一）では「単なる社会福祉の制度」ではないから生活保護は全国一律の制度としたとも述べており、どうも都合良く社会保障と社会福祉を行き来する矛盾があります。ちなみに、社会保障と社会福祉の違いについて、明確な定義があるわけではありません。一九五〇年の社会保障制度審議会勧告では、社会福祉を社会保障の一部と位置づけています。この議論の範囲では、社会保障は所得保障や医療費保障などの平均的ニーズに対応する所得・サービス保障であり、社会福祉は個人や世帯の事情に応じてなされる「個別的」な各種サービスを指すものとされています。

この部分の小山氏の矛盾をめぐっては、先の篭山氏のほか、岸勇氏が生活保障と社会福祉という異質のものを簡単に接ぎ木したと批判しています。篭山氏は、自立助長のための（ケースワークのための）予算や人員も確保しないままに生活保護という制度内に福祉機能をひろげすぎてしまったことをまずやり玉に挙げています。また「最低生活の保障」は「生活の困窮」が発生したときに自動的に扶助されることではじめて保障たり得るのに、まず自立努力があり、それへの助長として扶助されるのでは「救済であって保障ではない」と批判しています（篭山 一九七八：二六〜二七）。たしかに、社会保障としての給付が自立助長で歪められてしまう可能性は少なくありません。

岸勇氏も「自立の助長が生存権保障といったいどんなかかわりを持つというのであろうか。それはむしろ生存権保障と対立する概念ではないか？」と、根本的な疑問を提示し、これが付加されたのは、実はドッジライン（一九四九年）強行による不況で、大量の稼働能力のある要保護層が生みだされたが、これらの人びとを保護適用から排除しようとしたからだと指摘しています

（岸・野本 二〇〇一：一九〜二〇）。つまり、やはり惰民養成の回避が本当の理由だったのでしょう。

なお、この自立助長をうながす「ケースワーク」をめぐって、岸氏と仲村優一氏とのあいだで「公的扶助ケースワーク論争」が展開されることになります。生活保護論では最大の論争となりますが、ここでは、その原因が制度の目的の矛盾にあることを指摘するにとどめます。

3 運営の二重原則

先の表I-1をご覧いただくとわかるのですが、生活保護の原則は、その反対のやり方をおおむね併記するかたちで構成されています。たとえば要保護者の申請からスタートするという申請保護の原則に対しては福祉事務所による急迫保護（職権保護）、世帯単位の原則に対しては「世帯分離」や個人単位がありうるとされていますし、居宅原則の傍らで保護施設の利用という選択肢も残しています。こうした二重基準も、社会保障の画一性を補う、社会福祉的な側面とみなされており、生活保護の「懐の深さ」を示していますが、同時にそれは福祉事務所の裁量次第ということになり、生活保護のわかりにくさの一因となっているともいえます。では、その二重性を具体的にみていきましょう。

申請保護／職権保護

「急迫」した状況にある場合は、実施機関（福祉事務所）の判断による保護開始がありえます。これは「申請保護」に対して「急迫保護」とか「職権保護」といわれています。急迫した状況とは「生死に関わる」とか「疾病／負傷のため急迫している」などで説明されてきましたが、その判断は福祉事務所に任されています(池谷 二〇一七：二〇二)。

これが実際にどれくらい使われているかを示す統計としては、被保護者調査の保護開始理由に「急迫保護で医療扶助単給」という理由があります。二〇一九年調査(月次調査による一カ月平均)では、これに該当するのが二九五世帯、開始世帯全体の一・九％でした。医療扶助単給以外に「職権保護」がないのかはわかりません。社会福祉的側面で積極的に考えれば、生活保護ワーカーは、この「職権保護」を活用してもっと困窮状況を取り上げていくべきだという考えにたどりつくかもしれませんし、そんな面倒なことはしないと判断するかもしれません。つまり、判断の裁量がワーカーや福祉事務所に委ねられているわけです。

世帯単位／個人単位(世帯分離)

保護は世帯単位を原則とする、と規定されています。世帯とは、同じ財布で暮らす消費生活の単位です。しかし、同居でなくても構わないとされていることもあって、しばしば、どこまでを世帯とするか、という判定の困難をともないます。『生活保護手帳 別冊問答集』などは、世帯の認定問題にかなりのページを割いています。

このように、世帯単位を当てはめるのが困難な生活実態があるときに、個人単位の認定が行なわれます。個人単位は「世帯分離」とも呼ばれ、保護するかどうかを決定するうえで、別世帯と同じように扱うという擬制的措置と説明されています（牧園　一九九九：四六）。たとえば長期入院にいたった個人、出稼ぎなどで他出した個人、進学した子ども、介護などのために転入してきた個人などについても、世帯単位にすると、世帯員とされてしまうため、保護の目的に照らして、この擬制を行なうことがひろがっていきました。しかし、篭山京氏によれば、こうした擬制を行なうのは、小山氏が「夫婦親子の範囲を超えたより大きな生活共同体が社会生活上今なお現存していて」おり、それらは現実に家計を同一にしているという事実に基づいて世帯をとらえるとしたからで、ヨーロッパのように、「同一住居で生計を共にしている夫婦と義務教育の子」というように定義してしまったほうが良かったと批判しています（篭山　一九七八：九二〜九七）。これも、近代的に割切ってしまうか、古いものを引きずった現実に合わせるかの考え方の違いが出ているところですね。

特に世帯分離は、義務教育以上の修学をめぐって、「世帯内修学」「世帯分離による修学」のそれぞれを認めていきますが、一九七〇年が転機となって、高校までは世帯内修学、大学については世帯分離による修学という方式が確立したと、牧園清子氏は述べています（牧園　一九九九：一〇二）。また牧園氏は、世帯分離の適用は一九六〇年代から七〇年代にかけて増大したが、八〇年以降は減少傾向にあること、それは単身世帯化の影響が大きいと指摘しています（同：二一〇〜二一一）。

基準表／必要即応

次に、生活保護法の定める「基準及び程度の原則」は、厚生労働大臣があらかじめ定型的な基準を明確に決めておき、個々のケースにそれを当てはめる、ということが原則になっていますが、すぐその後の条文で「必要即応」原則が示され、今度は「個々の必要に応じて臨機応変に」といっています。これも二重基準ですね。

生活保護は「一般扶助」なので、あらゆる年齢、世帯構成、地域の差異に対応するものでなければならないため、たとえば生活扶助であれば、まず「標準世帯」の扶助基準を決め、そこから年齢別、世帯人員別、地域別に細かく金額を決めていき、最終的に「基準表」を作成します。「標準世帯」から基準表をつくることを保護行政では「展開」といっています。「標準世帯」で確認した扶助水準を、多様な個々の世帯に展開してあてはめるという意味です。

「基準表」は画一的なものですが、これを使って個々の最低生活費を決めるというのが生活保護制度の基本原則です。決まった金額を必ず給付するという意味で、社会保障そのものですね。ところが、「必要即応の原則」は、これとはまったく異なって、保護の種類や程度は、画一的な当てはめではなく、個々の世帯の事情に応じて適切に定められなければならないという原則なのです。この個別原理は社会福祉的です。

では「必要即応」として何が想定されていたかというと、人工栄養の必要な乳幼児、成長期の子ども、結核患者、身体障害者、労働能力のある者などには、それぞれの特別な需要への配慮が必要であるから、一般基準によりがたい場合には「特別基準」を設定するよう大臣に申請してもよいとされています。

この点について、嶋田佳広氏は、ドイツでは、社会扶助の「構造原理」の一つとして、個々人の「需要」を完全に充足しなければならないという「需要充足原理」が明確に存在することを紹介しています（嶋田 二〇一八：三〇一〜三二五）。つまり、社会保障の「最後のセーフティネット」としての社会扶助だからこそ、そこで「完全に充足」させないかぎり需要は満たされないのだから、社会保険のような一律給付とは異なる、「需要充足原理」に基づく社会扶助の給付が大事ということです。

日本の場合は、画一的基準を大臣が決め、そこに「必要即応」を理由に上乗せされる、「類型別」の加算や特別扶助という折衷構造で「定型基準／必要即応」の折り合いがつけられています。つまり、個別ではなく、類型的に「必要」をとらえていますから、本当の「必要即応」とは言いがたいのですね。これはすぐ後で、生活扶助への加算問題として取り上げたいと思いますが、最低限度の生活の基準が、何重にも上乗せされるような傾向を招いています。また「必要」の判断が、ドイツのような司法審査によるチェックを前提に、社会に開かれているのではなく、厚労省や実施機関の中で決めているので、福祉事務所やワーカーの裁量が強くなってしまうという矛盾をはらんでいることは、改めて指摘しておきたいと思います(4)。

非現実的な「すべて現物給付」

最後に、生活扶助や住宅扶助は原則として金銭給付、医療や介護は、現物給付（介護券、医療券の使用)ですが、生活保護の主流はもちろん金銭給付です。それは市場経済の下での社会保障制度の通例であり、医療や介護が例外なのは、医療・介護サービスの実質的な保障が重要であるからです。なお、日本では今日でも若干の保護施設が存在し、居宅に対する現金給付ではなく、施設での現物給付が行なわれています。

生活保護を現物支給せよという声があり、それを公約に掲げる政党まで現れましたので、ここで少し付け加えます。生活保護施設の一つである更生施設では、現物支給が原則です。そのやりかたは、居室、共用のトイレ、風呂、洗濯室などの現物提供のほか、寝具、被服、靴、その他日常雑貨も原則的には現物支給するので、これらすべてを現物でストックしておく大きな倉庫と、その出し入れを管理する職員が必要となります。こう考えると、居宅保護者も含めて全部現物支給など、できるわけがありませんね。食事は食堂で提供するほか、就活などで外出するときは弁当を支給することになります。しかし最近では、施設によっては外出時の昼食代として現金を渡すこともあり、被服なども一部商品券で買えるようにする工夫もあります。このほうが普通の生活へ自立していく「更生」に近いことは容易に想像がつきます。つまり、現物支給は非現実的、コスト高な手法であり、さらには個人の生活再建を邪魔する手法なのです。「生活保護憎し」といっても、政策は現実的でなければなりません。

4　具体例で考えてみると

A子さんの保護申請と要否の判定

これまで述べた生活保護の原則やそのあてはめと、生活保護を必要とするか否かの「要否判定」がどのようになされるかを、仮のケースに沿って考えてみましょう。

今、東京都区部在住七四歳(女性)のA子さんが生活保護を申請したとします。高齢世帯なので、教育扶助の利用はありませんし、加算は介護保険料加算以外つきませんが、なるべくシンプルな事例で考えたいと思います。

A子さんは、基礎年金受給中ですが、夫と死別した後は、不足分は貯金を取り崩して暮らしてきました。その貯金も底をつきそうになっているので、生活保護の利用を検討しました。女性の高齢単身世帯が増えていることは序章で述べましたが、このA子さんのようなケースが少なくありません。二〇一九年七月末日時点の保護開始世帯の開始理由を被保護者調査からみると、四割が「預貯金の減少」を挙げており、開始理由のトップになっています。A子さんの場合は、夫との死別による年金収入減が貧困の主因ですが、生活保護では預貯金のような資産があれば、それを取り崩して使うことが要件となるので、開始理由は「預貯金の減少」とされるわけです。

福祉事務所では、年金証書や預金通帳などを元に、資産や収入の状況が調べられます。A子さんは賃貸アパートに居住しているので、不動産は問題になりません。車なども もっていません。しかし、預貯金はゼロではありません。そもそも公的年金支給は二カ月分が一度に振り込まれますし、水道料なども二カ月分で引き落としになるものがあります。ですから、残高が多くても、今月振り込まれたばかりで、来月分も含んでいることがありえますので、これをきちんと振り分けて、定期収入、繰り越し分、それ以上の資産分を確定していくことになります。特に申請があった月の収入や資産の認定は細かい振り分けによる確認が必要なことが『生活保護手帳』などに示されています。このように生活保護の収入・資産調査は厳格で細かくなされており、序章で言及した新聞記事での指摘のように、生活保護に「気安く頼る」などという芸当はたぶんできないと思います。

なお、冒頭のバス停で夜を過ごしていた大林さんのように、所持金がきわめてすくない場合は、保護決定までの生活も困難です。そこで生活福祉資金貸付制度から、当座の生活費を貸し付ける運用になっているようです。保護費は申請日にさかのぼって出ますので、後から返済するわけです。親族による扶養が可能かどうか、照会を行なうこともあると言われましたが、子どものいないA子さんは、兄姉とは折り合いが悪く、何年も音信不通でいるので、その事情を話しました。

さて、A子さんが生活保護を利用できるかどうかの判断＝要否判定を具体的に考えてみましょう。A子さんの住んでいる東京都区部は一級地‐一という級地（地域グループ）に属します。相対的にどの基準も高く設定されています。表I‐5は、同じ七四歳の高齢単身世帯が、所得の違いと、介護と医療サービスを実際に利用するかしないかの違いによって、要否判定がどう変わるかを、A子さんを含んだ三つのケースで示したものです。

時期を二〇一九年一〇月時点とすると、生活扶助（一類＝個人別と二類＝世帯共通費の合計）は七万四七一〇円、住宅扶助は、一級地‐一の特別基準上限額で考えると五万三七〇〇円です。A子さんの実際の家賃はこれより若干高い五万八〇〇〇円です。引っ越ししてこの基準に収まる程度の

表Ⅰ-5　要否判定のバリエーション：高齢単身世帯
（74歳，東京都区部在住，2019年10月現在）

収入充当額	生活扶助（介護保険料*加算）	住宅扶助	介護扶助	医療扶助	国保料**	最低生活費計	判定
① 65,008円	77,010円	53,700円	0円	0円	1,300円	132,010円	要
② 145,000円	77,010円	53,700円	0円	8,000円	1,300円	140,010円	否
③ 145,000円	77,010円	53,700円	15,000円	8,000円	1,300円	155,010円	要

注）2019年10月改定の基準．この改定時では，激減緩和のための措置があり，さらに消費税軽減税率による調整があった．この表の数字は『生活保護手帳 2019年度版』の基準額と計算式による．生活扶助基準額は74,710円である．*介護保険料月2,300円，**国保料月1,300円は，仮の額．要否判定では当該地域の最低の実費額．

アパートに移ることも選択肢としてはありますが、家賃との差額が小さいので、今のアパートに住み続けることにしました。後から述べる住宅扶助特別基準に、さらに上乗せした基準を設定することも考えられますが、相談を担当したソーシャルワーカーからそういう提案がなかったので、A子さんはその上乗せ基準を知ることができません。

七四歳という年齢から、生活扶助に介護保険料を、最も安いランクとして仮に二三〇〇円（地域で保険料額が異なる）を加えると、生活扶助額は七万七〇一〇円になります。これと住宅扶助および国民健康保険料を合わせた合計額は一三万二〇一〇円で、これが七四歳東京都区部在住の単身世帯の最低生活費（ひと月あたり）になります。国民健康保険料は、後述のように要否判定時に加えることになっています。

なお、この表にある、収入充当額というのは、先に述べた所得や預貯金の調査によって判明した、生活費に使える収入を指しますが、ややこしいので、ここでは定期収入の年金のみを示しています。前述のとおり、A子さんのケース①は収入が老齢基礎年金のみ。満額でも年七八万一〇〇円（月六万五〇〇八円）です。この①では、開始時には介護や医療のニーズはなかったとしておきます。②と③は収入が倍以上高くなって、一四万五〇〇〇円です。二階建て部分の年金が付加され、②は医療ニーズがある、③は介護と医療のニーズがあるケースとしておきます。つまり、収入上は貧困のようにみえないのだけれども、特定の生活費の圧力で生活が苦しくなるケースです。

まず、①は最低生活費一三万二〇一〇円に対して、収入は六万五〇〇八円です。しかも、この収入額は、生活扶助部分にさえ届いていません。したがって、生活扶助部分の差額と住宅扶助部分が支給額となる「要判定」が出ます。なお、このケース①で、開始後に医療の必要や介護の必要が出た場合、それぞれの申請によって、介護券、医療券が支給され、それらのサービスが利用できます。

医療・介護の計上の仕方と収入充当順位

②、③は一四万五〇〇〇円と比較的高い収入がありますが、医療や介護の必要があって保護が申請されたと考えられます。この場合、医療扶助や介護扶助は現物サービスとなりますが、現物サービスである医療扶助や介護扶助を最低生活費の算定にどのように含めるのでしょうか?

次章で述べるように、生活保護になると国民健康保険の「適用除外」となり、全額公費で賄われる医療扶助によって医療サービスを利用することになります。では、かかった実費をすべて計上(または見積もり)するのでしょうか? たしかにそのような方法をとっていた時代もあったようですが、今日では、「要否判定に用いる医療費は、高額療養費制度における低所得世帯に適用

される自己負担額を上限とした額」とされています。(5)

高額療養費制度については続く章でも言及しますが、公的医療保険制度において、同一月にかかった医療費の自己負担額が高額になった場合、一定の金額(自己負担限度額)を超えた分が、あとで払い戻される制度です。しかし、生活保護利用者は国民健康保険からは「適用除外」されていますし、生活保護申請時点ですでに保険料を払えていないかもしれないのです。そうなのですが、国民健康保険に加入していると「みなす」わけですね。この表では、国保保険料一三〇〇円(これは地域差があります)、外来の自己負担の上限として高額療養費を利用した場合の負担額上限でもっとも低額な八〇〇〇円を入れてあります。すると、ケース②の最低生活費は一四万一〇円となり、収入額を四九九〇円下回るので、要否判定は「否」になります。

ケース③は、開始時より医療と介護が必要なケースです。介護も医療と同じく現物サービスですが、介護については生活保護も介護保険とリンクし、被保護者も保険に加入しますので、ここでは医療と異なって「みなし」は不要で、高額介護サービス費の上限を計上します。なお、介護保険料は生活扶助の介護保険加算になり、すでに生活扶助に加えてあります。他の条件はケース②と同じです。するとケース③の最低生活費は一五万五〇一〇円となり、収入より一万一〇円オーバーするので、要否判定は「要」です。

なお、要否判定では、その世帯の収入を生活保護の扶助の種類に当てはめる順序(充当順位)が示されます。この順番が先の図I-2の扶助に付した数字の意味です。収入は、原則として、第一に衣食等の生活費に、第二に住宅費に、第三に教育費および高等学校等への就学に必要な経費に、以下介護、医療、出産、生業（高等学校等への就学に必要な経費を除く）、葬祭に必要な経費の順に当てはめられ、結果として不足する費用に対応することとされています。もちろん、原則として金銭で支給される生活保護費を、どう使うかは利用世帯の自由ですが、一応充当順位を考えて、八つの扶助との対応を示すことになっているのです。この充当順位という考え方も、先に引用した篭山京氏の考え方に近いといえます。つまり、生活扶助部分にも満たない収入は、そのまま生活困窮を示すが、他の扶助は「支出増によって最低生活費を割ることを防止する」性格をもっているため、後ろの順位に並ぶわけです。

生活保護は「差額」の支給にすぎない

ケース①は、生活扶助さえ充当できない困窮で、すべての扶助が併給される決定となり、支給額は差額の六万七〇〇二円です。繰り返しですが、生活保護で支給されるのは、あくまでこの「差額」にすぎません。ケース③は、ケース②と同じ収入額ですから、収入が低いという意味での生活困窮なのではなく、医療、介護費の圧迫による生活困窮を予防するという性格になり、充当順位でいうと医療、介護という決定になります。なお、このような医療、介護のみの決定の場合、収入から医療・介護以外の最低生活費を引いた残りの収入が、医療や介護の本人支払額に充てられます。生活保護は全部タダ論が横行していますが、収入があれば、それをまず使うわけですね。

また、実は、この要否判定には使っていないけれども、保護開始後、必要に応じて加えられる基準があります。たとえば高等学校等就学費や就職支度金などを含んでいる生業扶助がその代表例です。このほか期末一時扶助や臨時的一般生活費とされる家具什器類、住宅扶助に含まれている敷金、契約更新料などは、判定には加えませんが、保護開始後必要に応じて認められることがあります。たとえばA子さんがアパートの更新料を必要とした場合は、一定範囲で認められます。ですから保護によって保障される生活「程度」は、要否判定による差額支給よりは広く、一時的需要をも満たすものになります。

貧困の大きなファクターとしての医療費

なおケース③は医療と介護への充当という要判定ですが、介護扶助が加えられる前は、医療だけの単給決定のケースが多く、統計上も医療扶助単給というカテゴリーがつくられてきました。現在も、医療扶助と介護扶助に関しては、単給、併給を分けて統計がとられています。たとえば図I-6(次頁)をごらんください。これは医療扶助を受けている人(医療扶助人員)の推移を、そのうち医療だけの単給で決定をされた人の比率(単給人員比率:医療単給人員/医療扶助人員)とともに示したものです。

この図の一九五六年時点では、医療扶助単給人員比率は三五%近くにのぼります。結核による長期入院が多かった当時は、ここでの例より医療費による生活費の圧迫が強くあったと考えられます。厚生官僚であった黒木利克氏はこの頃の医療扶助の問題点について、長期の医療を必要とする結核患者の多さ、長期入院による医療単給の場合の平均医療点数が高いことを挙げ、生活保

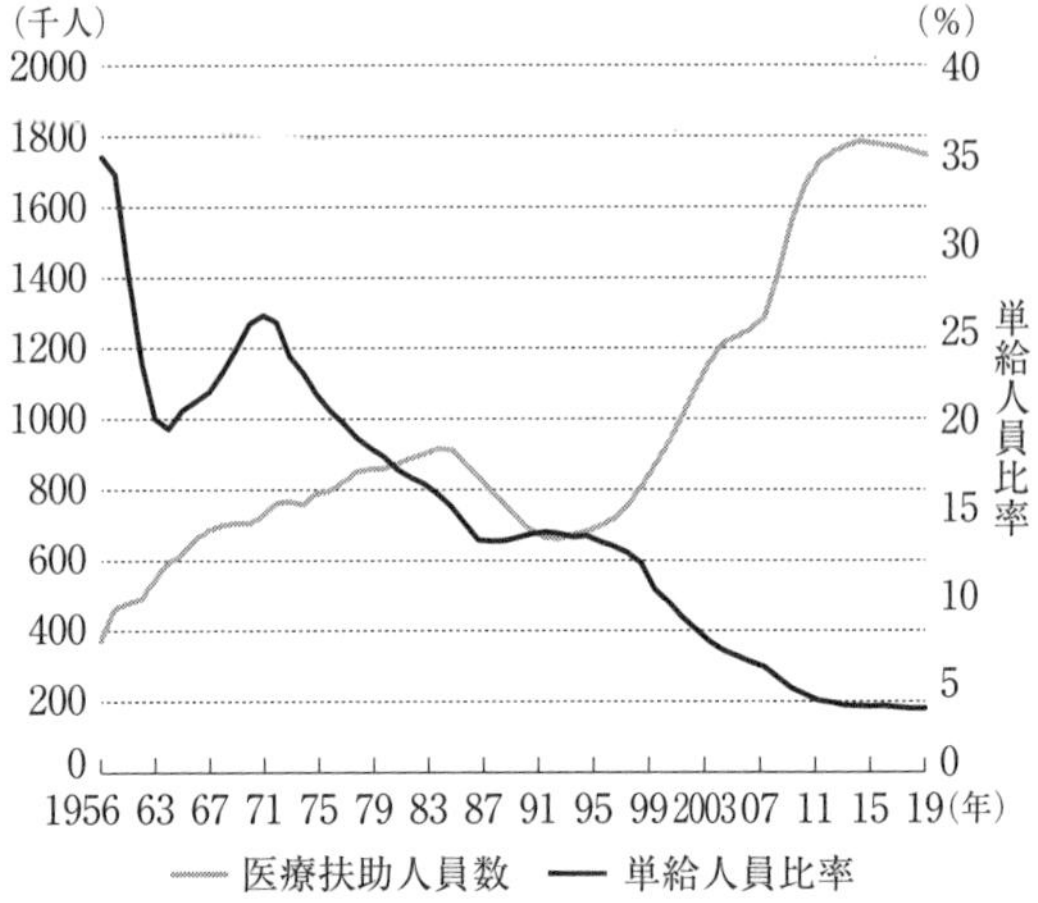

図Ⅰ-6　医療扶助人員と単給人員比率の推移
資料)「福祉行政報告例」,「被保護者調査」(年次推移表)から作成.

護になる手前の医療保障の強化を求めています(黒木 一九五五：一一～一四)。

医療扶助人員は九〇年代に若干下がった時がありますが、おおむね右肩上がりで推移しています。しかし、そのうちの単給人員比率は、一九七二年ごろから急速に低下し、一時横ばいになった後九〇年代後半からまた下がって、近年は四％程度です。次章で述べますが、一九七二年前後は、老人医療費支給制度(無料化)や先に述べた高額療養費制度などが始まり、一九八二年の老人保健法まで公的医療保険制度の周辺での制度改革が続きました。つまり、生活保護基準スレスレまたは、それより少し上の層が疾病によって貧困に陥ることを予防するための制度充実の結果、医療扶助単給人員比率が減少したといえます。

九〇年代後半からの単給比率の減少は、生活保護利用者の中で高齢層が急に増えていった時期と重なっています。それは基礎年金程度、あるいはそれより低いか無年金の高齢層が生活保護利用者の中心となり、まさに生活困窮者への「全一的」保障が必要とされるようになったという解釈が可能かもしれません。

5　いくつかの謎――生活扶助の「加算」と住宅扶助基準

生活扶助と加算

ところで、日常生活費である生活扶助には、居宅保護だけをとってみても、図I-7(次頁)のような、多様な加算が付いています。これは基準への上乗せで「特殊な需要」への対応だと説明されてきました。しかし、これに対して、無差別平等の原則と矛盾するのではないかという疑問もあります。この点について小山氏は、保護の権利はすべての国民が無差別平等にもつが、実際の最低生活保障は、特殊需要を考慮して(必要即応の原則)はじめて実質的に平等になるから、矛盾しないといっています(小山　一九五一：二一一〜二一二)。無差別平等とは保護受給権においてそうなのであって、最低生活保障は特殊事情の考慮があってはじめて平等になるという解釈です。実際この解釈は、今日の熱心な生活保護ソーシャルワーカーや研究者にも好評で、よく同じ説明がされています。

しかし、制定当時の生活扶助基準は必要生活財やサービスを全部数え上げるマーケット・バスケット方式で決められていました。食料、被服、光熱水、その他の生活必需品を、すべて買い物カゴに入れて、その価格を足し上げると、それが最低生活費となる、というものです。特に食料

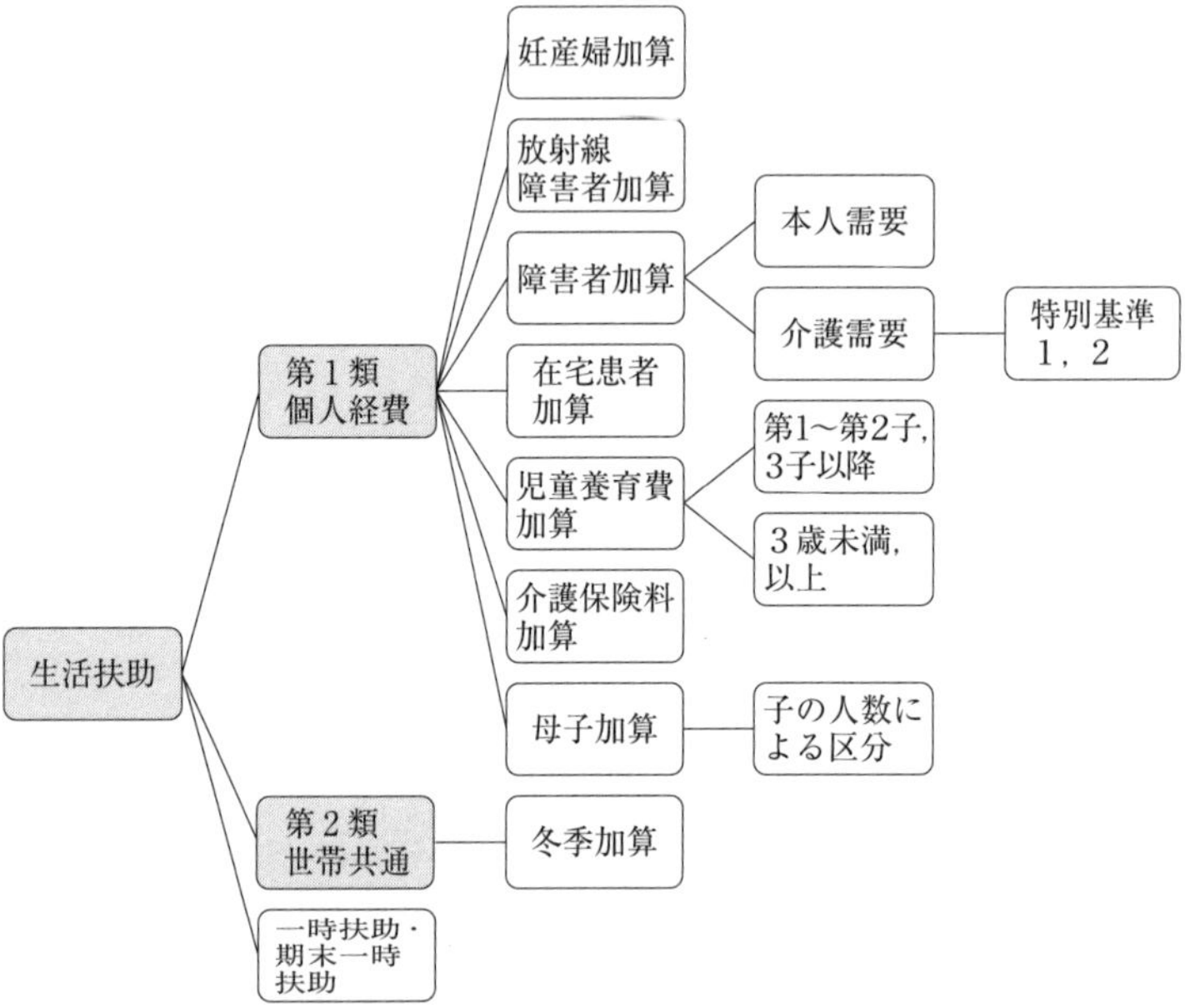

図Ⅰ-7　生活扶助と加算

注）入院，福祉施設・介護施設入所などの場合は除いてある．

は、年齢、性別および労働（作業）の軽重によって異なる必要な栄養（とくにカロリー）をまかなうに足るものでなくてはならないとされていました。そうであれば、病気や障害を除けば、成長期の子どもとか、育児する母親などの需要は一般的な生活扶助基準に盛り込むこともできたはずです。しかし、そうせずに加算の余地をつくったこと、その先頭に母子や障害者へのカテゴリー別の加算をもってきたのはなぜでしょうか？

その原因として、二つの事情が挙げられます。一つは、マーケット・バスケット方式といっても、その栄養所要量を充足できないほど当時の保護基準は低かったし、それを全体として上げていくほどの財政状況にはありませんでした。そこで、世間や財政当局の支持を得やすい特定世帯カテゴリーにだけでも上乗せして、「基準本体の不十分さを補てん」（岩永 二〇一一：八九）したといわれています。実際、旧法時代の一九四九年五月の生活扶助基準第一〇次改定で、「妊産婦加算」「母子加算」「障害者加算」が発足し、一九五二年には「育児諸費」（おやつ代）も加わっています。

もう一つの事情は、戦中から傷痍軍人や軍人遺族としての未亡人世帯への援護策を講じてきた厚生省が、戦後もそれを維持したかった、ということです。軍人優遇策解体を唱えるGHQに拒まれて、なかなか実現しなかったため、傷痍軍人や未亡人家族というカテゴリーではなく、障害者、母子という一般カテゴリーに拡大しながら、しかも育児や介護労働へのカロリー上の加算という手の込んだ解釈を付して生活扶助加算という手法を使ったのではないか、という見方です。この解釈にたつ菊地英明氏は、「必要即応」原則の導入自体が、戦争未亡人世帯などへの「補償」の代替手段にするためだった、とさえ断じています（菊地 二〇〇三：二七）。そうみると、先にみた小山氏のあざやかな説明も、実は特殊扶助を復活したかった厚生省の真意を隠すためであったようにも解釈できます。

年金・手当に連動した加算の再配置

その後加算は、さすがに「育児や介護労働」へのカロリー補塡という枠から離れていきます。

1人，障害者は1級，老齢は1人で表示．居宅のみ）

第27次改定（1971年）	第28次改定（1972年）	第31次改定（1975年）福祉年金との連動廃止	第32次改定（1976年）
母子加算2600円	母子加算2900円	母子加算9800円	母子加算11000円 新しい介護加算の創設
障害者加算3200円	障害者加算3650円	障害者加算11300円	障害者加算14600円
重度障害者家族介護料開始 3200円	障害者の介護料 9000円 家族介護料3650円	重度障害者家族介護料6340円 介護料23000円	重度障害者家族介護加算6340円 介護加算（新設）4000円 他人介護料26000円
老齢加算2000円	老齢加算2300円	老齢加算5000円	老齢加算8500円

ここで、母子、障害者、老齢者の三つの加算のその後の経緯を、ごく大まかに辿ってみると、表Ⅰ−8のようになります。一九五二年の第一二次保護基準改定で障害者加算は身体障害者福祉法に依拠するようになったので、身体障害者加算となり、介護者ではなく「本人」への加算となります。

さらに注目していただきたいのは、一九六〇年の第一六次改定より、加算が「他法他施策」との関連でつくられるようになっていったことです。特に、次章で述べる国民年金の福祉年金（保険料拠出なしの老齢・母子・障害年金）が創設されると、これに連動した加算に変身します。生活保護利用の際、公的年金は収入として認定されます。先の要否判定のように、この認定された収入と最低生活費が比較されます。ところが福祉年金については、当初金額が低かったことと、保険料拠出などの条件に満たない層を対象にしているので、同じような状況の生活保護世帯が「可哀想だ」というような議論が国会であった

表Ⅰ-8 生活扶助3加算の変遷(1級地：母子は子

第11次改定(1949年)	第12次改定(1952年)	第16次改定(1960年)福祉年金と連動	第17次改定(1961年)	第21次改定(1965年)
飲食費への加算 母子加算350円	母子加算500円	母子加算1050円	母子加算1050円	母子加算1380円 国民年金法と合わせて
障害者介護加算350円	身体障害者加算1000円 (本人へ)	身体障害者加算1680円 (介護料特別基準3000円)	身体障害者加算1680円 (介護料特別基準6000円)	障害者加算へ2010円 (介護料特別基準9000円)
		老齢加算開始1000円	老齢加算1000円	老齢加算1100円

資料)『生活と福祉』各年，厚生省社会局保護課(1981)，小沼(1974)より作成.

ようです。そこで、①福祉年金の収入は認定しない、②加算制度を利用して(収入と同額を加算し)実質的に取り込む、という二つの途が考えられました。①は、たとえば稼働収入の認定など収入認定のあり方全般に影響を及ぼすかもしれないので、②を採用することにしたと説明されています(厚生省年金局編 一九六二：一七九～一八〇)。もちろん、当時保護基準それ自体が低かったために、取り込めるものは何でも取り込もうとしたのかもしれません。そこで、収入認定分を取り戻すために、必要即応原則を使って老齢加算を新たに設置し、旧来の身体障害者加算、母子加算も増額して、福祉年金と同額を加算としてつけるようになっていきます。

この福祉年金に関して、ここで重要なのは、類型別の「必要即応原則」という隠《かく》れ蓑《みの》を使って、「実質的に福祉年金を最低生活費に包摂した」(岩永 二〇一一：一〇七)ことです。つまり老齢、母子、障害に関してはその最低生活費の中に福祉年金分が組み込まれてしまったわけです。このため、生活扶助は一般扶助でありながら、実際には、高齢者、母子、障害者というカテゴリー別の基準をもつにいたったということができます。特に日本では、保護基準が保護を必要としているかどうかの判断にも、給付の程度の判断にも用いられるので、加算によって、特定カテゴリーの要保護者はその最低生活費自体が相対的に高くなり、したがって「要判定」になりやすいことは明らかですね。ですから、実は実質的な受給権の平等も犯されているとと考えるべきではないでしょうか。

「特殊需要」というロジックのあいまいさ

こうして、加算は、老齢も含めて増額されていきますが、一九七〇年代半ばには、福祉年金の水準が大幅に改善されることによって、本体である生活扶助基準に対する加算の割合が問題になっていきます。そこで、他制度のとりこみではなく、加算は、本来の「特殊需要」に応える、という目的に戻ることになります(表I-8、第三一次改定以降)。しかし、この本来の「特殊需要」なるものについてきちんと説明することがむずかしく、かといって加算を積極的に廃止もできないことから、老齢加算を生活扶助一類費(個人別生活費)の二分の一とし、母子加算と障害者加算もこれを基準にその倍率(一・三倍)で決定することになりました。この当時、中鉢正美氏は「老齢者のニードのどの部分を生活の一般的必要、あるいは老齢化による特殊なニードと判定するかは相当の困難が予想される」(中鉢 一九七五:一三)と特に高齢期の「特殊需要」を設定する難しさを指摘していました。

この老齢加算は、社会保障審議会福祉部会の「生活保護制度の在り方に関する専門委員会」による中間取りまとめを受けて二〇〇四年から段階的に廃止され、その後の生活保護基準の「見なおし」＝引き下げの先鞭を付けることになります。私はその専門委員会の座長を務めましたので、よく覚えていますが、委員会に先立って財務省が各福祉事務所に加算の是非についてアンケートをとるなど、基準引き下げの圧力が大変強くなっていました。数も多い高齢者の加算を取り除いてしまえば、引き下げ効果もあるし、生活扶助本体ではないので扱いやすいと考えられたのかもしれません。しかし、老齢加算を廃止せざるを得なかった真の原因は、結局加算という類型化された「特殊需要」を定義すること、それ自体が無理だったからです。生活扶助一類は年齢別に設定されていますから、高齢期の配慮が必要であれば、本来はこの一類費の高齢期の金額の設定として議論すればよかったのです。

なお、他制度との関係で上乗せされている加算には、児童手当と同額の児童養育加算、原爆被爆者援護法の健康管理手当に連動した放射線障害者加算、在宅の重度障害者への福祉手当に対応した重度障害者加算などがあります。「特殊需要」をもった他法の該当者が生活保護を利用する場合、その支給額分を取り込みたいという考えなら、収入認定から除外すればよいだけの話なのですが、それは生活保護の建前から難しいので、生活保護法の内部で加算というやり方で処理してきたわけです。

障害者加算の複層構造と「その場限りの需要」

以上のように、加算という「特殊需要」は多義的ですが、その多義性によって最も複雑化した例として障害者加算を取り上げてみたいと思います。

『生活保護手帳』の記載をみると、障害者加算には(2)〜(5)の四つの種類がありますが、これを本人需要と介護需要に大別して描いてみたのが図I-9です。図の左が本人需要で、(2)-ア、イがその基本形です。アは重度、イはそれ以外で、障害等級によってどちらかの加算がつきます。次の(3)「重度障害者加算」は、障害児童福祉手当、特別障害者手当、経過的福祉手当等の国の手当の対象者(重度者)に対応するもので、導入時(一九七六年)では介護のための需要とされていましたが、一九八一年以降、本人の特別需要とされています。この場合、(2)-イであっても手当受給者であれば(3)の加算対象となります。これは手当が収入認定されるからです。ただ、(2)の基本形ア、イとの関係はよくわかりません。このあたりの複雑さのためか、障害者手当の増額の反映をしなかったとか、加算をつけなかったというような「生活保護費の算定の誤り」も生じています。[6] 図の右は介護のための需要へ対応するもので、(4)介護が必要な者を家族が介護する場合、(5)は介護人をつけるための費用を要する場合、という区分がなされています。(4)と(5)はどちらかだけの利用になります。

この(5)「他人介護料加算[7]」は、その基準額で充足されない場合は、一定の範囲で特別基準(1)の設定が可能です。さらに、『生活保護手帳』には記載されていませんが、障害者団体の資料では、特別基準(2)として、一三〜一八万円程度を設定することができると書かれています(全国障害者介

護制度情報 二〇一八)。

この図I-9は、本人需要、介護需要、手当の収入認定への対応の三つの理由が変遷しながら、今日では、障害者加算(一般+手当利用者)+重度者への家族介護料加算または他人介護料加算(一

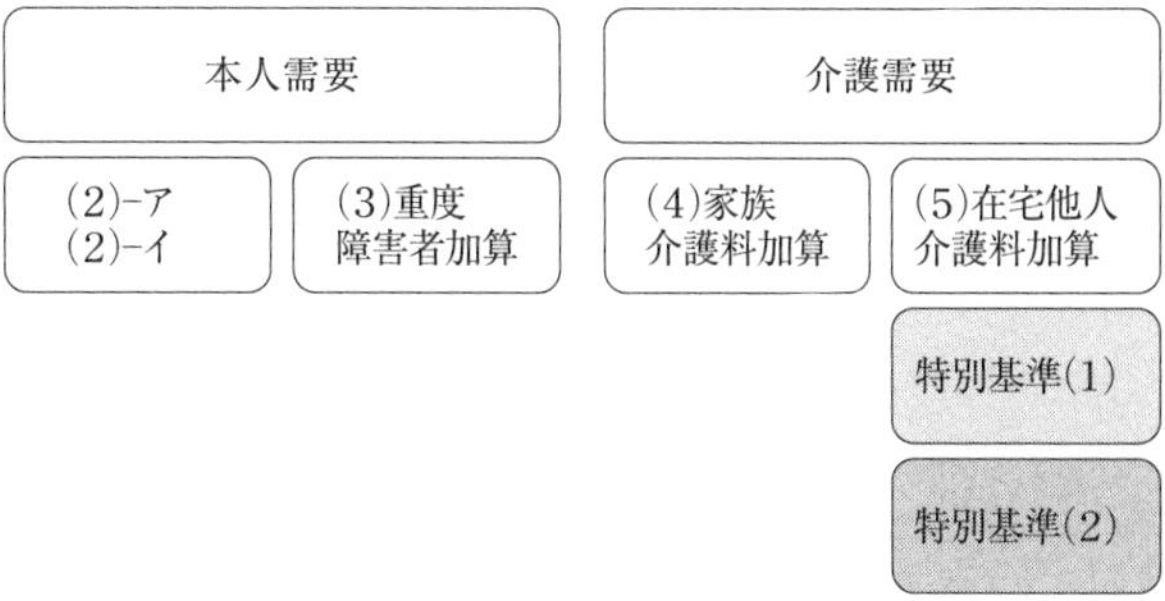

図I-9　障害者加算の構造

注）(2)-アは，身体障害者手帳，愛の手帳1〜2級，国民年金，特別児童扶養手当，精神障害者保健福祉手帳はそれぞれ1級．(2)-イは身体障害者手帳，愛の手帳3級．国民年金，特別児童扶養手当，精神障害者保健福祉手帳は，それぞれ2級．(3)は，特別児童扶養手当，特別障害者手当，「経過的福祉手当」対象者(常時の介護を必要とするもの)と，(2)-ア．(4)は，同居家族が介護している場合．

般)さらにその特別基準(1)、および(2)という複層的な基準になったことを示すに過ぎません。注目したいのは、この図の白い部分は、告示または局長通知で基準額や限度額があらかじめ示されています。特別基準(1)も、「一万五六〇円の範囲内で」設定できると記述があります。しかし特別基準(2)は、基準表には載っていないもので、大臣に情報提供を行なった後、承認されれば支給されます(全国障害者介護制度情報 二〇一八)。運動団体は(1)を福祉事務所所長承認、(2)を大臣承認というように表現しています。

この特別基準(2)は、個別的需要に応える「その場限り」の基準であって、[8]『生活保護手帳』では「特別基準の設定による費用」として、「各扶助の基準によりがたいときは、厚生労働

大臣がこれを定めるとある」と記されている大臣承認基準です。障害者加算だけでなく、他の扶助や加算、一時扶助などにも適用されることがあります。この場合、金額はあらかじめ提示はされていません。まさに「その場限り」の「必要即応」ということなのですね。

なお、特別基準(1)は、その金額の上限が告示されていますが、「その場限り」であった特別基準が制度化されたものと考えられるかもしれません。しかし、この場合も福祉事務所に認めてもらわなくてはなりません。これらの「個別需要」への「必要即応」は生活保護法の福祉的対応として賞賛される部分ですが、これらを利用できるかどうかの判断は、福祉事務所や厚生労働省の「裁量」に委ねられることになります。「裁量」に委ねられるということは、扶助本体や加算の基本形などとは異なって、かならずその利用が約束されるものではないことになります。そこで地域で自立生活をしようとする重度の障害者の当事者組織にとっては、該当者にこれを周知する必要が生まれてきます。

以上のような特別基準の上乗せからみると、障害者加算が大きく感じられるかもしれませんが、他人介護料加算は介護者への支払いに回されるわけで、日常生活費が多くなるわけではありません。この点では、現物サービスではないとはいえ、特定サービスである医療扶助や介護扶助に近いのです。また、生活保護においてこの加算がつくのは、障害者総合支援法や介護保険法のサービスを使ってなお、日々の介護が不足するときです。その不足部分をこの加算が埋めることになります。つまり、他人介護料加算部分は、日常生活費である生活扶助への加算というより、介護サービスという特定ニーズ充足の「最後のセーフティネット」になってしまったことに注意してください。それは、本来そのような介護サービスを、要求があれば当事者へのダイレクトペイメント(直接支払い)方式も含めて提供すべき障害者支援法や介護保険制度の介護保障が十分なされていないことを意味しています。しかも、この両制度は一九七〇年代以降の日本の社会福祉の流行語である「普遍主義」を具現化したものなのに、そのサービスは生活保護という「選別主義」の古くさい制度の、加算というかたちで補完される必要があったわけです。

ちなみに、二〇一九年の被保護者調査(年次)では、障害者加算があるのは四一万一五五〇人です。このうち重度障害者加算は二万九一七八人、家族介護料加算は一二七八人、他人介護料加算は四八五人で、他人介護料加算のうち二八五人が特別基準の対象ですが、これが(1)なのか(2)なのかは、わかりません。なお、特別基準の二八五人の六割強は一級地に暮らしています。

障害者加算を例にとって説明した特別基準は、冬季加算にもありますし、すぐ次に述べる住宅扶助にもあります。これらは、「その場限り」の需要への対応が制度化されたものといえると思います。さらに、生活扶助には、先にも述べた臨時的な生活の需要に対応する「一時扶助」があります。それらのいくつかの項目で「真にやむを得ない場合」にやや高めの限度額が示されていて、特別基準的なものといえます。たとえば暖房器具の一時扶助は二万円以内ですが「真にやむを得ない場合」は五万円以内のように。この一時扶助も、福祉事務所の「裁量」によるところが大きくなります。さらに他の扶助にもそれぞれ特別基準の設定がありますが、この後は、住宅扶助を例にとって述べたいと思います。

さらに不思議な住宅扶助基準

まず、現在の住宅扶助基準について、図I-10で確認しておきましょう。住宅扶助には、家賃、間代、地代などの他、補修費など住宅維持費が含まれ、それぞれ現金給付されます。住宅扶助の中心となる家賃等の一般基準は、図のように級地によって異なっていますが、いずれもかなり低いですね。一～二級地で月一万三〇〇〇円の家賃のアパートを見つけられるでしょうか？

不思議なことに、住宅扶助はこのように一般基準を低いままにして、都道府県、指定都市、中核都市ごとに世帯人員別の特別基準(1)を厚生労働大臣が設定するというやりかたで来ています。つまり、住宅扶助は事実上、特別基準(1)が一般基準となっているのです。ところが、その金額が『生活保護手帳』に告示(一般に広く知らせる)されているのはもともと一般基準のみで、特別基準は告示されていません。まさか告示しないためにこうしているとは思えませんが、不思議なことです。

さらに、この特別基準(1)は、たとえば車椅子やベッドの利用が必要な障害者や、長年地域に馴染んで暮らしている高齢者、地域によって限度額ではアパートが見つからないなど、特別の事情がある場合は一定の倍率をかけた特別基準(2)が設定できることになっています。これは、本来の「特別基準」ですね。先のA子さんの場合はこれが使えたはずなのです。また、敷金・礼金や更新料についても三倍までの特別基準(3)を設定してよいことになっています。

では、なぜ特別基準(1)が事実上の一般基準になってしまったのでしょうか。一九五〇年の新生活保護法において、住宅扶助は教育扶助とともに生活扶助から分離・独立しました。その理由は、

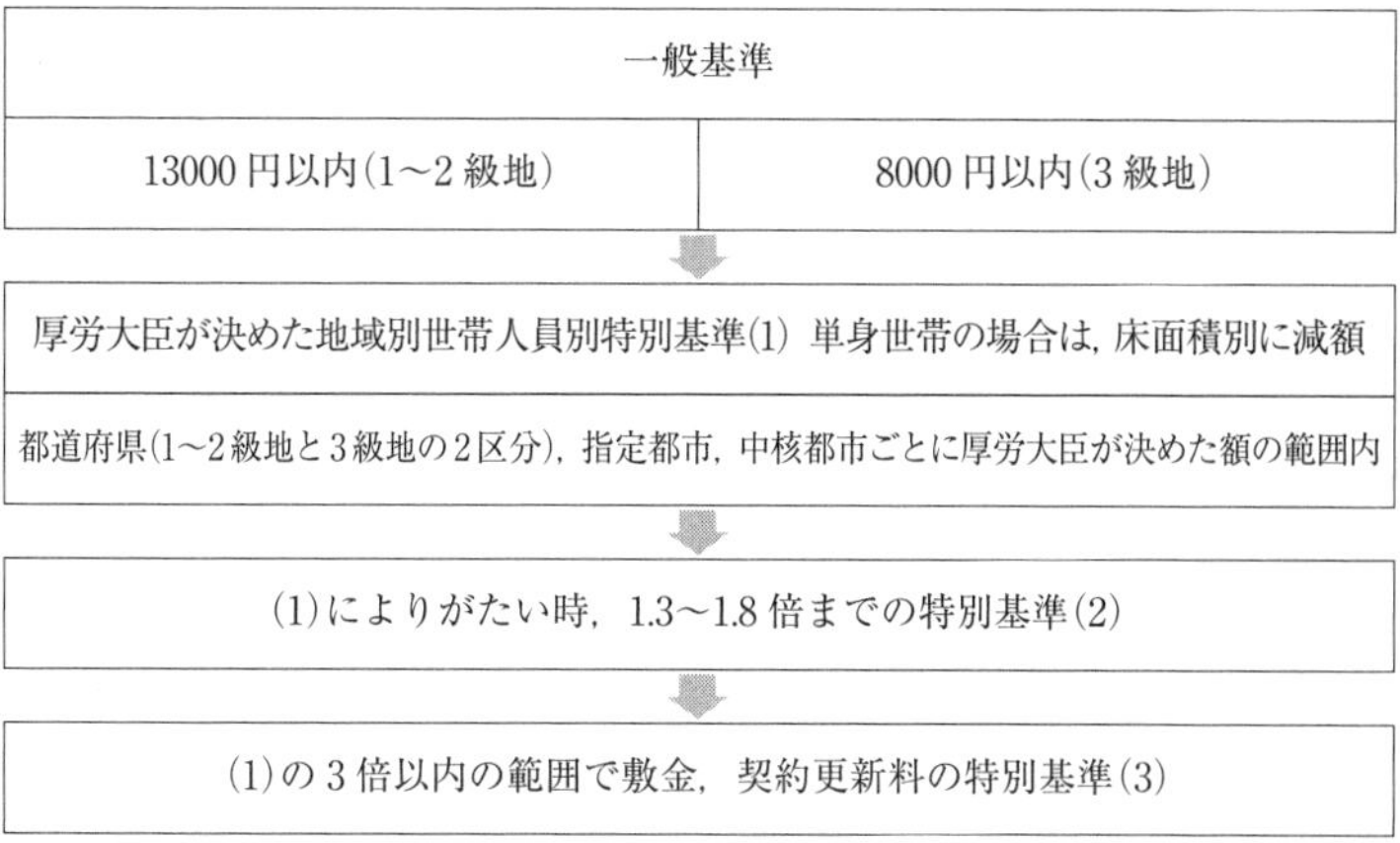

図Ⅰ-10　住宅扶助(家賃等)基準の構造(2019年現在)

①住宅扶助や教育扶助該当費用が生活扶助に食い込んでしまうことを避けるため、②教育費、住宅費を独自なものとして拡充を図るため、③当時、被保護者の三割以上が老朽化した自家に居住しており、その住宅補修ができるようにしたいという切迫した事情、などです。これは、Ⅰ章で述べた小山氏の主張する「全一性」とは異なった説明で、むしろ篭山京氏の考え方に近いことに注意してください。

　こうして独立した住宅扶助ですが、生活扶助へ食い込まないようにするためには、市場の家賃を反映した、実効性のある限度額を設定する必要があります。この方向で一般基準は、徐々に改善され、一九六一年には二〇〇〇円となりますが、それ以降一般基準としては据え置かれることが多く、結局一万円を超えたのは一九八〇年代末、現在でも一万三〇〇〇円と、大変低額なのです。なぜそうなのかをくわしく説明する資料は見当たりませんが、一つの理由は、一九五七年に特別基準（先の図では(1)が設定されたためと考えられます。

この住宅扶助の特別基準は、一九五一年に制定された公営住宅法の、第二種公営住宅の存在が深くかかわっています。岩永理恵氏の住宅扶助の歴史研究によれば、まず一九五七年の実施要領の改正によって、住宅扶助の特別基準を公営住宅の家賃を標準として、都道府県知事が設定できるとしました（岩永 二〇一四：五六）。さらに一九六一年になると、すべての住宅扶助について、公営住宅家賃を特別基準とすることにしました。

公営住宅法は、戦後の省庁再編により設置された建設省の所管で、緊急的な住宅政策を恒久的なものに再構築していく過程で生まれたものです。本間義人氏の研究によれば、この公営住宅法と同じ時期に、実は厚生省で、生活困窮者向けに国庫補助三分の二の「甲型住宅」をつくるために、「低家賃厚生住宅建設要綱案」が準備されていました（本間 一九八八：一六八〜一七二）。もともと建設省の公営住宅の対象は、「最底辺の階層は相手にしない」（同：一六九）としていたそうです。そうはいっても厚生省が住宅を扱うことに抵抗を感じた建設省と、低所得者対策の「本家」としての厚生省の対立が生じ、結局この厚生省案を公営住宅の中に取り入れる方向で決着をみます。つまり厚生省の構想した「甲型住宅」が第二種公営住宅となり、国庫補助三分の二によって低家賃となりました(9)。

このような経緯から、第二種公営住宅の「生みの親」は厚生省だという意識を少なくとも厚生省はもっていくことになり、「甲型住宅」の「生みの親」としての厚生省が、これをその「本業」としての生活保護の住宅扶助のなかに取り込みたかった、と考えると納得がいきます。こうして、住宅扶助は、一般基準に市場の家賃を反映させるのではなく、むしろ第二種公営住宅の家賃を参照した特別基準(1)が一般基準化していきます。

住宅の特別な位置

嶋田佳広氏によれば、家賃は「金額を定期的に支払う継続的債務であり、文字通り固定費の典型」という特殊な性格をもっています(嶋田 二〇一八：三八)。したがって、住宅扶助は、この継続的債務を現実に支払える額であるとともに、少なくとも、住生活基本法の定める最低居住面積水準以上の住宅の質を確保できるものである必要があります。第二種公営住宅に入所している被保護世帯にとっては、この住宅の質と家賃保証が同時に達成されますが、民間借家では、住宅扶助特別基準(1)の設定があるからといって、良質な住宅が確保されるという保障は何もありません。

住宅扶助と第二種公営住宅との繋がりは一九九六年の公営住宅法改正により遮断されます。この改正は、入居者に適正な負担を求めるため、応能応益家賃制度を導入し、あわせて一種・二種の種別を廃止し、対象を一本化しました。また、それより前の一九八九年から国庫補助金の一般財源化が図られ、公営住宅も地方の単独事業となったこともあって、公営住宅の管理戸数は減少に転じます。

このため、住宅扶助としては、民間借家の質も含めた特別基準(1)の設定の妥当性が求められていきますが、他方で宿泊所等の狭い個室ないしは居室の共同利用のケースで特別基準(1)をあてはめていることが問題視されるようになります。この検証を行なったのが、第一六〜二二回の生活保護基準部会(二〇一四〜一五年)です。ここでは、主に住宅・土地統計調査の個票データを使って、最低居住面積水準を満たす民営借家の家賃と住宅扶助特別基準を比較しています。なお同時に実施された被保護世帯の居住実態調査では、最低居住面積水準を満たしていない住宅に居住する世帯が単身で四六%、二人以上世帯で六七%と、住宅の質が保障されていないことが明らかになっています(生活保護基準部会報告書 二〇一五)。

しかし、実際の改定で実施されたのは、物価の考慮による引下げ、地域別バラツキの是正および「床面積別住宅扶助限度額」制度の新設でした。最後に挙げた制度は、宿泊所など面積の小さい住居についての減額システムの導入です。つまり、最低居住面積水準の観点から現実の貧しい住状況を是正するのではなく、貧しい住状況にあわせて扶助を値切っていった結果になりました。

6 何が社会扶助の保障機能を弱めているか

生活保護制度は「無差別平等」な一般扶助として最低限度の生活保障を国の責任として約束する、という意味で、戦後の貧しかった日本にとって「輝くような」存在として誕生しました。

しかし、法の目的も運営の原理・原則も、福祉国家の基礎となった貧困理解に基づく最低生活保障を軸に展開されているというより、最低生活保障/自立助長、世帯単位/個人単位、申請保護/急迫保護、居宅保護/施設保護などのように二重規定がなされ、さらに多層的な基準設定をすることで、生活保障給付を福祉的フィールドの中での「裁量」的判断に持ち込む余地をかなり大きくしてきました。このため、肝心の最低生活保障は「たんなる経済給付」とか「機械的な一律給付」と解説され、その意義が歪められてしまった感があります。

さらに、あらゆるものを利用しても「生活に困窮する国民」という対象規定と、それへの「全一的給付」というこだわりは、救貧政策的な「古い伝統」の影響が強く、福祉国家段階の社会扶助への脱皮が不十分であったことを示しています。つまり、分野ごとに成立している社会保険や手当を直接補完する社会扶助ではなく、それらとは相当な距離をもった「最後のセーフティネット」の位置に扶助を閉じ込めてしまい、貧困問題への社会保障の対応力を弱体化させてきたのではないでしょうか。とりわけ「バブル」崩壊以降のポスト工業社会の展開、それに合わせたフレキシブルな労働体制、家族の変容の中で登場している現代の貧困と闘うには、あまりに古く、あまりに不十分と考えます。「今、貧困である」状態は生活保護の外にひろがり、たとえば食料配布などに並ぶ人びとにとって、生活保護はそこから抜け出す手段として考えられていないし、またそう考えてはいけないように仕向けられているのかもしれません。

(1) 具体的には、永住者、定住者、永住者の配偶者等、日本人の配偶者等、特別永住者、難民認定を受けた者、は準用できる範囲としている。
(2) 篭山氏は労働基本権との矛盾を指摘しているが、厚生省社会局保護課がこう解釈したのは、生活保護が労働争議に介入してしまう結果になることを避けたかったのではと推測している(篭山 一九七八:八四〜八五)。
(3) 本書では、この座談会を収録した『生活保護三十年史』を利用している。

（4）なお、一時扶助は、個別的な「必要即応」に沿ったものだが、これもあらかじめ大体の基準が決められている。

（5）「東京都生活保護運用事例集2017」（三三六）、『生活保護手帳 別冊問答集』（二〇一七：一五八）。

（6）二〇一七年横浜市の例。横浜市記者発表資料「生活保護費の算定誤りについて」港北区生活支援課（二〇一七年九月六日）。

（7）他人介護料加算が展開されていく経緯は、生活保護の議論ではなく、障害者研究から知ることができる。立岩真也氏、新田勲氏、深田耕一郎氏の著作（立岩 一九九五、新田 二〇〇九、深田 二〇一三）を参照していただきたい。施設や療養所での生活を余儀なくされていた重度の全身性身体障害をもつ人たちが、地域で暮らす「自立生活運動」を展開したこと、その運動が特に激しかった東京では、これに応えて重度心身障害者手当や介護人派遣事業をスタートさせたことが背景にあった。

（8）「基準及び程度の原則」（生活保護法八条）の解釈に際して、小山進次郎氏が「厚生労働大臣の定める基準」の内容として、告示されるような「一般基準」と、「このほか特別の場合に定められる特別基準がある」とし、特別基準は「その場限りのものであって特に告示されない」と述べた箇所に該当。

（9）本間氏は、厚生省案が建設省に取り込まれることによって、社会保障的観点は希薄となり、ただ階層別住宅政策が公営住宅の内部にまで持ち込まれることになったと指摘している。つまり、持ち家、中間層の集合団地、公営住宅一種、二種という階層化である。当初、第一種公営住宅は一〇坪、第二種は八坪とその広さにも格差がつけられていた。

第Ⅱ章　国民皆保険・皆年金体制のなかの「低所得者対策」
――もうひとつの「社会扶助」

1　社会保険と社会扶助

敗戦直後の深刻な貧困や失業に対応した社会保障とはどのようなものだったのでしょうか。生活保護法は前章で述べたとおり、一九五〇年に制定されていますが、その原型となった旧生活保護法は一九四六年に、翌一九四七年には労働者災害補償(労災)保険法と失業保険法が成立し、一九四九年の緊急失業対策法が続きました。先に引用した広井良典氏作成の図序-6では、生活保護と失業保険は高度経済成長期の「日本株式会社」の外部として位置づけられていましたね。しかし、それ以前の広範な失業と貧困に対応したのは、この生活保護と失業保険、そして失業対策事業だったのです。

やがて戦前に創設されていた医療保険や年金保険の再建が課題になっていくなか、医療保険にも年金保険にもすべての国民を加入させることが目指されていきます。新生活保護法と同じく憲法二五条がその根拠といわれています。この結果、一九五八年新国民健康保険法、一九五九年国民年金法によって、地域型の社会保険が再構築されます。また職域型の社会保険も、大企業の保険組合、中小企業の保険組合、公務員の共済組合などに保険者が分立していることは変わりませんが、適用分野を拡大して再建され、地域型・職域型の両者あわせて「国民皆保険・皆年金体制」が確立することになりました。

本章では、この「国民皆保険・皆年金」体制と生活保護の関係、また「国民皆保険・皆年金」の内部で拡張していった低所得者対策に焦点をあて、もうひとつの社会扶助としての意味を明らかにしていきます。

ベヴァリッジ報告と社会保険中心主義

皆さんご存じのように、保険とは、あるリスク（保険事故）を共有する人びとが、あらかじめ保険料を支払って、保険の「基金」を形成し、実際にリスクが発現した時に、約束した給付を行なうという仕組みです。たとえば海難事故のリスクを抱える貿易事業者たちが、あらかじめ保険料を払って、損害保険の集団をつくります。実際には事故に遭わない事業者もいるわけですが、事故に遭ったときの損害を考えると、保険料を払ってこの仕組みに参加しておいたほうが安全だと考えるわけですね。つまり個々のリスクを集団の中に分散させる、あるいは共同化することになります。これは民間保険の先駆けとなった損害保険の例です。なお、ここでは海難事故というリスクが生じる確率がわかっていることが大事で、たとえば季節や海路の違いによって事故の発生率を予測し、そこから保険料や給付金の額を設計していくことになります。

社会保険も、老齢(退職)、疾病、失業などいくつかの生活上の共通リスクを保険事故に見立て、この保険技術を応用して、一定の集団から「強制的」に保険料を徴収し、リスクの生じたときに給付していく制度です。ただし、「社会」とついているように、この保険の仕組みのために税金からも一定額が支払われます。また、労働者の場合は、雇用主による保険料の負担があります。さらに、保険料や給付水準の設定は、リスクの発生確率だけでなく、高所得層から低所得層への所得移転を考慮したり、あまりに高額な自己負担を緩和するような設計が付加されます。

生活保護のような社会扶助にくらべると、社会保険の存在意義は多くの人に認知されていると思います。その理由はいくつかありますが、第一に、保険料の支払い(拠出)を前提とし、それを条件に保険給付が行なわれる仕組みが、give & take の交換原理に沿っていて、給付の権利性が理解しやすいからでしょう。第二に、税率を上げるより、新たな保険制度を使って保険料を徴収するほうが理解を得やすい、ということもあるかもしれません。日本では介護問題への対処として介護保険を導入しましたが、その最大の理由はここにあったと思います。第三に社会保険の源流には、労働者の自発的な互助活動による保険的な事業があり、また共同体で行なわれていた頼《たの》母子講《もしこう》とか無尽《むじん》などがありましたから、これらの経験も保険の理解を深めてきたと思います。

では、社会保険が基本的な生活リスクに対応していれば、社会扶助は不要になるでしょうか。この社会保険を中心としつつも、社会扶助によって補完する、保険と扶助のセットによる「社会保障計画」を提案したのは、一九四二年に発表された英国の「ベヴァリッジ報告[1]」でした。どこかで聞いたことがある名前かもしれませんが、第二次世界大戦で疲弊した国々が戦後どのように社会統合していくべきかを、社会保障計画として具体的に示したものです。

この有名な報告は「社会保険と関連サービス」というタイトルで発表されました。同報告は、多くの社会問題の解決を視野に入れていますが、その第一歩は「窮乏」の解消で、このために社会保険、国家扶助、任意保険という三つの保障手段の組み合わせを提案しています。このうち、中心にあるのは社会保険だというのは、タイトルからもわかりますね。「窮乏」に社会保険? と思われるかもしれませんが、所得の中断や喪失、あるいはニーズの増大などが「窮乏」の原因にならないように、予防しようというわけです。扶助は、保険ではカバーできない例外的ケースへの補完的給付であり、任意保険は、労働組合などの自発的な保険であって、社会保険給付の「最低限」水準に上乗せされるもの、とされました。

なぜ社会保険が中心かというと、拠出への対価として給付が行なわれる方式が「英国民の希望に添っている」からだと、ベヴァリッジの報告は述べています。私はこの箇所を初めて読んだとき、いや、英国民だけじゃないでしょう、日本国民はもっと「保険好き」ですよ、といいたくなりました。多分、別の国の人もそう思うのではないでしょうか。これに比べると「社会扶助好き」は多くないでしょう。しかし、今述べた保険技術上、貧困の多様な要因をすべてカバーできないし、拠出条件を満たせなければ社会扶助が補完する、というセットにならざるを得ないわけです。ちなみに一九二九年の世界大恐慌後の失業の長期化へ対処するものとして一九三四年に英国で導入された失業法は、第一部失業保険、第二部失業扶助という構成で、早くもこのセットを実現しています。

しかし、ベヴァリッジの社会保障計画は、扶助による補完の必要性を指摘しつつも、社会保険への期待を高くもったものでした。主婦や露天商までも含んだ多くの国民を被保険者とする包括性(ユニバーサリズム)と、統一的な行政組織によって、保険証一つで保障を実現していけば、社会扶助の役割は次第に小さくなると考えていたのです。

この報告は福祉国家の青写真として他国にも大きな影響を与えたといわれていますが、戦後の各国の社会保障のあり方や、社会保険と扶助の補完関係は、むろん多様でした。英国の現実も、ベヴァリッジが想定したより社会扶助の役割がずっと大きく、貧困の克服などできていないと厳しく批判されることになります。

日本の「国民皆保険・皆年金体制」は、社会保険中心主義と、多くの国民を包括するという点で、「ベヴァリッジ報告」に似ており、それをよく勉強してつくった、という印象があります。しかし、決定的に違うのは生活保護との関係です。「皆保険・皆年金」は、「ベヴァリッジ報告」とは異なり、生活保護も巻き込んで、保険と扶助のセットを組みなおしたわけではないからです。つまり一九五〇年の生活保護制度はそのままにし、これとは別に「皆保険・皆年金」とし、保険料支払いの困難な層への対処をあくまで保険制度内部で行なおうとしてきたからです。これが本章で注目する、社会保険内の低所得者対策、つまりもうひとつの社会扶助の展開です。

厚生労働省の官僚であった香取照幸氏は、著書『教養としての社会保障』において、高度経済成長が始まりかけていたとはいえ、まだ決して豊かではなかった時期に先人たちが「国民皆保険・皆年金」を実現させたことを「奇跡」と表現し、その平等主義や「お互いに助け合う」共助の考え方を絶賛しています（香取 二〇一七：六六〜六八）。そして、その共助は、「地域」で括ったから可能だったと述べています。「同じ地域の住民、コミュニティの仲間であるという連帯意識に支えられ」ているというわけです（同：七三）。

しかし、地域に着目したのは、職域の医療保険や年金制度が分立したまま再建されるのを容認しつつ、そこからこぼれ落ちる対象を地域で受け止める、いわば二本立ての制度設計が現実的であるとの判断があったからとみるのが妥当でしょう。

そもそも国民健康保険は一九三八年にすでに創設されており（ただし、組合立で任意加入）、「国民皆保険」という言葉も、これを普及させていく過程で戦前から使われたそうです（社会保険実務研究所編 二〇一〇：一四）。その場合、地域は農山村を基盤とした「相扶共済」（互いに助けあう）の実現の場であり、戦時中の「健兵・健民」政策の推進の場でした。したがって戦後の国民健康保険制度も、香取氏が感動したような地域への着目の素晴らしさというより、「相扶共済」を引っ込めつつ、「住所だけを共通項」とする保険集団の再建を、新たな社会保障の一制度としてリニューアルしただけにみえなくもありません。もちろん、当時は「一方に近代的大企業、他方に前近代的な労資関係に立つ小企業及び家族経営による零細企業と農業が両極に対立」（経済白書 一九五七)しているような、いわば「先進国と後進国の二重構造が存在するに等しい」(同)といわれた日本の経済社会が前提にありますから、自営業層も社会保険に引き込むなどは、なかなか「思い切った発想」だったことは確かです。

しかし、社会保険は、保険料を支払わないと成立しませんので、その支払いが困難な層まで含むのは、原則的に無理です。自営業やフリーランスは雇用主の負担がありませんから、保険料は雇用されている人の二倍となります。だから、保険料を払える自営業やフリーランス以外は扶助にして、国民健康保険+国民健康扶助とか、国民年金+無拠出国民年金というように設計する手もあったと思います。そうすれば生活保護の医療扶助はこちらに移りますし、高齢者の生活扶助部分も年金制度を補完する制度として、最初から根付いた可能性があります。また、保険と扶助の組み合わせにすれば、生活保護を生かしつつ、保険技術上の無理をしないですみます。

ところが、そうはしないまま「皆保険・皆年金」としたのは、奇跡というよりは無理を承知の「冒険」だったようにもみえます。このため、結局のところ、税金による保険料や費用負担の軽減、または免除といった、「低所得者対策」を「皆保険・皆年金」の内部に制度化せざるをえませんでした。つまり、生活保護とは切り離された「皆保険・皆年金」という「冒険」が、社会保険内部に、扶助的な要素を引き入れることになったのです。

ところで、一口に「皆保険・皆年金」といっても、医療保険と年金保険では、保険の仕組みが異なります。医療保険が拠出しつつ給付される短期保険であるのに対して、年金保険は保険料を支払っている期間(加入期間)と、年金給付を受け取る受給期間が分離されている、長期保険の形をとります。また、年金は現金給付の所得保障ですが、医療保険は、医療サービスの給付になり保険料の支払いだけでなく、医療機関の判定とサービス供給のありようが大きな意味をもちます。また、サービスの切り下げを行ないづらい、という特徴もあります。そこで、以下では二つを分けて、生活保護との関係、および低所得者対策の展開をみていきたいと思います。

2　国民皆保険と「低所得者対策」

生活保護利用者の国保「適用除外」

国民健康保険の被保険者は、都道府県の区域内に住所を有する者全員を対象としていますが、そのうえで、職域保険にカバーされている人と、生活保護制度利用者を「適用除外」としています。つまり、被保険者なのだけれども、被保険者ではない、というロジックです。職域保険にカバーされている人は医療保険に加入していますから、「適用除外」でもかまいませんね。では、医療保険に入っていない生活保護利用者はなぜ「適用除外」されるのでしょうか。その理由として①被保護世帯は保険料負担が困難であること、②生活保護に医療扶助が存在していることが挙げられています。①の保険料負担困難層は、生活保護利用者以外にもいたはずですし、②の医療扶助の受給が可能だ、という理由は、医療扶助をあたかも他の医療保険制度と同列のように扱っているという点で、納得しがたいところがあります。

①について、新国保法制定当時の「国民健康保険条例準則」には「貧困のため市町村民税を免

除されている者及びその者の世帯に属する者」は適用除外するという規定が設けられていました。しかし、国民健康保険実現の直前、一九六一年にその削除が通知されたと、医療保障にくわしい島崎謙治氏は指摘しています（島崎 二〇一四：九一）。つまり当初は、生活保護世帯だけでなく、非課税世帯も適用除外であるとしていたらしいのです。こういうことであれば、保険料拠出の観点からみて、納得がいきます。

ところが、非課税世帯を適用除外としてしまうと、非課税世帯イコール生活保護利用世帯でない限り、医療サービスを利用できない人びとが出現する可能性が生まれてきます。この点について、一九六〇年二月の第三四回国会・衆議院社会労働委員会では、生活保護ではない非課税世帯を適用除外した場合、その医療保障はどうするのだと質問がでています。つまり非課税世帯も含めて利用できる医療扶助が存在していれば整合性がとれたわけですが、そうではなかったので、非課税世帯の適用除外は撤回されたと推測されます。被保護世帯だけでなく非課税世帯も適用除外としたのは、社会保険としての国保が強く意識され、保険料を支払える層がその対象と考えられたからでしょう。その後廃止されたのは、生活保護の捕捉性の低さや「国民皆保険」の「包括性」が意識されたとみてよいと思います。島崎氏はこうした、社会保険と皆保険の間を行き来して「首尾一貫しない」方針を、保険原理と皆保険理念の関係が行政官のあいだでも上手く咀嚼されていなかった証左としています（島崎 二〇一一：六三）。

また、制度発足当時は、保護開始と同時に被保険者から除外することをせず、三カ月間を経過した場合に初めて、被保険者資格を喪失させていました。これは生活保護利用が短期で済む場合を考慮したのかもしれませんが、事務手続きの煩雑さなどから、一九六八年の改正で生活保護の開始日から「適用除外」となったそうです(同：二八五)。前章で述べた生活保護開始時の要否判定で医療費の扱いが国保を利用していると「みなし」て、その保険料と高額療養費の最低額を計上していたことを思い出してください。あの「みなし」は、擬制というよりは、生活保護を申請する人びとはすべて国保に加入していて、生活保護決定によって医療扶助に移行する、生活保護の停止や廃止があった場合はすみやかに国保加入となる――という建前が基本にあるということなのですね。

この適用除外は、生活保護の他法優先原則からみても不思議なやりかたです。他法が優先ですから、国保優先にしておいて、その保険料と一部負担を扶助で補うという考え方にたつ、ということも十分考えられたでしょう。実際、新国民健康保険法発足当時、埼玉県保護課の査察指導係長であった滝上寿一氏は、いわゆる国民皆保険が実現したとき、生活保護の医療扶助は他法優先の観点から見なおすべきではなかったかと述べています。滝上氏はこの件を図解して提言したそうですが、「なぜか採用されなかった」そうです。その提言は、ちょうど介護保険と介護扶助の関係のように、医療は国保の医療サービスを給付し、その保険料と自己負担費を生活保護でまかなうというものでした(厚生省社会局保護課 一九八一：二二六)。生活保護の原則からいうと、そのほうが自然です。なぜ、そうならなかったかは謎ですが、つい最近まで市町村が保険者であったことから、その脆弱な財政状況のために反対したと考えられます。

国民健康保険の基本問題——三重の均質性の欠落

国保の低所得者対策の実際をみる前に、国保という社会保険制度それ自体が抱えている基本的な矛盾をまず確認しておきたいと思います。今述べた非課税世帯や生活保護世帯の「適用除外」問題だけでなく、国民健康保険は、社会保険としては、致命的な基本問題を抱えていました。島崎謙治氏は、それを「三重の均質性の欠落」と呼んでいます（島崎 二〇一一：二七五）。すなわち、第一に、市町村（及び東京都特別区も含む。さらに、二〇一八年から都道府県が加わっている。以下同じ）という保険者の規模がバラバラである、第二に、加入者の世帯職業も多様である、第三にその世帯所得もバラバラである、つまり保険集団がこの三つの意味で均質でなく、格差が著しいという指摘です。

当初、その対象は農林水産業や都市自営業層、また零細事業所労働者などでしたが、次第に無職の年金生活者や非正規労働者の割合が増えていきました。図Ⅱ-1（次頁）はこの推移を追ったものです。一九六五年には農林水産業が三八・九％と最も多く、次いで都市自営業の二三・五％、合計六二・四％にもなっていましたが、一九九五年には両者合計で二六・五％と大幅に減少しており、代わりに無職と被用者が増えています。二〇一八年では、無職が四五・四％、被用者が三一・三％で、自営業者の割合は一五・八％ほどです。日雇労働者は早い時期に日雇労働者健康保険制度がつくられ、また最近では五人未満事業所の労働者も職域保険に移行することが奨励されていますが、パートやアルバイト、派遣労働などの非正規労働者は職域保険にカバーされないかぎり、国保しか受け皿がないので、二〇一〇年ごろから増減はあるものの、被用者分が三割を超える状

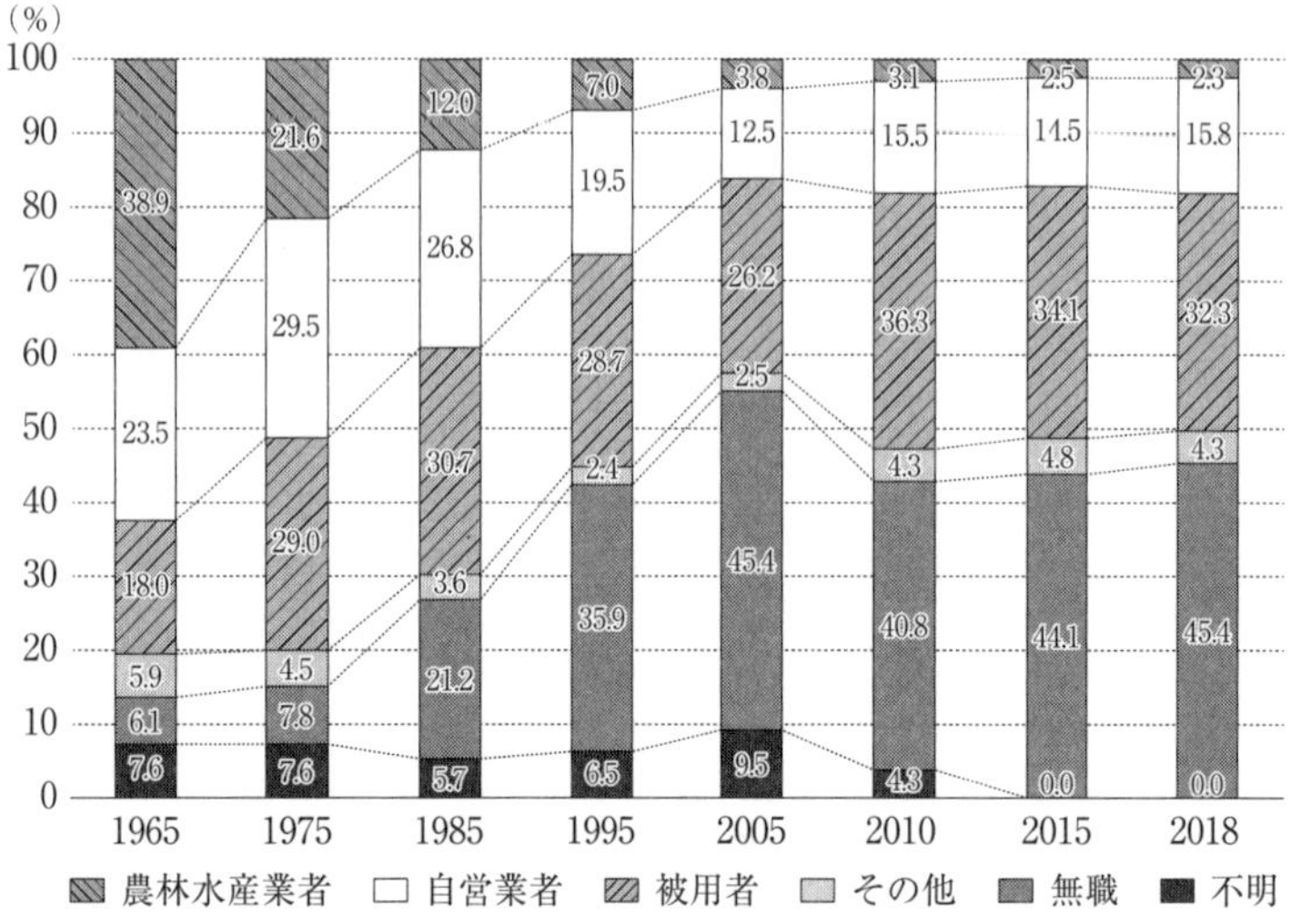

図Ⅱ-1　国民健康保険加入世帯主職業の推移

資料）厚生労働省保険局「国民健康保険実態調査報告」
注）2008年から後期高齢者医療制度が施行されたことに伴い，国民健康保険の加入者が75歳以下となったことが2010年以降，影響している．

況があります。

つまり国民健康保険は、法の建前は、「地域住民全加入」→他の医療保険加入による「適用除外」→「国保」への適用、ということで、「奇跡の連帯」なのですが、現実は他の医療保険がカバーしきれなかった人びとを国保が「残余的に」対象として受け止め、保険を運営していかねばならないという宿命をもたされたわけです。また退職した高齢者は職域保険から地域保険へ移らざるを得ません。なお、国保でも同業の人びとが組合をつくって運営する国保組合がありますが、大多数は市町村（と都道府県）が運営するものなので、ここでは国保＝市町村国保として記述します。

むろん、国保は医療扶助ではなく社会保険ですから、保険者である市町村は時代によって変化する多様な職種や所得水準の人びとを前提に、保険料を定め、保険技術の制約の下で、しかも単年度ごとに保険料支払いとサービス給付を均衡させていかねばなりません。市町村保険者の規模も多様ですから、その医療費・保険料も格差が大きく、保険料設定が難しいうえ、小規模市町村では高額医療費が発生するとそれだけで保険料の変動が起こると、先の島崎氏は指摘しています（同：二七六）。保険料の支払率（収納率）が下がると、国保「空洞化」と批判されました。

さて、このような国保の基本問題へ対処するための対策として、主に三つの方法がとられてきました。①保険給付（医療サービス）への国庫負担の導入、②給付の際の自己負担額の軽減策、③低所得層への保険料軽減・減免策です。また、これらとは別に、二〇一八年から、保険者に市町村だけでなく都道府県が加わることになり、規模の拡大が図られました。

①は法制定当初から療養給付費の二〇％を国が負担することになっていましたが、市町村格差是正のための調整交付金も含めて、その拡充が図られていきます。なお、給付はその時々の医療水準を反映した標準サービスにならざるを得ませんから、それには大きな差がつけられないという前提があります。②は第Ⅰ章の医療扶助算定のところでみたように、すべての医療保険の加入者に対して、自己負担額の限度額を設け、支払いすぎた分を償還する「高額療養費制度」が導入されました。健康保険は一九七三年から、国保は一九七五年から発足しています。

注目したいのは、③の低所得層への保険料の軽減あるいは減免策です。しかし、保険料と一口

表Ⅱ-2　国保保険料の算定の基礎

能力割	受益割
①所得割（所得*に応じる）	③平等割（一世帯あたり定額）
②資産割（固定資産税に基づく）	④均等割（一人あたり定額）

*保険料の基礎となる前年度総所得の定義はⓐ本文方式，ⓑ旧但し書き方式，ⓒ市町村民税所得割方式を基本としているが，それ以外の方法も認めている．

にいっても、保険者によって保険料の設定自体がバラバラという難しさがあります。国保保険料は、加入者の①所得や②資産に応じた能力割と、③加入者の世帯あたりと④加入者一人あたりの定額である受益割を用いて計算されます。この①②③④を、すべて用いている地域と、三つ、あるいは二つだけを用いて計算する地域があります。さらに、所得割の所得定義も保険者によって違いがあり、大変複雑です。低所得の定義にもかかわることなので表Ⅱ-2に示しました。本章註2（一四四頁参照）とともに参考にしてください。したがって、保険料は地域差をもち、引っ越ししたら国保料が高くなったというような経験が語られることになります。厚生労働省も地域差の分析を毎年公表しているほどです。

低所得層への保険料の軽減・減免策と高齢者医療無料化

保険料の軽減・減免策は、まず一九六三年の国民健康保険法改正により各市町村は条例で保険料の軽減賦課に関する事項を明確にすること、とされました。減額対象は、前年総所得が、市町村民税の基礎控除の額＝九万円に被保険者（納付義務者を除く）一人につき一万五〇〇〇円を加算した金額以下となる世帯としています[2]。生活保護の資産調査とは異なり、「低所得証明」は地方個人税データで簡易に行なわれることになりました。

保険料軽減・減免策をさらに進めたのは、一九八八年に導入され、一九九〇年に恒久化された「保険基盤安定制度」です。これは保険料軽減への財政支援であり、この背景として、一九七〇年前後からの高齢者医療無料化の流れがあります。これについて、ごく簡単に述べておきましょう。[3]

一九七三年は「福祉元年」と称された年ですが、その前年の「経済白書」の副題は「新しい福祉社会の建設」でした。この白書は、公害問題、都市問題、老人問題が深刻化するなど、「成長と福祉の乖離」が大きくなったという問題意識のもと、福祉をもっと充実させなければならないと強調しています。

そのような「乖離」への危機は一九六〇年代半ば頃より政治の場でもはっきり示され、いわゆる革新自治体を多数実現させていました。そのいくつかが老人の医療費を無料にするという政策を掲げました。特に美濃部都政が無料化をはじめたことにより、国も「老人医療費支給制度」を急きょ発足させることになります。これは「老人医療費無料制度」と呼ばれ、福祉元年の目玉商品となりました。なお、一九七三年には、先にも触れた「高額療養費制度」も創設されています。

「老人医療費支給制度」は、各種医療保険の加入を前提として、七〇歳以上の高齢者(のち六五歳以上寝たきり高齢者)が医療サービスを利用する際に、その自己負担分を公費(国が三分の二、都道府県・市町村がそれぞれ六分の一ずつ)で肩代わりするという制度です。無料化といわれると、社会保険をやめて医療サービスを税で負担するという方式かと思ってしまいますが、そうではありません。また、この肩代わりは、医療保険としてではなく、老人福祉法を一部改正して、あくまで

「福祉の措置」としてなされました。このあたり、社会保険主義を貫こうとする厚生官僚の意地のようなものがうかがえて興味深いですね。利用するには所得制限があり、おおむね所得税非課税となる程度の所得額とされ、さらに扶養義務者の所得制限もありました。つまり、医療扶助的な措置であったといえます。

この「老人医療費支給制度」は、高齢者の医療費を急増させたと評判が悪いのですが、これを契機として高齢者の医療や介護を、既存の医療保険制度間の格差の中でどう調整していくかが課題となっていきます。多様な職域の医療保険制度と市町村の国保を並べただけの皆保険ではなく、高齢者医療を切り口とした医療保険の一元化（公平な負担と給付）が目指されたともいえます。

そこで「老人医療費支給制度」に代わって「老人保健法」（一九八二年）が導入され、職域の医療保険から国保へ移行する退職者の医療を国保と職域保険が負担しあう「退職者医療制度」（一九八四年）が設立され、さらに「介護保険制度」（二〇〇〇年）と新制度が続きました。やがてそれは二〇〇八年の「後期高齢者医療制度」（七五歳以上、個人加入）の創設へと展開していきました。この結果国保と職域保険が高齢者の医療費負担を調整し合う現在のかたちができあがりました。

このような、職域医療保険から国保へ、また職域医療保険と国保から高齢者医療へ支払われる「支援金」は、もとは保険料なのですが、それがプールされた基金から、一種の税による調整のように使われているのだ、と社会政策学者の玉井金五氏は指摘しています（玉井 二〇一七）。つまり、高齢期の医療費をめぐる制度間調整の模索の中で、保険料を税的に利用する「支援」のシステムが構築されたとみています。これは重要な指摘なので、第Ⅲ章でくわしく論じます。

なお、これまで述べてきたように、国保は基本的に「世帯」を単位としています。一方、後期高齢者医療制度は個人単位で保険料を払います。ただし、保険料や自己負担の軽減は、世帯単位で行なわれるので、矛盾しているという声もあります。

国保加入世帯の半数以上が保険料軽減対象

このような新たな課題への対応は、高齢無職者、低所得者を多数抱える国保財政にとっては不可避のものであったわけですが、「支援金」による負担の増す職域保険からは国保財政運営に厳しい目が向けられることにもなります(社会保険実務研究所編 二〇一〇:五四七)。このため、後期高齢者医療制度へいたる過程においては、国保財政の脆弱性と低所得者対策の抜本的な見なおしが迫られました。その検討を行なったのが一九八七年の「国保問題懇談会」です(同:五四七)。

この時、厚生省が低所得者対策として最初に持ち出したのは「福祉医療制度」案だったそうです。これは国保被保険者のうち低所得者の医療給付に要する費用は、低所得者の支払う保険料のほかはすべて公費でまかなうという案でした。しかし、保険者である市町村は反対し、給付面で対応するのではなく、保険料負担の軽減を行なって、社会保険としての機能を強化すべきだとしました。また、保険料の前提となる所得把握も保険者によっていくつか異なった方式があり、低所得をどう定義するかという問題もありました。結局、保険料軽減分を国と都道府県が負担して保険者の収入を安定化させる、一九八八年の保険基盤安定制度の暫定的な導入に進みます。二年後にこれが恒久化されて、現在の軽減制度となったわけなのです。

表Ⅱ-3　国保保険料軽減基準

	前年度の総所得*(2020 年)
7 割減	33 万円以下
5 割減	33 万円 + (28.5 万円 × 国保加入者) 以下
2 割減	33 万円 + (52 万円 × 国保加入者) 以下

*総所得とは給与所得(給与収入 − 給与所得控除), 年金所得(年金収入 − 公的年金等控除), 事業所得(事業収入 − 必要経費)などの合計額のことで, 社会保険料控除や扶養控除などの各種所得控除前の金額.

では、保険料は、どのように軽減されることになったのでしょうか。この軽減策は、地方個人税のデータをもとに、所得が低くても課される受益割(均等割、平等割)を、所得額により原則として七割減、五割減、二割減の三段階で軽減するものです。これができない保険者は四割、六割などでも構わないとされています。七割減は市町村民税の基礎控除額の三三万円以下とされ、五割、二割は三三万円に、表Ⅱ-3のように世帯内の国保加入者にそれぞれ基礎額を掛け、合算したものが基準となります。

二〇一八年現在この「法定軽減」は、国保加入世帯の五四・七%にも及んでいます(二〇一八年度国民健康保険実態調査報告書)。しかも三三・六%が七割減されており、その大多数は無職世帯です。なお、減額は地方税の申告がなされていれば、申請を必要とせず、所得に応じて自動的に減額されます。

図Ⅱ-4は国保保険料の応能・応益部分に分けて、この軽減制度を当てはめたものです。軽減分は公費で補填されます。またこの図で示されているように、国保保険料には限度額があり、所得が高い被保険者からどこまでも高い保険料を取るということはしていません。しかし、一方で低所得者保険料の軽減を行ないつつ、応能部分で保険料を確保したいという保険者も少なくありません。このため、限度額の引き上げや、応能分と応益分の比率の変更などが検討されていますが、それらはここでの議論を越えることになるので、島崎謙治氏の著作（二〇一一）などを参照していただきたいと思います。

以上が「法定軽減」などと呼ばれるのに対して、市町村が条例で定めた「条例軽減」があります。多くは、「災害などで生活が著しく困難となった場合」の対応で、所得割も含めた減免や猶予が行なわれます。その他、倒産・解雇・雇い止めなどによる離職者に対して保険料を軽減する特例や東日本大震災時の特例、二〇二〇年の新型コロナについても減額基準が示されています。

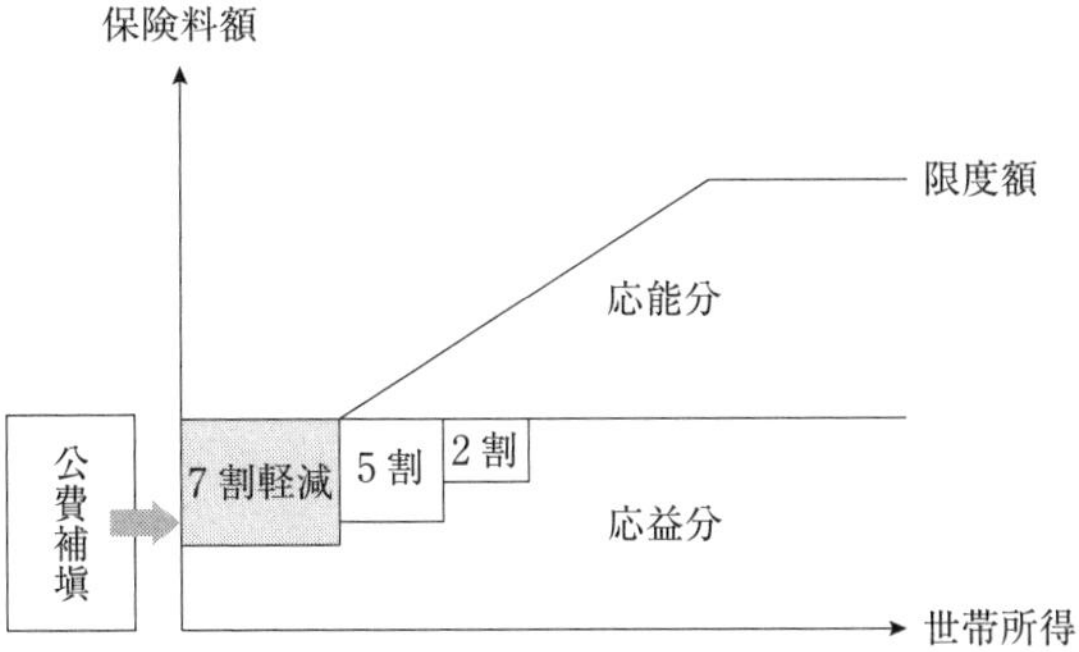

図Ⅱ-4　国保保険料と法定軽減

資料）厚生労働省第69回社会保障審議会医療保険部会資料2「国民健康保険・後期高齢者医療における保険料(税)軽減について」(2013年)より加工.

これらの保険料軽減は、結局税によって補塡されるわけですから、先の療養費への国庫負担とともに標準医療サービスを保障するための社会扶助の意味をもちます。しかし、これらは社会保険の体裁をとっているので、生活保護バッシングのような非難はされません。

高額療養費「特例該当」と医療扶助単給

利用者負担が重くならないよう、窓口で支払う医療費が一カ月あたりの上限額を超えた場合、その超えた額を支給する「高額療養費制度」は、国保だけでなく、すべての公的医療保険に共通する制度ですので、皆さんの中にも利用したことがある方は多いと思います。保険料での軽減ではなく、一部負担金の軽減になります。

上限額は、年齢や所得(二〇二一年現在は七〇歳未満は五区分)に応じて定められており、この制度における低所得とは非課税世帯をさしています。一九八一年に低所得者の限度額が設定された時、生活保護との関係が浮上し、一九八一年と一九八四年に保護課長通知(「高額療養費支給制度と生活保護法との関係について」)が出ています。この通知の中に「高額療養費の支給を受けたならば生活保護を必要としなくなる者(二号該当者)」という表現があります。

この時点での国保の高額療養費の負担限度額は、一般五万一〇〇〇円、低所得者(市町村民税非課税)三万円でした。すると、仮に、被保険者である世帯員のいずれかに市町村民税が課税されている世帯で、負担限度額等が五万一〇〇〇円になるケースがあるとすると、生活保護の要否判定では「要」となります。ところが限度額が三万円であれば生活保護は必要としないので、そうした場合に低い三万円を限度額としてよい、という措置です。これは保護申請の場合は却下になるし、現在、医療扶助を受けている場合は、廃止となります。このような限度額の変更による高額療養費の支給は「特例措置」と規定され、保護廃止や却下の場合はその通知書に「特例高額療養費該当」と記載して交付するよう付け加えています。この認定は福祉事務所が行ないます。

高額な医療費によって貧困に陥ることを食い止めるという意味では、医療扶助単給も同じ役割を果たします。それなのに、なぜこのような「特例該当」をおいたのでしょうか。なぜ、生活保護基準ぎりぎりのボーダーライン上にある要保護者について、その医療費軽減を生活保護ではなく、医療保険内部で処理する方向を示したのでしょうか。

その理由は、明確には述べられていませんが、第一に国保の「皆保険」としての性格へのこだわりが強いこと、第二に生活保護法の他法優先にも適うこと、第三に医療扶助費の大きさに悩んでいる保護行政にとっては願ってもないこと、第四に生活保護のスティグマから逃れられるという意味で要保護者にとっても益がある、ということかもしれません。ともあれ、こういう「処理」は、案外知られていません。「特例該当」がどのくらい存在しているかがわかる資料もありません。第I章で述べた医療扶助単給の減少は、このような「特例該当」によるものが大きく寄与していると考えられます。

3 国民皆年金の保険料免除・軽減制度と福祉年金

「基礎年金」は「最低生活費」を意味していない

さて、次は年金です。国民年金(基礎年金)は、国が保険者で、日本に住む二〇〜六〇歳までの国民が加入することになっています。国民年金の保険料は、個人単位であり、定額制です。保険事故としては、老齢、障害、死亡(遺族)が想定されています。

「私は加入していないけど……」と会社勤めの方は驚くかもしれませんが、「職域」の厚生年金保険等に加入している人、その扶養されている配偶者は、国民年金の保険料を直接支払うことなく、「職域」の年金保険組合が一括して基礎年金分の保険料を拠出しています。国民年金が一階でその上に「職域年金」が乗る、いわゆる二階建て方式になっているのですね。国民年金は、このような「職域」年金の加入者を二号被保険者、その扶養されている配偶者を三号被保険者と分類しています。一号被保険者は国保同様、「職域」年金にカバーされない自営業者、フリーランス、零細事業所の労働者、学生などです。このような二階建て方式になったのは一九八五年の年金大改革においてでした。

長期保険としての年金は、二〇歳から六〇歳までの加入期間に保険料を支払い、老齢年金の場合は六五歳から給付されます。加入期間において、保険料支払済みの期間と、これを免除された期間を合わせたものが一〇年以上(二〇一七年から短縮・それまでは二五年以上)の場合、年金給付を受け取る資格を得ます。ただし、基礎年金の満額といわれる上限額(二〇一九年の老齢年金で、年額七八万一〇〇円・月額六万五〇〇八円)の年金を受け取るには、四〇年の保険料支払いが必要で、それ以下の場合は、満額から減らされていきます。免除期間も資格期間に合算されますが、その期間は国庫補助分である二分の一しか年金額に反映されません。

そもそも、基礎年金の満額は、基礎年金という言葉から連想するような「最低生活費」を意味していません。一九八五年当時の老齢年金満額月五万円は、①国民年金給付額が創設時の月二〇〇〇円程度(二五年)であったものが五万円弱に到達しようとしていた、②定額と比例部分で構成されていた厚生年金の定額部分との調整も可能で、財政的にも可能、③後から家計調査で老人の消費支出をみるとその「基礎的部分」に見合っていた、の三つがぴったり合ったからだと、当時の厚生官僚は回想しています（菅沼ほか編 二〇一八：二三八〜二八九）。もともと②は生活扶助の二級地水準に合わせていたそうですが、現在の二級地‐一の生活扶助基準額は、たとえば七〇歳で基礎年金額より一万円程度高いです。ですから、基礎年金給付が満額でなされても、生活保護基準同等、もしくはそれ以上の生活が約束されるわけではないのです。しかも、この時、二五年で考えられていた五万円弱の水準が四〇年に引き延ばされたので、八五年改革は実際には、年金水準の切り下げだったわけです。医療や介護保障が標準サービスの提供を前提にするのとは異なって、所得保障としての年金は、最低生活保障ではなく、老後生活費の基礎部分をある程度まかなうもの、と言い切ってしまったところに怖さがあります。

ところで、国民年金保険制度では、その加入期間において、他の公的年金制度に加入している人は「適用除外」ですが、生活保護利用者は「適用除外」にはなりません。国民年金保険と国民健康保険の大きな違いは、前者が長期保険であることです。したがって、被保護者やその他の貧困状態にある人びとも、長い拠出期間の中で、わずかでも拠出できる時があるはずだ、という考えが、その基礎にあります。このため、国保のように適用除外にはしなかったわけです。その代わり、保険料支払いについて、生活扶助利用者は「法定免除」され、他の扶助利用者は「申請免除」となりました。つまり、保険料を支払えない被保険者という扱いです。免除期間であっても資格に含まれますので、こうすれば年金資格を得ることが可能になりますが、免除期間が長ければ、給付される年金額は少なくなります。

年金を給付されるようになると、年金を受け取っていても、それを含めた世帯収入が保護基準以下で、資産要件もクリアすれば、収入と保護基準の差額について、生活保護を利用できます。つまり、生活保護は、無年金の場合と、年金が支給されているけれども生活の「最低限」に満たない場合の、二つの場合に年金を補完することになります。

　では、生活保護を利用している人びとのうち、年金を受給している人は実際どのくらいいるのでしょうか。図Ⅱ-5は、六五歳以上の生活保護利用者のうち、老齢・退職年金を受給している人の割合と、その一人あたり平均年金額を、二〇一二年から二〇一九年までの推移で示したものです。年金受給率は、二〇一七年まで四〇%前後で推移していますが、二〇一八年には一気に五六・二%に上昇し、二〇一九年は五八・四%とさらに上がっています。二〇一七年八月から、消費税一〇%を当て込んだ、いわゆる「年金機能強化法」に基づいて、年金受給資格期間が一〇年に短縮されました。この影響が、受給率の上昇に現れているのでしょう。しかし、平均年金額をみると、二〇一六～一七年頃は、約四・九万円の水準だ

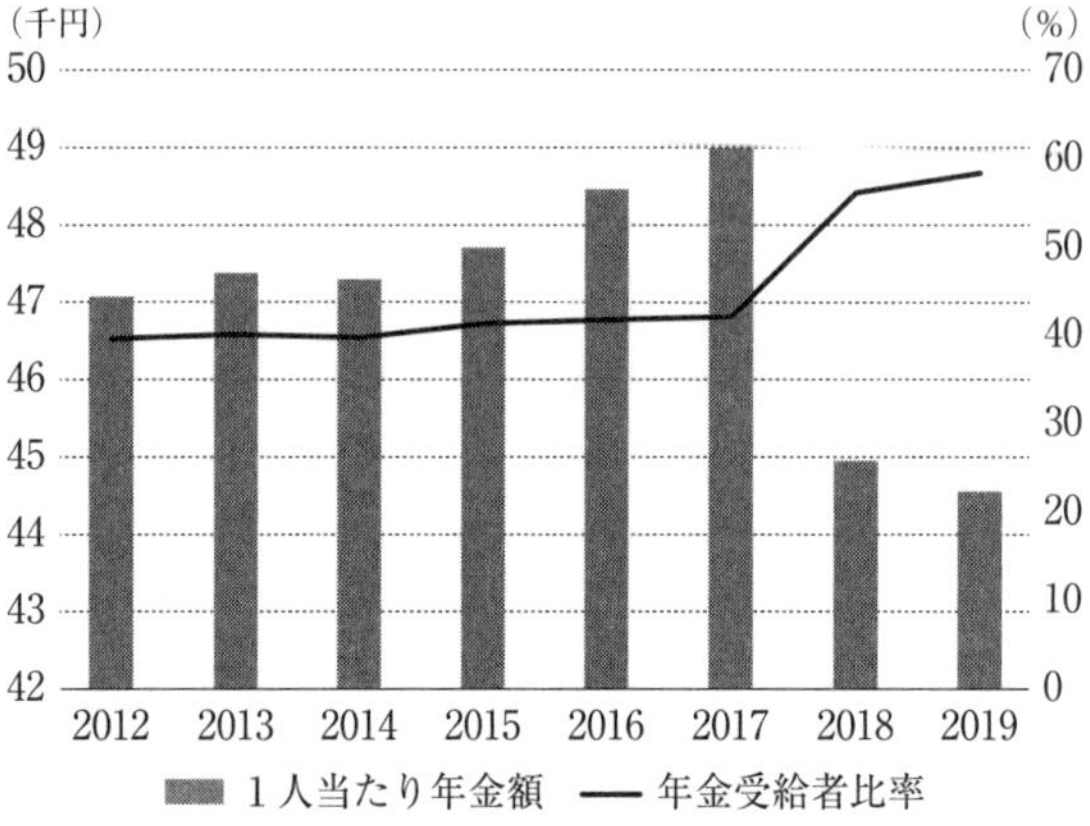

図Ⅱ-5　65歳以上被保護者の年金受給率と1人当たり年金受給額(老齢・退職年金)
資料）被保護者調査(年次)より作成.
注）65歳以上の老齢年金・退職年金のみ.

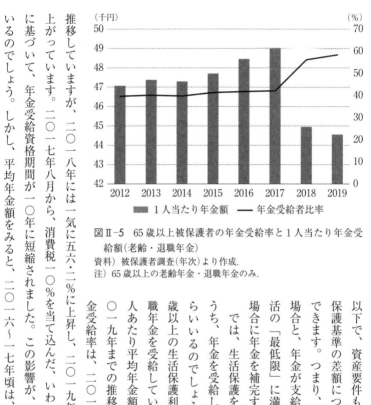

ったものが、二〇一八年には四・五万円、一九年には四・四万円に下がっています。受給率を上げる機能強化が低年金をもたらしていることがよく示されていますね。このように、生活保護は、無年金者ばかりでなく、低年金者の生活最低限を保障する手段になっています。

なお、以上は、満額の年金額が保険料支払期間と免除期間に応じて減額されていく老齢基礎年金と、この加入期間に標準報酬月額（給与などの報酬月額を区分して表示したもの）を掛け合わせて金額が決まる二階部分の老齢年金にあてはまります。年金額の決め方が異なる障害年金や遺族年金ではそういったことはおこりません。障害年金や遺族年金では、支払期間は年金受給資格の要件になりますが、年金額は基本額に子どもの加算などが加味されて支払われ、期間による減額はありません。たとえば障害基礎年金の基本額は、障害一級か二級かで決められます。したがって、老齢年金ほど低年金にはなりません。

念のため、生活保護かつ年金を受給している世帯の年金額を、老齢・退職年金と障害年金にわけて、それぞれ月額グループごとの分布を示した、図Ⅱ-6をみ

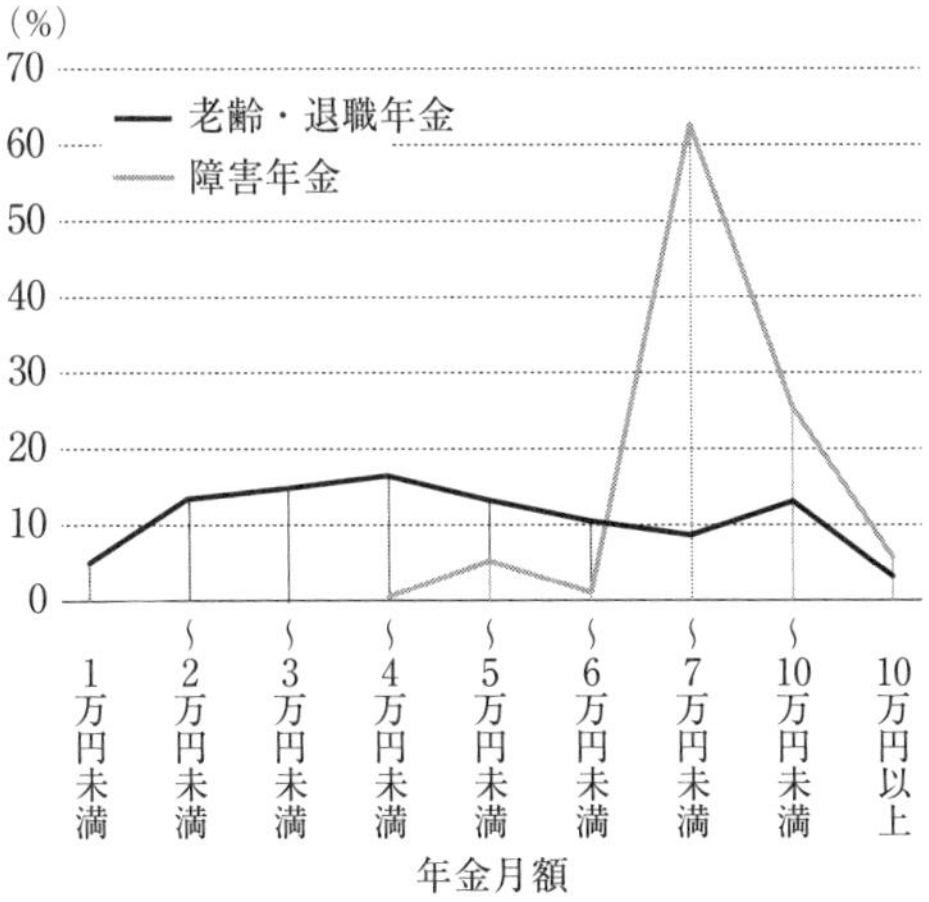

図Ⅱ-6　被保護世帯（1人世帯）の受給する年金月額の分布

資料）厚生労働省「被保護者調査」（年次，2019）より作成．

ておきましょう。元になった統計表は世帯単位ですが、年金は個人が単位なので、一人世帯だけで図を作成しています。老齢・退職年金の額は、先の平均額の四〜五万円に集中しているというよりは、それ以下の低い層にも、また高い層にもダラダラとひろく分布していることがわかりますね。これに対して、障害年金は、明らかに六〜七万円グループに集中しています。このグループだけで受給者の六割を超えます。これは、だいたい障害二級に対応した金額です。この頂点より右側に膨らんだ部分が、ほぼ障害一級の基本額にあたります。

図II-6の年金額分布を生活扶助費と比べると、四万円以下にひろがっている老齢・退職年金では、生活扶助額にも到底届きません。生活保護を利用する必要があることは一目瞭然です。このような低い老齢年金に比べて、この図の障害年金受給世帯の集中する六〜七万円は、級地にもよりますが、生活扶助額スレスレですね。一級の八万円台になれば生活扶助水準以上になるかもしれません。これらの世帯にとって生活保護による補完は、医療、介護、家賃などの特定ニーズへの補完になるとみられますが、しかしそれは「全一的給付」を建前とする生活保護制度では、表に出てきません。この点は第I章の要否判定で例に挙げた、年金額のやや高い高齢者世帯でも同様です。生活扶助より低い年金の補完に加えて、それよりやや高い年金の場合も、特定ニーズとの関係で、生活保護が補完せざるを得ないのです。この点は生活保護の解体の提言のところでまた議論したいと思います。

国民年金の低所得者対策——福祉年金としてのスタート

国民年金保険も、国民健康保険と同様、加入者の多様性、とりわけ低所得層の存在が基本的な問題としてありました。そのうえ、長期保険として四〇年もの長い期間保険料支払いを続けていくので、その途上には支払い困難になる時期が出現する可能性が高いことは、最初から予想されていました。厚生省年金局数理専門官であった坪野剛史氏は、創設当時「全被保険者の六割しか保険料を納めないという前提で制度ができていました」と述べています（菅沼ほか編 二〇一八：六五）。さらに、積立方式でスタートしていますから、受給権者が出るまでに時間がかかりすぎ、保険料を支払うモチベーションが落ちるという懸念もありました。

そこで、次の四つの対策が考案されました。第一に、国庫負担です。国民年金は雇用主負担がないので、その分を国庫負担とする、ということで、創設当初から保険料の二分の一の国庫負担がつきました。これは一九七六年に保険料ではなく給付サービス費用へ変更され、給付費の三分の一の国庫負担となりました。さらに基礎年金導入によって、基礎年金給付の三分の一、そこから段階的に引き上げて、二〇〇九年に二分の一の負担とされました。

第二は、受給資格を得るための保険料拠出期間の短縮です。四〇年の加入期間中原則二五年以上とされた老齢年金の拠出期間について、創設当初三一歳以上の加入者については一〇～二四年の短縮措置がとられました。一九七〇年には、創設時五〇歳以上で、任意加入しなかった人は、最低五年の拠出期間で年金支給となりました。二〇一七年の一〇年への短縮は、先に述べたとおりです。その他、追加納付や任意加入等のかたちで、資格者を増やすことが様々に試みられてきました。

第三に保険料の免除・軽減制度がつくられ、さらに、この免除期間も保険料拠出期間に合算して、受給資格の判定に使うとされました。一九六二年には、この免除期間への二分の一の国庫補助が実現し、拠出していない期間も年金が半分出ることになったのです。

第四は福祉年金という無拠出年金を、拠出制年金と一体的に法制化したことです。しかも福祉年金の支給は一九五九年実施、拠出制年金の保険料徴収は一九六一年開始で、福祉年金が国民年金の先陣を切っていることです。第二、第三について、元厚生省官僚の吉原氏らは「従来の社会保険の概念を越える扱いであった」(吉原・畑 二〇一六：四〇)と総括していますが、福祉年金は「社会保険を越える」どころか社会保険ではなかったわけです。

では、なぜ社会保険ではない福祉年金が国民年金保険の先陣を切ったのでしょうか。若い読者の方はびっくりすると思いますが、そもそも国民年金は、無拠出の年金として提案されていたのです。「無拠出」とは、保険料を支払わず、税金から年金給付が行なわれるという方式です。これは年金ではあっても年金保険ではありません。こうした無拠出年金は福祉国家の準備段階で、英国などでも試みられましたし、オーストラリアは当時設立された無拠出年金を現在でも基礎年金部分としています。日本の国民年金制度の設立過程でも、無拠出案、拠出案、二案並列などのいくつかの案が提出され、また地方公共団体のいくつかが一九五六年頃より無拠出の「敬老年金」支給制度を開始しはじめていたそうです(村上 二〇〇〇：一五八〜一五九)。

この理由として、戦後民法改正を背景に出現した老親扶養問題があるといわれていますが、当時、農村などでそこまで老親扶養が問題にされていたとは思えません。また生活扶助加算のところでも述べたように、「傷痍軍人に代表される身体障害者問題および戦争未亡人に代表される母子問題」(村上 二〇〇〇：二〇六)などの戦後処理の問題があったともいわれています。このためか、特に与党であった自由民主党は、無拠出年金を主張する人が多かったそうです。戦後日本の社会保障の枠組みを提示した社会保障制度審議会も、恒久的な無拠出年金を拠出制の基礎とする案を示しました。社会党や労働組合も保険料拠出に反対したそうです。しかし厚生省は、拠出制年金を基本とし、「経過的・補完的」に無拠出年金を位置づけるという方針を主張し、結局、与党もこの方針に沿うことになりました。

この無拠出年金が、「福祉年金」と呼ばれるものです。しかし福祉年金は独立した法制度としてではなく、「福祉年金支給規則」として国民年金法と一体的に制定されました。厚生省としては、あくまで拠出制年金が基本で、これは過渡的なものという位置づけです。また「無拠出制年金が先行実施されて拠出制年金の実施ができないということにならないように、両者が複雑にからみあう一体なものとして制度がつくられた」(吉原・畑 二〇一六：四〇～四一)とも述べられています。

おそらく、厚生省にとって福祉年金の存在理由は、無拠出の支持が多かっただけでなく、積立方式の年金保険においては、受給者が出現するのがかなり遅くなるので、先に福祉年金で年金制度のメリットを味わってもらい、自営業層などの拠出制年金の保険料支払いのモチベーションを高める、ということにあったのではないかと思われます。序章で、自営業など当時のインフォーマルセクターを積極的に「拠出と給付」の世界へ取り込んだ点で、日本はいわゆる途上国型の社会保障にならなかったという、広井良典氏の指摘を紹介しましたが、拠出の社会保険を基本としつつ、福祉年金をその先陣におくという手法が、矛盾を孕んだとはいえ、そうした結果をもたらしたといえるかもしれませんね。

なお、国民年金準備委員会の事務局トップは小山進次郎氏で、法制定後は年金局長となりました。氏は生活保護法の策定の立役者として有名ですが、実は「保険」を基本として、そこに低所得者対策を潜り込ませるという策の中心人物でもあったのです。小山氏は生活保護には「保護課伝統の厳しさ」を残した反面、「国民年金」では新しい時代をみたかったのかもしれません。

二つの福祉年金

さて、福祉年金には、年金制度が発足しても、すでに高齢であるなどの理由により、制度的に「加入できない人びと」への経過措置である「経過年金」と「補完的年金」の二種類がありました。「補完的年金」は、受給要件が満たせなかったケースへの対応です。「拠出制年金の被保険者」、つまり国民年金制度の加入者であるのに、拠出制年金の受給要件を充足できなかったためその支給を受けることができない場合に、国庫から支給されるとされました。

ただし補完的福祉年金には一つ特例がありました。それが二〇歳になる前に初診日(障害の原因となった病気やけがについて、初めて医師等の診療を受けた日のこと)のあった重度の障害者の場合です。二〇歳時に日本国籍をもち、住所も日本にあれば補完的障害福祉年金の要件を満たすと特例で決められたのです。小山進次郎氏はその意義を「通常、その障害が回復することがきわめて困難であり稼働能力はほとんど永久に奪われており、かつ年齢的にみて親の扶養を受ける程度をできる限り少なくしなければならないという意味において、最も所得保障をする必要が高いものであるからである」(小山　一九五九：二四六)と、あっさり所得保障一般の中にこれを引き込んで説明していますが、福祉年金の扶助としての性格をよく示す特例といえると思います。なお、当時は「重度心身障害児問題」の黎明期でもあり、それらの影響もあったかもしれません。

経過的福祉年金も補完的福祉年金も、拠出制年金との差異化がありました。たとえば老齢年金は、拠出制は六五歳から支給ですが、福祉年金は七〇歳から、障害福祉年金は当初一級程度の重度障害だけが対象となりました。のちに二級も対象となっています。

所得制限は、本人の前年度所得が一三万円を超えないという基準でスタートしています。厚生省年金局編の『国民年金の歩み』(一九六二：一七五)によれば、当初の案では「所得税納付程度」とされていたものが、立案の最終段階になって厳しくなり、「おおむね市町村民税の均等割納付の線を基準とすることが定められ」、「年所得一三万円が基準とされた」と記述されています。また本人所得だけでなく、配偶者の所得が非課税の範囲であること、扶養義務者の所得の制限などもありました。なお、これらの所得制限の認定は、生活保護のミーンズテストのように独自の調査を行なうことなく、市町村税務当局における市町村民税の賦課資料、特にその均等割の賦課についての基礎資料を参考としてこれを把握すべきものという通知が出されています。

福祉年金の給付額は定額ですが、老齢福祉年金が年一万二〇〇〇円、障害福祉年金が年一万八〇〇〇円、母子福祉年金が年一万二〇〇〇円(二人以上の子は加算)でスタートしています。老齢福祉年金の額は、二五年以上納付している者の拠出制年金の額の半分とされました。母子はそれと同額、障害は一・五倍の設定です。月にすると老齢、母子は一〇〇〇円とわずかな額で、このため「あめ玉」年金などといわれたそうです。障害福祉年金が年六〇〇〇円ほど高いのは、介護料が含まれていると説明されています。厚生白書(一九六〇年)によれば、一九六〇年九月末時点での福祉年金受給者は、老齢が二一三万七〇〇〇人、障害が一九万九〇〇〇人、母子が一八万四〇〇〇人で、総額二九〇億円を超えていました。

この補完型福祉年金は、先に述べた、一九六二年の保険料免除期間への国庫負担分の支給によって、ほとんどが拠出制年金に吸収されました(4)。これ以降、福祉年金を経過的、補完的と分類した説明もなくなります。つまり先陣を切った福祉年金は、拠出制年金の低所得者対策にほぼ吸収されていったわけです。さらに基礎年金導入時に、障害福祉年金と母子福祉年金を受給している人びとを基礎年金に移行させ、老齢福祉年金のみが残ったので、福祉年金支給規則は老齢福祉年金支給規則となりました。この経緯をみると、厚生省が、福祉年金をつくったものの、それを社会保険の低所得者対策の中で処理する方法をあらかじめ検討していたことがよくわかります。

いずれにせよ、読者の皆さんに注意していただきたいのは、この福祉年金やそれを吸収した免除・軽減制度は、老後生活保障における保険と扶助の補完関係のようにみえますが、そうではないということです。それらが意図したのは「皆年金」＝年金制度のカバー率の拡大であって、「皆年金」を維持していくことだったといってよいと思います。「ベヴァリッジ報告」のいう保険と扶助の補完関係は、両者によってナショナルミニマムを維持することだったわけですが、その点では、本節冒頭でみたように、生活保護がその補完の役割を果たしていることになります。

このように、福祉年金はすぐ拠出制年金内の低所得者対策に吸収されましたが、生活保護にとっては別の意味がありました。前章で述べたように、生活扶助の加算に大きな影響を与えたことです。

生活保護制度を利用している人が、高齢者や障害者向けの福祉年金も利用できるとし、ただし収入認定があるので、その分を生活扶助加算として取り返したわけです。こうして福祉年金は一九六〇年から生活扶助の老齢加算として変身します。またすでにあった母子加算、障害者加算も、この福祉年金に連動することになりました。その後この連動が廃止された経緯は第I章で述べたとおりです。

国民年金の保険料免除・軽減策

では、保険料免除・軽減策にあらためて注目してみましょう。小山進次郎氏は、保険料免除や軽減策の理由を「年金給付による保障を最も必要とする低所得層にこそ、拠出制年金制度の技術的構成上許される限り、年金支給の可能性を与えようとした」からだと述べています（小山 一九五九：一六二）。とはいえ、基礎年金は、その満額でも最低生活費としては疑問な水準ですから、減額年金を受け取る人が多くなれば、年金は最低生活を支える所得保障にはなりにくくなります。

小山氏のロジックは、最も保障を必要とする低所得者対策というと聞こえはよいのですが、減額年金であっても幅広い国民に年金保障を行きわたらせたいという「広く薄い」国民皆年金の思想をよく示していると思います。

ところで小山氏は「負担の免除」と「納付の免除」という二つを仕分けした議論を展開しています。「負担の免除」ははじめから保険料を賦課しないもので、たとえば生活扶助を受給している場合、そもそも保険料を納付する義務が生ずること自体意味がないので、納付義務が発生していない＝「負担の免除」、と考えるとしています(同：一四五)。

「納付の免除」は、いったん賦課した保険料をその後免除するもので、法の規定では、①所得がない時、②生活保護法による生活扶助以外の扶助を受けている時、③地方税法に定める障害者、または寡婦であって、年間所得が一三万円以下である時、④その他保険料を納付することが著しく困難な時、とされました。③の一三万円は、福祉年金の本人の所得制限と同じ課税データによる判断で「おおむね市町村民税の均等割納付の線」とされています(厚生省年金局編 一九六二：一七五)。

これを超える所得を有したか否かの認定は、独自の調査を行なうことなく、市町村税務当局における市町村民税の賦課資料、特にその均等割の賦課についての基礎資料を参考としてこれを把握すべきものと通知されました。つまり、税金などの資料で確認すれば十分で、じかに調べなくともよいとしたわけですね。

もっとも、実際は、別に保険料免除基準を定めたようです。当時厚生省でこの作業に携わった坪野氏は、五〇〇〇～六〇〇〇世帯の実地調査を行ない、その実態から保険料を納めることのできそうなグループと困難なグループに分けて課税台帳とつきあわせて「判別関数」を作ったと証

表Ⅱ-7　多段階免除制度の所得基準

免除種類	免除基準(被保険者＋配偶者＋世帯主の前年所得)
全額免除	(扶養親族数＋1)×35 万円＋22 万円以下
3/4 免除	78 万円＋扶養親族等控除額＋社会保険料控除額等
半額免除	118 万円＋扶養親族等控除額＋社会保険料控除額等
1/4 免除	158 万円＋扶養親族等控除額＋社会保険料控除額等
納付猶予	(扶養親族数＋1)×35 万円＋22 万円以下
学生納付特例	本人のみ 118 万円＋扶養親族の数×38 万円＋社会保険料控除等

資料) 日本年金機構 HP「国民年金保険料の免除制度・猶予制度」(2020)「学生納付特例制度」(2020)より作成.

言しています[5](菅沼ほか編 二〇一八:六五~六七)。

免除制度は、一九九九年には半額免除が導入され、さらに二〇〇六年からは負担能力に応じて、全額免除、四分の三免除、半額免除、四分の一免除という多段階免除制度を取り入れるようになります。この免除が承認される所得基準については、表Ⅱ-7を参照してください。以前とは異なって、非課税限度額三五万円が基礎となっているようです。

実際に受け取ることのできる年金額は、拠出期間による減額、免除期間による減額がありますので、それらに応じた何段階かの低い額となります。これは免除制度が細かくなればなるほど、低い年金水準の受給者が多く生み出されていくという矛盾です。この節の冒頭でみた、六五歳以上の生活保護利用者中の年金受給者割合の拡大は、低所得者対策として登場した福祉年金、それを吸収した免除軽減策が、受給資格者を増やすという「皆年金」の道具であって、年金の最低所得保障を補完するものではなかったという矛盾をよく示しています。

問題は保険料収納率の低下なのか、給付水準の低下なのか

一九九〇年代半ば頃より、第一号被保険者の保険料納付率の低下が顕著となっていきます。二〇〇二年度の社会保険庁の分析では、二〇歳到達者の納付率が低いだけでなく、いずれの年齢層の収納率も低下していることを指摘しています。その理由として、経済の低迷と就業形態の多様化の下では、正規労働者と非正規労働者の間の、また企業規模間の移動が激しくなり、特に第二号から第一号被保険者となった人たちの滞納が増えていく傾向があると述べています。

収納率の低下は年金制度の空洞化などともいわれ、ともかく収納率を上げねばならないことが合意されていきます。しかし、先の国民年金創設時の収納率六割での計算にみられるように、収納率が下がっても、拠出制年金制度自体が揺らぐわけではないのです。また、社会保障学者・権丈善一氏が繰り返し指摘していますが、保険料を払えない人びとの負担は、保険料を支払っている被保険者に肩代わりされる、などの誤解が収納率問題に付きまとう風潮もあります（権丈善一・権丈英子 二〇〇九：一一四～一三三）。おそらく問題の核心は「国民皆年金」なのですね。社会保険を拡張して基礎年金まで行き着いたので、そのカバー率を下げたくない、ということなのではないでしょうか。

先に述べた免除の多段階化や、若年者納付猶予などの対策は、こうした保険料収納率問題への対応として生まれていきました。これらの経緯の延長で、「無年金者」対策として、老齢年金の受給資格期間を二五年以上から一〇年以上に短縮することが決まりました。さらに、序章でも紹介した「年金生活者支援給付金」は、このような資格期間の短縮とも絡んでひろがる低年金を補

うもので、あまりにわずかとはいえ、ようやく保障水準に焦点を当てたものです。それでも、年金制度にも生活保護制度にもくわしい駒村康平氏は、二〇一九年の年金財政検証(五年ごとの検証)とそこで提示された複数のシナリオをふまえて、今後も基礎年金の給付水準が低下し、低所得層ほど年金水準が下がる「逆進性」が懸念されるとしています(日本経済新聞「Analysis」二〇一九年九月一九日)。

「皆保険・皆年金」内部の低所得者対策の意味

以上のように、「国民皆保険・皆年金」体制は、その内部の低所得者対策によって、社会保険制度からはじかれてしまいがちな人びとを、できるだけその内部に引き入れ、「皆保険・皆年金」の冒険を実現しようとしてきました。内部の低所得者対策は、保険に対する扶助としての補完なのですが、その意味は国民健康保険と国民年金では異なります。国保は、保障手段が現物サービスなので、低所得者対策は、この現物サービスを享受する保障範囲をひろげる役割を果たしています。特例措置などによって、生活保護の医療扶助単給世帯の一部を社会保険の中に吸収しました。ただし、社会保険を越えようとすればするほど、その矛盾は財政問題として現出します。他方で、国民年金は、内部の低所得者対策では、最低生活保障水準を実現できず、かえって低年金者をひろげていく矛盾を露呈しました。このため、基礎年金を補完する生活保護の役割が大きくなっているといえます。

4 「皆保険・皆年金」以外の低所得者対策

生活保護への移行を防止する「境界層措置」

ところで「低所得者対策」は「皆保険・皆年金」制度に限定されません。生活保護との関係で注目されるのは、介護保険や障害者サービスなどの利用時に課される費用徴収や料金(=利用者負担)における低所得者対策です。この対策は「生活保護境界層」という独特のカテゴリーを生み出し、生活保護ギリギリの要保護者を各制度の低所得者対策の中に吸収して、生活保護の枠外へもっていく役割を果たしています。複雑な制度の説明が多くなって恐縮ですが、介護、障害者サービスの負担軽減対策と「境界層措置」について、なるべくかいつまんでみていきたいと思います。

すでにみてきた医療費の高額療養費「特例該当」は、介護保険においては「境界層措置」という言葉に変わります。境界層ということばで保護基準ギリギリの生活状態にある人・世帯という感じがよく伝わってきますね。でも介護保険には被保護者も加入している点が医療とは異なっています。それなのになぜ「境界層」が問題となるのでしょうか。

四〇歳以上六四歳以下で生活保護を利用している場合、原則、介護保険の被保険者とはなりません。六五歳以上の被保護者の場合は介護保険が優先して適用されます。介護サービスを利用する場合の自己負担は原則一割ですが、近年所得の高い層には二割、三割負担が求められています。

また施設サービスを利用した場合は、食費および居住費の標準負担があります。これは先の医療費の場合でも、入院の場合は同じように食費・居住費の負担があります。これらの負担があまり高くならないように、介護の場合も高額介護サービス費と食費・居住費の限度額が定められています。これらの限度額は、二〇一八年現在四段階に分かれて規定され、(6) 負担限度額は個人で一万五〇〇〇円、世帯で二万四五〇〇〜四万四四〇〇円です。このように負担費の軽減があるのですが、それでもその負担をしてしまうと、生活費が膨らんで生活保護基準以下になる場合があります。

本来はそのために生活保護があるわけですが、先の医療保険の「高額療養費特例該当」同様、介護保険内部で「生活保護を必要としない」状態になるまで、①滞納などがあった場合の自己負担額のペナルティの解除→②居住費限度額の減額→③食事負担額の減額→④利用者負担上限額の減額→⑤保険料の減額の順に次々と適用していくことになります。これが「境界層措置」です。

なお、この要保護者（生活保護申請者）は、「境界層措置」によって生活保護の判定が否になったので、そのことが常に証明されていないと、高い方の負担金が課せられてしまうおそれもあります。このため、福祉事務所長は「境界層証明書」を交付することになります。いま述べてきたのは、保護申請の例でしたが、被保護者にあてはめて、保護を廃止することもあります。この場合も証明書がなければなりません。いずれも介護保険のサービスとの関わりですが、一応生活保護申請→（境界層措置）→保護申請却下という手続きがなされることになります。

同様のことが、福祉サービスでもひろがっています。障害者自立支援サービスは社会保険ではありませんが、その費用負担は所得階層別に設定されており、要保護者の場合、生活保護の適用対象でなくなるまで利用料を減額します。同様に、施設に入所する障害者が、食費等実費負担が重いことにより、要保護者となる場合については、定率負担にあわせ、食費等実費負担について一定額まで軽減する、とされています。サービスの定率負担の軽減は第四階層（生活保護世帯）の〇円になるまでなされますから、実質的に生活保護世帯として扱うわけですね。

なお、この障害者福祉サービスの境界層措置については、厚労省も東京都福祉局の文書も明確に「生活保護への移行防止」といっています。介護保険や高額療養費特例該当では、そこまであからさまな表現がなかったのですが、なぜか障害者福祉サービスでは、生活保護にいかせないために減免をするといっているのです。社会保険を扶助が補完するという、一般的な考え方でいけば、何も「移行防止」する必要はないでしょう。だから、このような表現は、序章で述べた「何もかも失った困窮層」とする生活保護の特殊な位置づけにかかわっていると考えられます。

ともあれ、先の高額療養費と介護保険などの境界層措置は、医療や福祉サービスの最低限保障において、生活保護のような「全一的」保障がかならずしも必要ないことを自ら示してしまったのではないでしょうか。この点は、第Ⅳ章に述べる生活保護解体の一つの方向を示唆していると思われます。

「ボーダーライン層」への貸付制度と第二のセーフティネット

以上述べてきた「境界層」という言葉は、かつて「ボーダーライン層」と呼ばれた低所得者対策を思い出させます。それは一九五五年に創設された「世帯更生資金貸付制度」です。

現在は序章でも触れたように「生活福祉資金貸付制度」と名前が変わり、資金種類も変わっています。その対象も、低所得者世帯と障害者世帯、高齢者世帯の三区分がまずあり、低所得者世帯は、必要な資金を他から借り受けることが困難な世帯(市町村民税非課税程度)と規定し、保護基準の倍率は使われていません。最近では二〇〇七年に「要保護世帯向け不動産担保型生活資金」が導入されており、不動産をもつ高齢の要保護者には、保護受給に先立って、この貸付(生活扶助基準の一・五倍)によってその生活をまかなうこととされています。つまりリバースモーゲージですが、それが生活保護に優先するというわけです。なお、柴香里氏によれば、実際の資金利用者の所得水準は保護基準の「ちょっと上」というよりは下方にも広く分布しているとのことです(柴 二〇一一)。

この古いボーダーライン層対策に対して、一九九〇年代半ば以降の長期不況や特に二〇〇八年の世界金融恐慌による非正規労働者を中心とする失業や住居喪失に対応して、新たに「第二のセーフティネット」として設立されたのが、序章でも触れた「求職者支援制度」と「生活困窮者自立支援制度」です。

ワーキングプアへの対応はヨーロッパの福祉国家でも一九八〇年代以降大きな課題となってきましたが、それらの国々が失業保険制度に加えて失業扶助ないし求職者手当などの拡大へ向かったのに対して、日本では就業訓練に収斂させ、所得保障はあくまで訓練中の手当としたわけですね。このようなけちくさい制度で、支給条件も厳しいためか、求職者支援制度開始いらいの受講者数を年度ごとにみていくと、図Ⅱ-8(次頁)のように年々下降しています。この図にはありませ

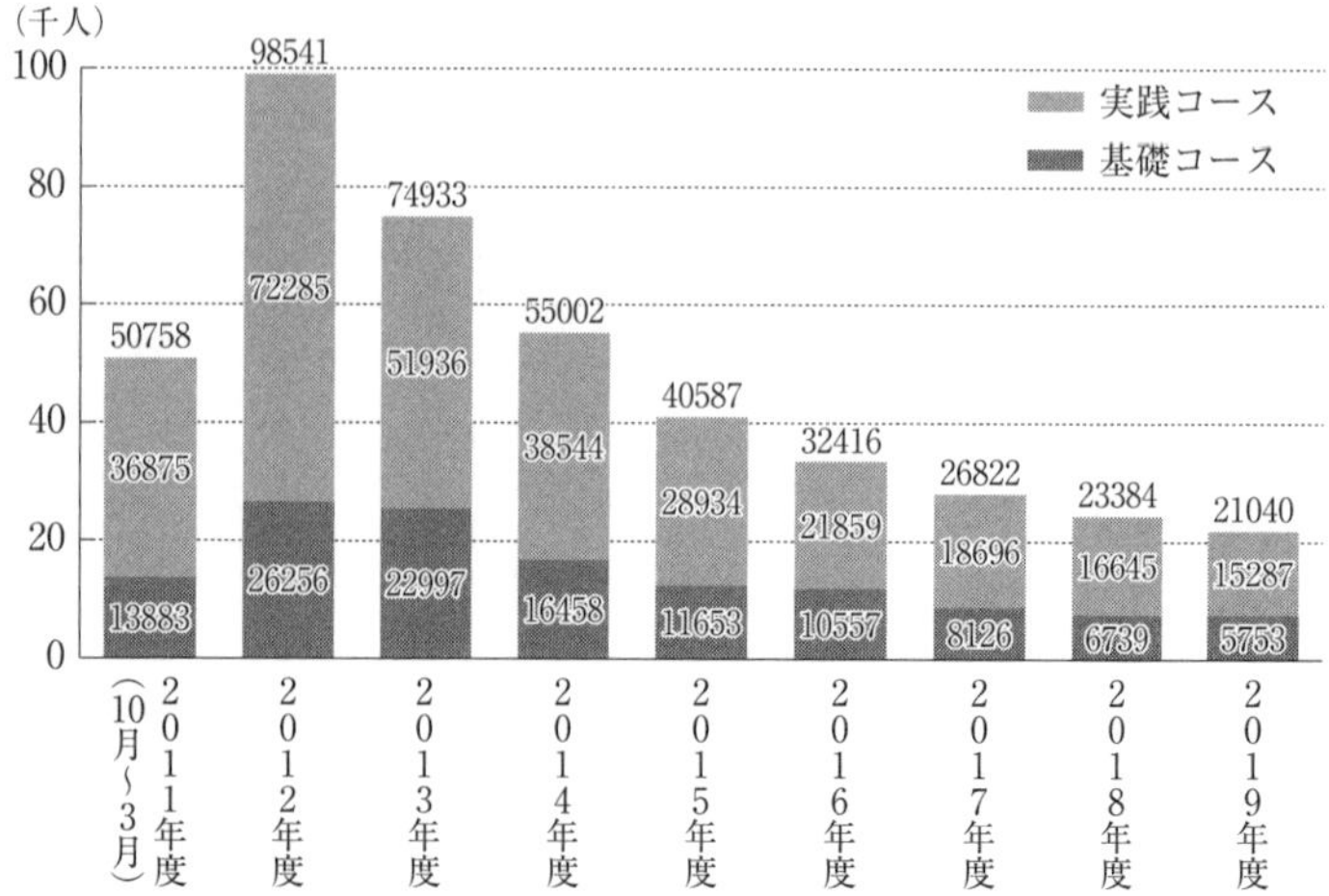

図Ⅱ-8　求職者支援制度開始以来の受講者数の推移

資料）厚生労働省「ハロートレーニング（求職者支援訓練）の受講者数・就職率」より作成.

んが、職業訓練受給金の利用も減っているそうです。この制度発足直後の二〇一二年の受講生の五割近くが受給金を利用していました。しかし、年々その割合も減っていき、二〇一八年度上半期では三〇％まで落ちています（職業安定分科会雇用保険部会第一二八回資料）。

「生活困窮者自立支援制度」の「生活困窮者」とは、「現に経済的に困窮し、最低限度の生活を維持することができなくなるおそれのある者をいう」と規定されていますが、それでは要保護者なのかというと、そこがはっきりしません。さらに、孤立状態の解消などにも配慮することが重要、として「生活困窮者・孤立者」という表現もあります。つまり、低所得というよりは、ひきこもり、自殺、若者問題、子どもの学力、ホームレスなど、近年の雑多な社会問題を放りこんだものでもあるといっていいと思います。

それはこの制度の前身が「パーソナル・サポート・サービス」モデル事業で、さらにその前提には多様なＮＰＯの「寄り添い型」の支援活動が存在していたからです。これらを担っていた人びとと厚生労働官僚との合作ともいうべき制度ですが、ＮＰＯからみると、「誰からの相談も断らない」制度にしたいという願いがあり、厚生労働省としては法制度として「対象」規定をなんとかつくらねばならないということで、「生活困窮者」を使ったというのが実情のようです。

事業は相談が中心ですが、序章でも取りあげた「住居確保給付金」は、生活保護の住宅扶助基準を上限に実際の家賃額を原則三カ月間（延長は最大九カ月間）支給するもので、住宅手当のない日本では注目すべき生活保障資源となっています。二〇二〇年の新型コロナウイルスのパンデミックに際しても、この事業がおおいに利用されました。二〇二〇年四〜九月の生活相談件数は三九・二万件（前年比一・六倍）、「住居確保給付金」の支給件数は一一万件（前年比二七・五倍）にのぼっているそうです（厚生労働省社会保障審議会生活困窮者自立支援及び生活保護部会〈第一三回〉資料）。

5 低所得基準と生活保護基準

多様な「低所得者」の定義

このように、「国民皆保険・皆年金」制度の内部にも、また生活保護の「手前」でその移行を阻止するためにも、多様な「低所得者」が想定され、対策がとられてきました。では、その「低所得者」とは、どのくらいの所得の人びとを指しているのか、またそれと生活保護基準は違うのでしょうか。表Ⅱ-9は、これまで述べてきた主な制度の低所得者対策の低所得規定を、二〇二〇年時点でまとめてみたものです。

大変煩雑ですが、この表から、社会保障制度内部の低所得者の基準の特徴として次の四つが指摘できます。①所得というより、あるカテゴリーの人が基準となっており、それは低所得者を「弱者」カテゴリーでステレオタイプに把握する伝統が基盤となっています。②災害などの個々の「事情」が強調される場合があります。③所得基準がある場合は、個人地方税の基礎控除と「非課税限度額」が主に参照されています。国民健康保険料、介護保険料は個人地方税の基礎控除(三三万円)とそれに加算した額、国民年金保険料は、全額免除と若年者猶予制度が「非課税限度額」の基本額(三五万円)とその加算(二二万円)が基準となっています。④生活保護基準による要否判定が境界層措置などでは使われているほか、生活困窮者自立支援法の「住居確保給付金」の要件のように、課税データと生活保護との組み合わせもあります。

「基礎控除」と「非課税限度額」——何が違うのか?

このうち③で挙げた所得基準に着目すると、主に個人住民税の基礎控除額と「非課税限度額」が使われていますね。「基礎控除」というのは聞いたことがあると思いますが、それとは別の「非課税限度額」とは何でしょう? 所得税や個人住民税は、所得から基礎的人的控除(基礎控除、配偶者控除、扶養控除)や、社会保険料控除などその他の控除を差し引いた残りの所得に対して課

表Ⅱ-9　多様な低所得定義(2020年時点)

制　度	低所得規定
国民健康保険料軽減 (法定軽減)	(市町村民課税基礎控除33万円を利用) 世帯主，国保加入者全員の総所得合計 ①7割減：総所得33万円以下，②5割減：33万円＋国保加入者の数×28.5万円，③2割減：33万円＋国保加入者の数×52万円
国民健康保険料軽減Ⅱ申請(条例)	やむを得ない事情：災害，失業，倒産，生活困窮など．保険者によっては生活扶助基準の倍率など
非自発的失業者への国民健康保険料特例	雇用保険法に規定される．①特定受給資格者，②特定理由離職者
高額療養費限度額の低所得者区分	住民税非課税ケースをさらに2区分 ①非課税，②非課税で所得ゼロ(年金収入で80万円以下)
高額療養費特例該当	生活保護基準による要否判定
国民年金保険料法定免除	①生活保護法の生活扶助受給者，②2級以上の障害年金(公的年金)受給権者，③ハンセン病療養所・国立保養所など入所者
国民年金保険料申請免除Ⅰ (所得以外の要件)	生活保護法の生活扶助以外受給者，地方税法の障害者・寡婦で前年度所得が125万円以下．納付困難：天災，失業，DVなど
国民年金保険料申請免除Ⅱ (所得要件) 本人・配偶者・世帯主	(個人住民税非課税限度額) ①全額免除：(扶養親族等の数＋1)×35万円＋22万円 ②3/4免除：78万円＋扶養控除額＋社会保険料控除額等 ③半額免除：118万円＋扶養控除額＋社会保険料控除額等 ④1/4免除：158万円＋扶養控除額＋社会保険料控除額等
国民年金保険料学生特例 本人の所得のみが基準以下	118万円＋扶養親族等の数×38万円＋社会保険料控除額等
国民年金若年者納付猶予制度	(個人住民税非課税限度額) 所得要件：35万円×(扶養親族等の数＋1)＋22万円
介護保険料　第1号被保険低所得者区分	第1段階：生活保護受給者，老齢福祉年金受給者，本人・世帯全員が非課税で合計所得額と課税年金収入が年額80万円以下 第2段階：本人・世帯全員が非課税，控除前所得と課税年金収入が120万円以下 第3段階：本人・世帯全員が非課税，控除前所得と課税年金収入が120万円以上
高額介護サービス等境界層措置	生活保護基準による要否判定
求職者支援法 職業訓練受講給付金・寄宿手当	雇用保険を受給できない求職者で，本人収入が月8万円以下，世帯収入が25万円以下，世帯全体の金融資産350万円以下，訓練のすべてに出席していること
生活困窮者自立支援法 住居確保給付金	①主たる生計維持者が離職・廃業後2年以内，もしくは個人の責任・都合によらず給与等を得る機会が減少している場合 ②直近の月の世帯収入合計額＜市町村民税の均等割が非課税となる額の1/12＋家賃(住宅扶助上限)の合計額 ③現在の世帯の預貯金が規定以内，④誠実かつ熱心に求職活動
生活福祉資金　低所得世帯 不動産担保型生活資金	平均月額1人191,000円，2人272,000円，3人335,000円…… 住民税非課税または均等割課税程度

表Ⅱ-10　個人住民税の非課税限度額

①均等割非課税限度額 ②所得割非課税限度額	基本額 35 万円*× 世帯人数＋加算額 21 万円 基本額 35 万円 × 世帯人数＋加算額 32 万円
課税最低限	基礎控除 33 万円＋配偶者控除＋扶養控除＋社会保険料控除……など各種控除

*基本額と加算額は生活保護の級地によって，1 級地 1.0，2 級地 0.9，3 級地 0.8 を乗じる．

され、この各種控除を積み上げたものを「課税最低限」と呼ぶことがあります。「課税最低限」は個々人や世帯の事情で変化していきますが、基礎控除はその共通部分ですね。税制では、「最低生活費には課税しない」という考え方がありますから、「課税最低限」がその最低生活費だと考えることもありえます。そうすると、「基礎控除」は「課税最低限」の共通の根幹部分として、「最低生活費には課税しない」水準を仕切るものとして使われていると考えられます。

他方で、「非課税限度額」というのは、一九七六年より地方税の均等割に、また一九八一年より所得割にも設けられたもので、地方税の引き上げに際して、一定所得以下の者を非課税とした措置です。この制度を研究した長嶋佐央里氏によると、特に所得割の「非課税限度額」の導入は、すべての納税者に共通の基礎控除等の所得控除の引き上げを避けて、低所得層の税負担にだけ減税を行なえば、減税額も少なく済むため、一九八一年限りの措置としてなされたそうです（長嶋 二〇一四：一一八）。つまり「基礎控除」はすべての納税者の「課税最低限」にかかわるが、「非課税限度額」は低所得者限定の措置だという点がポイントです。しかも、この当年限りの例外措置は今日まで継続されています。

「非課税限度額」は、受益者分としての均等割と、能力別の所得割に区分されますが、均等割は生活扶助基準、所得割は、生活扶助＋住宅扶助（一般基準）＋教育扶助基準を級地別に参照して定められているそうです。ややこしいですが、生活保護基準と関連しているということになります。表Ⅱ-10のように、この①②の「非課税限度額」以下の所得の場合が非課税となり、課税計算の対象から外れます。つまり、「非課税限度額」とは、課税するかどうかの「判定基準」なのです。他方で各種控除を積み上げた「課税最低限」は、課税額をいくらにするかを決めるときに重要になります。

基礎控除、「非課税限度額」、生活保護基準はどのような関係にあるのか

このように、「基礎控除」や「非課税限度額」は、それぞれ違った意味ですが税制上の「最低生活費」を示しているともいえますね。そうすると両者と生活保護基準との関係はどのようになっているのでしょうか。それらは保護基準とほぼ同じで、保護基準の代わりに、貧困者を特定するための尺度なのでしょうか。それとも生活保護基準より少し上という意味での低所得者を判断する基準なのでしょうか。ややこしい言い方ですが、低所得者の基準と生活保護の基準の関係をはっきりさせていかないと、低所得者対策の意味がはっきりしません。

先の長嶋氏によれば、「非課税限度額」は生活扶助基準もしくはそれに住宅扶助・教育扶助を加えた基準を参照してつくられたそうです。そうすると「非課税限度額」と生活扶助基準額は同じ水準になる可能性が高いですが、両者の較差の年次推移を追うと、大体一〇％前後で推移しているそうです（同：一二三）。ただし、「非課税限度額」が常に生活扶助基準を上回っているわけで

はないし、どのくらい上回るべきかの判断は難しい、と指摘しています。

また、小林成隆氏と西川義明氏は、個人地方税非課税という基準を低所得基準として使う妥当性を問う共著論文の中で、貧困線≒生活保護基準≒均等割課税最低限≒市町村民税非課税者等≒低所得者と表現でき、市町村民税情報の利用は、低所得者の測定や実務面の処理に一応のメリットがあると述べています(小林・西川 二〇一〇:三二)。ここでは低所得基準は、ほぼ生活保護基準と同じという意味ですね。

「非課税限度額」以下の世帯と「要保護世帯」について、世帯単位で綿密に検証したのが、田中聡一郎氏です。田中氏は、全国消費実態調査の個票データを使って「市町村民税非課税世帯」(世帯員全員が非課税限度額以下の世帯)と「要保護世帯」(加算を含めた生活扶助基準以下世帯、および生活扶助基準＋住宅扶助基準＋教育扶助基準以下世帯)の推計を行ないました(田中 二〇一三)。また、同じデータで「非課税限度額」以下世帯と生活扶助基準以下世帯、生活保護基準(生活扶助基準＋住宅扶助基準＋教育扶助基準)以下世帯の対全世帯比率を、世帯主年齢別にグラフにしています(図Ⅱ-11)。要保護世帯は、生活扶助基準のみと、生活扶助に住宅扶助と教育扶助を加えた基準の二通り使っていますから注意してください。それらから、次の点を指摘しています。

まず、非課税世帯率は、生活扶助基準だけで測った要保護世帯率を概ね上回っています。つまり非課税限度額を使うと、生活扶助基準より上の層が入ってくることになります。しかし生活扶助基準に住宅扶助と教育扶助を加えた基準で測った要保護世帯との比較では、二四歳以下、三〇歳代で非課税世帯率より要保護世帯率が上回り、逆に六五歳以上世帯では生活保護基準より非課税世帯が大幅に上回っています。これは税制上、若い人は不遇で逆に年金生活の高齢者は優遇されている問題が背後にあるわけです。さらに、要保護世帯のうち非課税とならない世帯の割合が、生活扶助基準額以下の一三％、生活扶助基準＋住宅扶助基準＋教育扶助基準以下の二二・二％も存在したとも指摘しています。つまり「要保護世帯」なのに「非課税限度額」以下になっていないという矛盾ですね。

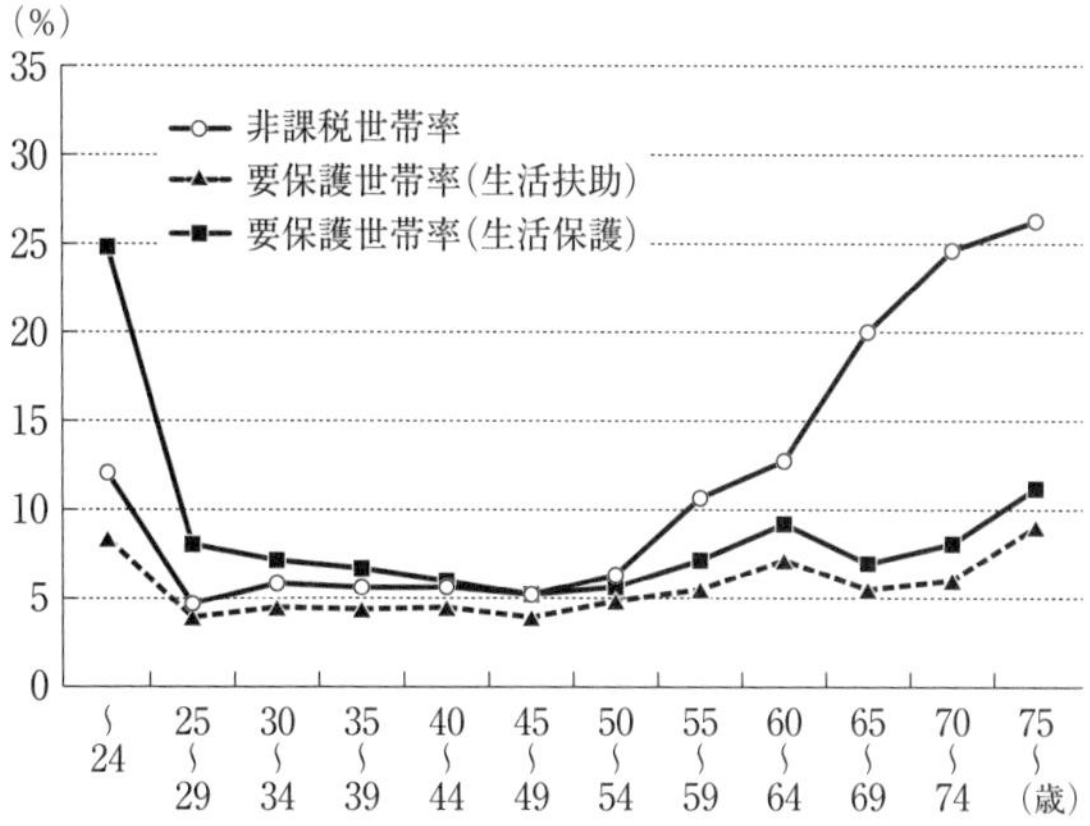

図Ⅱ-11　非課税世帯率と要保護世帯率の比較(世帯主年齢別, 2009)

出所）田中(2013: 68)図3

原資料）『全国消費実態調査』(2009)の個票に基づき田中氏推計.

　このように、「非課税限度額」は、おおざっぱにいえば生活保護基準と「同じ」か「その上」の所得水準の人びとをキャッチしていますが、税制上の問題、たとえば公的年金控除が大きいため、非課税基準と要保護基準が大きく乖離してしまうなどの問題があります。これは、第Ⅳ章で述べる年金に付加された補足的給付などを考える際に重要です。また、可処分所得が要保護世帯レベルなのに非課税とならない世帯がある点は大変重要で、これについて田中氏は、課税制度を是正するか、社会保障給付でこれをカバーすべきだと述べています。

低所得基準は保護基準より上でなければおかしい

以上のように、「非課税限度額」は、おおむね生活扶助もしくは他の扶助も加えた生活保護基準と同水準かやや上だが、生活保護基準以下の場合もある、という現実が示されました。税額情報は生活保護基準の代わりに使えそうだが、注意も要るということですね。しかし、私が根本的に疑問に思うのは、低所得基準と生活保護基準が「ほぼ同じ」ならそれでよいかという点です。

そもそも低所得とは、あくまで所得水準の相対的低位を指す概念で、それ以下は「あってはならない」状態とする最低生活水準を表す公式の貧困線＝生活保護基準とは質的に違います。先の近似関係を表す式や、概ね近似という受け止めは、生活保護基準と低所得基準の本質的区別を不問にしてしまい、低所得者対策とは生活保護基準以下の人びとへの対策であるという結論を導きだしかねません。これでは厚生労働省などが使う低所得者、という言葉の曖昧さとも呼応して、低所得者対策とは何か、生活保護制度は何をするのか、という両者の違いを曖昧にする役割を果たしてしまいます。

生活保護による貧困対策が存在している時点で低所得者を問う意味は、先に述べたように、公式の貧困線より少し上のボーダーラインの存在に目を向けることであったはずです。その場合は、保護基準と「ほぼ同じ」ことに意味があるのではなく、保護基準の少し上、一・二倍とか一・四倍というような倍率設定こそが意味をもちます。つまり「非課税限度額」が生活扶助基準をどのくらい上回るかが実は焦点にならねばならなかったのです。したがって、「非課税限度額」が常に生活扶助基準を上回り、たとえば一・五倍であるとすれば、そうした意味で限度額が低所得規定の基準になり得ます。もし、生活扶助基準以下の所得水準の生活が放置されていれば、それは低所得ではなく、生活保護の「捕捉率」の問題になっていきます。

実際、生活扶助受給者は課税されないし、国保からは適用除外されているし、国民年金の保険料は免除されます。もしも生活扶助基準以下の人がみな生活保護を利用できていたら、保険料の軽減などの低所得者対策の対象とはならないはずです。ところが、保護基準以下でも生活保護利用をしていない人びとや世帯がおそらくは多数存在しているため、それらの人びとも含めて低所得者対策の対象になっているのが現実です。

ちなみに、制度によって多様で複雑な低所得者対策を、制度横断的な軽減策とするため、制度単位ではなく家計単位で医療・介護・保育・障害サービスに関する自己負担の合計額に上限を設定するという「総合合算制度」の議論が民主党連立政権下でありました。二〇一二年二月に社会保障・税一体改革大綱にも盛り込まれ、消費税一〇%引き上げに合わせた導入が企てられましたが、結局見送りになってしまった経緯があります。

(1)「ベヴァリッジ報告」とは、第二次世界大戦中の一九四二年に英国王立委員会が勧告した報告「社会保険及び関連サービス」のこと。委員長がウイリアム・ベヴァリッジ卿であったため、このようにいわれている。それは英国の戦後の国民統合の方向(福祉国家への途)を示したものであり、社会保険を中心とする社会保障や関連する社会政策によって、貧困をはじめとした五大悪を解決していくことを提唱したものだった。英国だけでなく、多くの国が戦後本格的な福祉国家の途を歩む上で、大きな影響を与え、「ゆりかごから墓場まで」というキャッチフレーズとともに、よく知られている。

なお、本書では、健康保険組合連合会『調査時報』三一号に掲載された翻訳文(一九六一)を参照しているが、二〇一四年に、全国社会保険労務士会連合会の企画、一圓光彌《いちえんみつや》氏の監訳で、新たに翻訳出版(法律文化社)されている。

(2) 総所得というのは、税制で使われる所得の総額で、給与収入から給与所得控除を引いた給与所得、公的年金収入から公的年金控除を引いた公的年金所得、事業収入から必要経費を引いた事業所得などの合計額をさす。各種所得控除(社会保険料控除・配偶者控除・扶養控除・医療費控除等)は適用されない。減額するのは受益者負担部分(均等割・平等割)で、九万円以下の場合は六割減、それより上の場合は四割減とされた。この財源は、市町村の格差を調整する調整交付金である。

(3) 一九八七年の「国保問題懇談会」をふまえて創設された(社会保険実務研究所編 二〇一〇：五四六〜五四七)。

(4) 老齢年金の場合は、一九六一年四月一日において四五歳を超える者についてのみ存置するとされた。補完的障害福祉年金、母子(準母子)福祉年金は、保険料拠出期間が一年未満か、保険料免除期間が三年未満で、その間に事故のあったもの、二〇歳未満で発症した障害に限られることになった。

(5) その後も同様の調査を基に免除基準がつくられていたようで、一九七四年作成、おそらく一九八五年頃まで使われていたものをみると、生活保護の六つの級地別に、「免除」「生活の実情で判断」「非免除」の基準が点数で示されている。点数は所得だけでなく資産その他を加えてつくったようである。

(6) 第一段階が①被保護者および②市町村民税世帯非課税の老齢福祉年金受給者で、①②とも個人負担額一万五〇〇〇円、②は世帯二万四五〇〇円、第二段階が市町村民税世帯非課税・収入八〇万円以下で、個人一万五〇〇〇円、世帯二万四五〇〇円、第三段階が市町村民税世帯非課税で世帯二万四五〇〇円、第四段階がそれ以外で世帯四万四四〇〇円に設定。

第Ⅲ章 解体・編みなおしの戦略と指針
――「原理問題」を整理する

1 基礎的生活ニーズに着目して八つの扶助をグループ化する

解体にあたって、本章ではまず生活保護の八つの扶助を並べて、それらが異なった質の基礎的生活ニーズに対応していることをもう一度確認してみたいと思います。第Ⅰ章では主に生活扶助と住宅扶助を取り上げましたが、ここではあらためてすべての扶助を取り上げます。

八つの扶助のうち、生活扶助を除いた扶助は、なんらかの特定目的のニーズです。そのニーズの特性と、ニーズ充足の方法をあわせて検討し、グルーピングしてみると、表Ⅲ-1（次頁）のようになります。このグループ化を基本として、解体を検討します。

表Ⅲ-1　8つの扶助と対応生活ニーズ

扶助名	対応する生活ニーズ	特　徴
生活扶助	日常生活の基礎的ニーズ	使途自由　市場調達　貨幣給付
教育扶助	特定目的：義務教育に必要な教材など	主に学校を通した購入 貨幣給付(基準額および実費)
住宅扶助	特定目的：家賃(使途拘束的) 修繕費 (最低居住面積水準)	民間住宅市場 貨幣給付(基準額あり) 住民票などの基盤になる
医療扶助 介護扶助	特定目的：医療保健・介護サービス	現物支給　医療・介護の社会市場 標準サービス
出産扶助	特定目的(一時的)：分娩費 本来は「妊婦健診から分娩・産後ケア・新生児管理」まで必要	貨幣給付(基準額あり) 病院または助産所
葬祭扶助	特定目的(一時的)：葬儀・埋葬にかかる費用	貨幣給付(基準額あり)
生業扶助	特定目的：①生業費，②技能習得費(2年以内)，③高校等就学費，④就職支度金	貨幣給付(基準額あり) 就労支援と関連

生活扶助＝基礎的生活ニーズの保障はノーマルな手法で

生活保護の中心は生活扶助ですが、この生活扶助が担っているのは、日常の基礎的生活ニーズを充足するモノやサービスを買うことです。その手段が貨幣給付であるのは、必要なモノやサービスは、市場で自由に調達することが可能だからです。もちろん、その給付額は一定量に制限されていますが、その範囲で自由に生活をやりくりしていく部分です。また、生活保護は基本的には居宅保護が原則ですから、地域に居を構え、住民登録をして、日々の生活を営んでいくことが前提にされています。以上は、私たちの日常生活がそうであるのと同じです。障害者福祉の世界にノーマライゼーションという言葉がありますが、今日の生活保障は、ノーマルなものであること、ノーマルな方法によるものであることが基本です。したがって、生活扶助部分は生活保障の中心で、収入の充足順位でも一位とされています。

義務教育なのに生ずる教育費用

子どものいる世帯にとっては教育扶助も日常的経費です。ですが、子どもの生活費は生活扶助に含まれ、教育扶助は義務教育で必要とされる費用として設定されています。授業料や教科書は無償ですが、いろいろな「学校で必要なもの」が指示されるのは、皆さんよくご存じですよね。

ある市のウェブサイトで、小学校での「必要なもの」について書いてありました。個々人が買う学用品などの注意のほか、〈学校でまとめて買うもの〉として、算数セット、ひらがなノート、生活科バッグ、連絡帳と連絡袋、給食用お盆、などがあり、〈個人で買うもの〉にはハーモニカ、絵の具セットなどが挙げられていました。さらに、指定の運動着なども購入しなければなりません。憲法二六条二項「義務教育は、これを無償とする」はどこへいったのか、と嘆きたくなりますね。これらが教科書のように無償であれば、あるいはもっと少なければ、生活保護における教育扶助の独立は不要だったかもしれません。

このように教育扶助は、義務教育の学校で必要なモノやサービスへの支払いを意味します。①基準費（学用品など）、②教材購入費、③学校給食費、④通学交通費、⑤学習支援費（おもに課外活動としてのクラブ活動などに要する費用）の五つからなっていますが、①以外はすべて実費で、一般市場から調達するというよりは、学校を通して購入する(または指定店舗から購入する)のが慣行ですね。その意味で使途自由ではなく、しかも児童の通学する学校の方針とかかわった特殊なニーズになります。なお、第Ⅳ章で述べますが、文部科学省の就学援助制度も類似の教育費への援助を行なっています。生活保護世帯でもこの制度を利用することがありますが、それは修学旅行の費用が教育扶助から出ないからです。

社会生活の基礎としての住宅扶助と、情報インフラの重要性

住宅扶助は家賃・間代(部屋代)、地代のほか、破損などによる住居の小規模な修繕費などのニーズを内容としています。住居は上に述べたノーマルな日常生活の基礎となるだけでなく、住民登録の設定、近隣関係の構築など、およそ人が社会生活を築くうえでの基礎でもあります。また、第Ⅰ章で社会保障法学者の嶋田佳広氏の指摘を紹介しましたが、家賃は、いったん契約するとそれに沿って家賃を支払い続けなければなりませんから、「使途拘束的な固定費」となる、特殊な費用です。この点が「使途自由」な生活扶助と異なります。日本の場合、賃貸契約は通常二年ほどで更新が求められ、更新料を支払うか、他の賃貸住宅への転居が必要となります。

これ以外にも、たとえば求職・転職などで地域移動をする場合や、勤め先を解雇されて会社の寮から出なければならない場合、借家の取り壊しその他で住居から追い立てられたりした場合、長期入院や施設などから出た場合など、新たに「借家探し」をしなければならなくなることは決して少なくありません。家を失った入院患者が生活保護申請をして受理された場合、退院後の

「借家探し」の援助は病院のソーシャルワーカーの大きな仕事になります。このように職業や地域、また医療機関やその他施設などの移動にともなって、住居の確保・契約がその都度必要になります。

なお住居がないまま、生活保護を申請した場合、宿泊所やネットカフェなどへの一時滞在を福祉事務所がうながす場合もあるようですが、むろん住宅扶助の対応するニードは、普通の生活の基盤となるアパート等の住居です。

日本は公共住宅が少ないので、借家は基本的に民間住宅市場での調達になり、その家賃額の地域差は極めて大きいという特徴もあります。住宅の広さや設備の最低限については、国土交通省が居住面積について、最低居住面積水準と誘導居住面積水準という二つの指標をつくっています。前者が住宅の面積における最低限になります。後者は、それより豊かな住生活の実現が想定された水準です。最低居住面積は、単身で二五㎡が基準ですが、これがどのくらいの家賃で手に入るかは、地域の家賃市場にかかっています。日本の賃貸住宅は、家具や照明その他の設備が付帯していないものが多いので、引越のたびに買い換える必要が出てくることが少なくありません。また、生活扶助に冬季加算という暖房費が上乗せされていることはすでに述べたと思いますが、昨今の気候変動を考慮すると、エアコン、光熱水費の基本料金などは、住宅費と一体的にとらえる必要があるかもしれません。さらにインターネット接続を備えたアパート等も増えているようですが、こうした情報のインフラも現代では不可欠になりますね。

医療・介護はなぜ現物給付か

次のグループは、医療と介護サービスという、特定目的に対応するニーズです。この二つは、基本的に現物給付で、またその現物サービスは医療供給制度、介護供給制度を介して提供されるので、生活扶助のような使途自由の所得保障とはまったく性格が異なります。また、たとえば所得保障の場合は最低限が考えられますが、医療や介護サービスの場合は、両サービスが命にかかわるものだけに、最低基準を置くことは困難で、その時々の標準サービスが求められます。実際、医療扶助の内容は国民健康保険のサービスに準じていると厚労省はいっています。医療扶助と国民健康保険などとの違いは、指定病院があり、そこでしか受診できないこと、保険証ではなく医療券を福祉事務所に発行してもらう点です。

「妊娠・分娩・産褥・新生児管理」と出産扶助

出産扶助は、出産の一時期だけに関連するもので、扶助が対応するのは分娩費と脱脂綿、ガーゼなどの衛生材料のみです。しかし、本来、出産にかかわるニーズは、分娩だけ切り離されるのではなく、広範囲なものと考えたほうがよさそうです。日本産婦人科医会は、「妊娠・分娩・産褥・新生児管理」の全体を一貫して支援していく必要があると強調しています。厚労省も、二〇一五年度から、妊娠期から子育て期にわたるまでの総合的相談支援を提供する子育て世代包括支援センターを立ち上げました。

出産は病気ではないので、妊産婦健診から分娩まで、順調にいく場合は医療保険の対象になりませんが、国保や健保では出産育児一時金や出産手当金が支給されます。出産扶助で支給される金額は施設分娩で三〇万円弱、居宅分娩で約二六万円です。国保の出産育児一時金約四〇万円より低いですが、入院実日数に要する費用が加算されます。国民健康保険中央会によれば、二〇一六年の病院や助産所での出産にかかった費用は、全国平均では五〇・六万円、中央値で四九・三万円だそうです。これには入院費や新生児管理保育料も入っています。ただし、実際には入院の際、要求されることの多い「入院保証金」について、医療扶助のケースは保証金不要としている病院もありますが、出産扶助ではどうなのでしょうか。出産扶助については件数しか把握されていないので、内訳がどうなっているのかわかりません。

先の子育て世代包括支援センターの設置や妊産婦健診などは、一般にむけての自治体のサービスです。妊婦健診は二〇一五年からは「子ども・子育て支援法」に基づく地域子ども・子育て支援事業に位置づけられ、「妊婦に対する健康診査についての望ましい基準」を厚労省が示しており、多くの自治体は一四項目の検査をクリアする公費助成を達成しつつあります。このような公費助成は、生活保護の「他法・他施策」としてこの扶助の支給より優先されます。

出産期の女性を支える包括的な施策が必要

一般的な妊婦健診の拡大とは別に、低所得の妊婦に対しては、「入院助産制度」があります。「入院助産制度」は、児童福祉法に規定されており、都道府県や福祉事務所を設置している市などが、①生活保護世帯、②前年度市町村民税非課税世帯、③前年度に支払った所得税の額が八四

○○円以下の世帯を対象として、指定施設の出産費用を負担します。生活保護世帯も対象となっていますが、これも生活保護の他法・他施策優先原則をあてはめると、入院助産制度が優先するというわけです。

地方自治体による出産サポート制度の問題は、入院助産が可能な施設の設置や、公費妊婦健診などの実施内容に自治体間格差があることです。制度による入院助産施設をまったく設けていない自治体もあり、また妊産婦健診の回数や助成額の格差もあります。さらに入院助産で支給される分娩料等が低いので、引き受けたがらない医療機関も少なくないようです。やや古いですが、二〇〇九年の日本産婦人科医会医療対策部の東京都調査[1]では、病院側の持ち出し(損金)が出るとか、病院のブランドイメージに傷が付くとして入院助産を断った民間病院があったそうです。民間病院だけではなく、採算性を問われるようになった国立・都立病院でもなんらかの保証をしないと利用は進まないと結論づけています。

こうした実態に対して、二〇一九年には、厚労省子ども家庭局母子保健課長名の通知「児童福祉法第二二条の規定に基づく助産の円滑な実施について」が出され、特に出産前から援助が必要な「特定妊婦」に「入院助産」を適用することや、虐待がある場合は低所得基準によらなくてよいことなどをあらためて強調しています。妊産婦健診を経ず、救急車等での「未受診・飛び込み出産」の実態を二〇〇九年から継続的に調査している大阪産婦人科医会は、二〇代前半から一〇代を含めた若年妊婦の「経済的問題」と「知識の欠如」を指摘していますから、「特定妊婦」を見つけること自体が難しいという問題もあります。いずれにせよ、「妊娠・分娩・産褥・新生児管理」は、医療保険や医療扶助とは別に、一般的な施策としてもっと充実するべきではないでしょうか。少子化が問題だというのでしたら、なおさらです。

「死後の保障」としての葬祭扶助

出産同様、葬祭にかかわるニードも一時的です。葬祭扶助は一般基準に沿って葬祭にかかわる費用が支払われます。場合によって特別基準が適用されることもあります。生活保護は生きている人の最低生活保障ですから、その人が亡くなればそこで終了しますが、人の死は死んで終わりではなく、死亡の宣言、火葬、埋葬などの一連の「弔い」の行為を必要とします。そしてそれらには診断書代、火葬代、運搬代、埋葬料など費用がかかります。葬祭扶助はこれらの費用に対応します。福祉事務所のワーカーを長く経験された池谷秀登氏は葬祭扶助を「死後の生活保護」と表現しています（池谷 二〇一七：三三八）。実に生活保護は「死後」までをもカバーしているのですね。

ところでこの場合、たとえば被保護世帯の誰かが亡くなった時は、その世帯が葬祭扶助を申請し、規定に則って必要な費用が支給されます。これは何も問題がありません。しかし、単身で生活保護を利用してきた人が亡くなると、ちょっとややこしいことになります。死者は申請できないからです。もちろん実施責任は地区の福祉事務所にありますから、「死後の生活保護」は実質的には福祉事務所に委ねられるわけですが、役所が扶助を受け取ることはできません。もし死者が若干の貯金を残しているような場合は、それで葬祭を執り行ないます。基本的に生活保護は貯金する生活を想定していませんが、貯金があれば、このような扱いができるわけです。しかし法の建前どおりに暮らしていて遺留品などは一切ない場合はどうなるでしょうか。

福祉事務所は扶養義務者へ連絡するでしょうから、その親族が葬祭を行なうのであれば問題はありません。親族も困窮していて葬祭ができないときは、その親族が葬祭扶助を申請し、生活保護の要否判定をうけて、扶助を利用できます。しかし扶養義務者が拒否する場合や、探しても誰もいない場合はどうなるでしょうか。

家主さんや近隣の人など第三者が葬祭を執行することになると、要否判定無しで葬祭扶助が出ます。実際には民生委員の方々がこれを担う場合が多いようです。民生委員が「個人的に行なう」場合は葬祭扶助が適用され、民生委員の「仕事」として行なう場合は扶助の適用はありません。民生委員は国から委嘱され、知事の指揮下にある非常勤の公務員と考えられているからです。こうした葬祭扶助の扱いについては、池谷秀登氏がフローチャートをつくっていますので、興味のある方は参照ください(池谷 二〇一七：三四五)。なお、第I章をくわしく読まれた方は、「職権保護」でいいのでは？と思われたかもしれません。しかし、その場合でも保護費を誰が受け取るのかという問題が生じます。

増加する葬祭扶助

これまでは生活保護利用者が亡くなった時の話ですが、生活保護を利用していなくとも孤独死などで引き取り手がない場合や身元不明の死亡者が存在します。高齢社会日本は多死社会などともいわれていますが、亡くなっても、弔われない状況にある人が増えていくかもしれません。家族がいても、葬式を出せないとの理由で死体を放置していたという事件が伝えられることがあります。孤独死で身寄りがいないような場合も、第三者によって葬祭が行なわれると、生活保護の葬祭扶助が適用されることがあります。他方、墓地埋葬法九条の規定(「死体の埋葬又は火葬を行う者がないとき又は判明しないときは、死亡地の市町村長が、これを行わなければならない」)によれば、市町村長が火葬等を行ない、その費用に関しては、明治時代に開国するにあたってつくられた「行旅病人及び行旅死亡人取扱法」の規定を準用することになっています。

そのため、このようなケースでは、市町村長が行なうのか、葬祭扶助で行なうかが、やや悩ましい問題として登場します。さらに「弔い」の後にも「遺骨」や「遺留品」を誰が引き取るかが問題になります。前者の場合は、基本的には当該市区町村が遺体や遺留品を引き受け、火葬や遺族捜し、無縁納骨堂等への納骨などを行なうことになります。ところが、朝日新聞が二〇一八年に、二〇政令指定都市と東京二三区へ対して行なった調査では、約九割がこれを民生委員などに依頼して、葬祭扶助として済ませていたそうです(朝日新聞二〇一八年九月二八日)。これについて、厚労省は特に発言していませんが、自治体と国のあいだには財源の問題が基本的に横たわっています。生活保護は国の負担が大きいので、自治体としては生活保護で処理できるものはそうしたい、ということになりやすい傾向があるのかもしれません。

なお、葬祭は民間葬儀業者が請け負いますが、このところ葬儀の簡易化傾向が続いています。葬祭扶助についてもすでに「福祉葬」「民生葬」として業者が請け負っており、それができなくなるという心配は、今のところはないようです。

図Ⅲ-2は、出産扶助と葬祭扶助利用世帯の数の推移です。出産扶助利用世帯数は葬祭扶助の一〇分の一ほどなので、右側の世帯数のほうを見てください。葬祭扶助は高齢被保護者の増加を受けて、一九九〇年以降右肩上がりになっています。出産扶助はジグザグがあり、その傾向の原因はよくわかりません。なお、念のため付け加えておくと、社会保障制度審議会の最初の勧告(一九五〇年)では、出産と葬祭のニーズへの対応は医療保障が担うという位置づけでした。

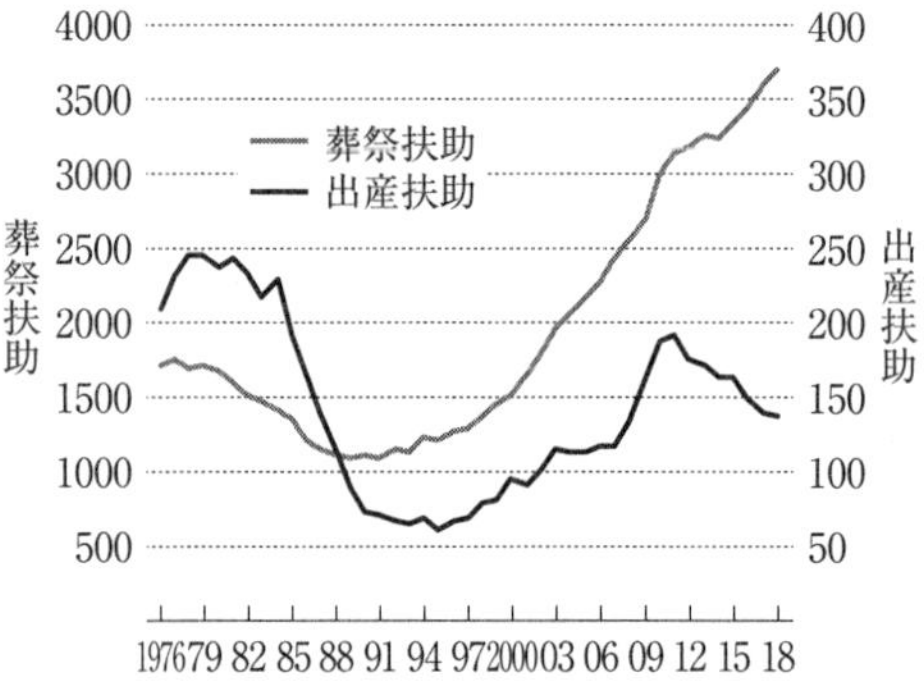

図Ⅲ-2　出産扶助と葬祭扶助世帯数の推移(各年7月末日現在)
資料)「被保護者調査」(年次)より作成.

自立助長のための生業扶助

最後が生業扶助の対応するニーズです。これは最初から異質な扶助で、「(生活保護利用にいたる)おそれのある者」を含んだ、授産的(仕事を与えて生計を立てさせる)なものとしてスタートしたことは先にも述べました。つまり生活ニーズというより、法の目的として付加された「自立助長」のための方策です。しかし、近年生業扶助に加わった高校等就学費は、通常の家計であれば教育費に相当するものです。これを教育扶助に加えなかったのは、教育の「最低限」は義務教育までということにこだわったからです。

他方で、文部科学省の「高等学校等就学支援金」(第Ⅳ章二一一頁参照)が二〇二〇年から私立高校まで拡大されたことにより、実質高校義務化＝授業料の無料化が進みつつあります。国立・公立の場合は年収九一〇万円未満世帯、私立では年収五九〇万円未満世帯へ、平均授業料の水準で支援費が支払われます。そうすると、授業料以外の教材費その他は、教育扶助として考えたほうがよいことになるかもしれません。高校以外の技能習得費は、生活保護、求職者支援法などで多数実施されている就労支援ともかかわるので、それらとの整理が必要になる部分といえそうです。

一歩手前での対応が可能な制度設計に

以上みてきたように、生活保護は日々の所得保障のほか、医療・介護サービス保障、住宅費、教育費、出産や葬祭の出費への対応、技能習得や生業費への支援まで含んでいます。さらに、ここには書きませんでしたが、耐久財の買い換えなどの一時扶助があり、一時扶助のそれぞれに特別基準がありますから、包括体系として「ミクロコスモス(小宇宙)」を形成しているといえます。あらゆる手立てを使って生活を支えようともがいて、もはや手持ち金が生活保護基準の半月分ほどしかないところまで追いつめられてはじめて生活保護にたどりついた、というような、「すっからかん」の要保護者像を前提にしたところから編み出された手法です。

しかし、貧困状態は、医療費がかさんだ、入学準備や教育費にお金が掛かりすぎた、家賃が払えない、公共料金を滞納した……というようなかたちでも現れます。本書の生活保護の解体の提案は、日々の生活費に事欠く状況の、もう一歩か二歩手前で、一括でなくとも、部分的に対応できる制度を設計しておいたほうがよいという考えを基本にしています。

そこで、解体は、たとえば先の表Ⅲ-1のようなグループごとに「単給化」を可能にする、というようなやり方がありえますが、ここではもう少し踏み込んで、①一般サービスとして再生させる、②低所得者一般への「手当」「サービス」としてつくりなおす、③既存の社会保険や社会手当とドッキングさせるなど、日本の福祉国家の制度体系の中に解体した扶助を「溶け込ませる」ことを考えてみたいと思います。序章で紹介した広井氏の表現でいえば、「外部」化された最低生活保障を、内部システムに組み込もうというわけです。たとえば、出産扶助のところで述べたように、少子化対策と考えれば、女性の「妊娠・出産、産後ケアや新生児管理」は、無償の社会サービスとするのが妥当である、などです。

日本の既存の制度体系の中に溶け込ませる

この場合の「溶け込み」ですが、制度というのは、それらがつくられてきた「経路」にどうしても制約をうけるので、そうした「経路」にできるだけ沿って、その内部システムに「溶け込ませる」ことが重要です。たとえば、ベーシック・インカムなど、新たな所得保障の提案がなされていますし、また、外国の制度設計との比較で日本の制度変革を議論することも、よくあります。私自身、本書で外国との比較という視点をちらちら使っているわけですが、そうはいっても、まったく異なったシステムに全部切り替えるのは現実的ではありません。だから、すでにある日本的な「皆保険・皆年金」体制とその低所得者対策を、いわば逆手にとって、解体した各扶助をそこに潜り込ませるという、やや姑息な考え方に立っています。

ただし、こうした福祉国家システムの内部への「溶け込み」を検討するうえで、社会扶助と社会保険、社会手当・サービスなど、福祉国家の諸制度の「異なった原理」をどう解釈するかについて、若干議論しておきたいと思います。ここで提案するいくつかについては、おそらくすぐにこの「原理問題」から抵抗されるに違いないからです。すこしややこしい話ですが、お付き合いください。

2 原理問題(1) 保険と扶助の区別をどう考えるか

第Ⅱ章の冒頭で、社会保険と社会扶助の補完関係を、イギリスの失業法を例にとって説明しました。また、国民健康保険と国民年金が、社会保険として組み立てられているにもかかわらず、低所得者を含む国民一般を包摂しようとしたため、保険料の軽減や免除、自己負担額の軽減などを進めていった状況を説明しました。これは、ある意味では社会保険の原理を逸脱したものともいえるわけですね。そこから考えると、社会保険とドッキングするのではなく、保険と扶助を「正しく」配置しなおすことが重要と思えてきます。英国がかつて失業保険の逸脱を失業扶助で正したように。実は私は、かなりのところ、そういう考えをもっていました。しかし、どうも、そういうふうには考えないほうがよいかもしれないのです。それを説明するために、まず社会保

表Ⅲ-3　社会保険と社会扶助の違い(教科書的整理)

	基本原理	給付条件	カバーの範囲(人)	財　源
社会保険	保険技術に基づく共通リスクの分散による貧困の予防	拠出歴に基づく受給権(対価性)	普遍的	保険料(事業主負担あり)＋税
社会扶助	所得再分配による貧困の事後的救済	必要テストとミーンズテスト	選別的スティグマの危険	税

険と社会扶助の、いわゆる「原理」問題をここで整理しておきたいと思います。

社会保険と社会扶助の教科書的整理

まず表Ⅲ-3で、社会保険と社会扶助についてのごく教科書的な整理をしてみました。社会保険のよってたつ基礎は、なんといっても保険技術を使うことで、保険料の拠出と給付が、一種の対価的な関係(give & take)にあるようにみえることです。通常、これは保険原理と呼ばれています。第Ⅱ章で国民年金の保険料免除期間とそこへの国庫補助について「技術的構成上許される限り」と小山進次郎氏が述べたと紹介しましたが、「技術的構成」とは、この保険技術をさすと思われます。

また、社会保険では拠出歴、社会扶助では所得・資産調査(ミーンズテスト)が給付条件になり、財源は社会保険が保険料と税金、社会扶助は税金のみです。社会扶助の歴史的前段階にあった救貧法は救貧税という特定目的の税で賄われていたので、「救貧税の支払者」と「救貧税によって救済される者」は、はっきり分離されていました。しかし、消費税もふくめた大衆課税の時代では、税から給付を受けているからといって、税を支払っていないとはいえません。被保護者も消費税を払います。一方で社会保険への税の投入は、高所得者を含め全加入者を対象になされています。また、すでにみたように地方と国で財源の争いがありますから、税といっても簡単ではありません。

さらに「カバーされる範囲」の違いとして、よくいわれるような、普遍(所得制限などを付けず広い範囲の対象者をカバーする)と選別(主に所得制限で、低所得者をターゲット化する)の区別があります。社会扶助が選別的、社会保険は普遍的といわれますが、社会保険は保険料拠出条件を満たさない人は給付から排除しているわけです。なお、選別が強いと、スティグマ(恥辱感)が生じ、結局制度が利用されなくなるという問題があります。現在の日本で顕著なように、生活保護が必要なのに、利用したくないと本人が主張するのは、その例です。全国知事会・市長会のいうように、使わせないほうがいいという制度設計ならばスティグマは大きいほうがいいわけですが、制度は問題解決のためにあるとすれば、選別的な方策をとる場合は、スティグマの除去をどうするかが、制度設計上大きな課題となります。

公助・共助・自助

ところで、日本では二〇一三年頃から政府によって「公助・共助・自助」という表現が好んで使われるようになりました。社会保障制度改革国民会議の二〇一三年度報告書概要には「自助・共助・公助の最適な組合せ」という項目があり、その冒頭で日本の社会保障は、「自助を基本としつつ、自助の共同化としての共助(＝社会保険制度)が自助を支え、自助・共助で対応できない場合に公的扶助等の公助が補完する仕組み」を基本としています。第Ⅱ章で引用した香取照幸氏の著書では、この制度の基本的考え方は、最初の社会保障制度審議会勧告の中に明確に示されているとしていますが、勧告にそのような言葉そのものがあったわけではありません(香取 二〇一七：四五)。社会保険が中心ということを、このように解釈したのですね。ちなみに、社会保障として考えると、共助も国による強制的制度で実施されるところに意味があり、また自助として支払われる自己負担や保険料も、社会的枠組みの中で決まっています。

なお、社会学者・武川正吾氏が新聞データベースで調べたところ、「共助」が「自助」や「公助」との対比で用いられたのは一九九四年で、それは同年三月に出された細川政権の「二一世紀福祉ビジョン」において「自助、共助、公助」の重層的なシステムの構築という提起をうけてのことだったと指摘しています(武川 二〇一〇：六二)。また、これらは防災の標語であるとの指摘もあります。一九九五年の阪神淡路大震災の時、初動に関しては公助に限界があることが明確になり、さしあたり自助やコミュニティやボランティアなどによる共助が人命を助けるうえで重要なことがわかったからだと、三井《みつい》康壽《やすひさ》氏は述べています(三井 二〇一二)。この場合は、税金かどうかというより、助ける主体をさしているので、同じ言葉でもニュアンスは異なります。

近年では地域福祉分野で、互助という言葉がもう一つ入り、「地域包括ケアシステム」においては、自助→互助→共助→公助の「順」に対応すると説明しています。これは助ける主体の話でもありますが、お金の問題としても説明されており、自助では市場サービスの購入が挙げられ、共助は社会保険、公助は税金、互助はお金の裏付けのないボランティアや住民組織を意味するそうです。順番まで示されると、何か戦時中のお上と地域組織、イエ制度の関係のようではないですか？　こうした説明が社会福祉の教科書や自治体のホームページにそのまま載せられているのをみるたびに、うーん、と唸ってしまうのですが。

それはともかく、防災標語を除けば、公助とは税金であり、社会扶助などが該当し、共助とは社会保険で、保険料の拠出（＝貢献）への対価だという理解がこれらの基礎にあります。ところが第Ⅱ章でみたとおり、日本の皆保険・皆年金体制は、「共助」の範囲に低所得層をひろく取り込んで、税を投入してきました。もし、共助、公助のスローガンを使い続けるとすると、このあたりの「渾然一体」を修正しなければならなくなります。

保険と扶助は共に「互恵的」なもの

しかし、このような保険と扶助の違いの強調について、いくつかの角度から反論があります。まず保険料と税をこのように原理の違いとして理解することに反対するのは、福祉国家の倫理的基礎を掘り下げた塩野谷祐一氏です。氏によれば、たしかに保険料と税は歴史的、現実的に相違点をもったものとして現れますが、両者の共通の道徳的原理は正義であり、社会保障のための租税も保険料も、ともに社会契約としての保険への掛け金を意味すると述べています（塩野谷 二〇〇二：三六一～三七〇）。

保険も税も、一方的な利他、つまり他者の利益のために資源を移転することとは異なり、両者の互恵的な関係は「社会の全構成員が社会の全構成員を支えるシステム」であり、そのために人びとは能力に応じて費用を負担して共同の財源をつくり、このプールされた共同財源から、発生したリスクやニーズに応じて給付を受け取ることになります。保険料だけでなく、実は税もこの共同財源を形成するというのが塩野谷氏の強調点です。だから、国民という「構成員を離れて、国が一方的に給付を与えるという考え方」(「公助」のように、公費があたかも国民の負担ではないかのような考え方)は、「国家主義的な権威と意思が貧困者に対して示す救恤の思想に他ならない」とも指摘しています(同：三六四)。

つまり、税だけをこの互恵関係から排除するのは、お上が貧民を恩恵的に救済するという「救恤の思想」＝絶対主義の政治哲学にちかく、そうではなくて、税も保険料も自己負担も、ともに社会契約としての正義を基礎とする、つまり「社会の全構成員を社会の全構成員が支える」互恵的システムの財源への掛金を意味すると理解したほうがよいというわけです(同：三六五)。

また社会保険の対価性も、個々の関係で成立しているわけではありません。所得再分配も税だけでなく、社会保険料の支払い時・給付時の双方で行なわれています。個々のサービスや給付ごとに拠出の有無をもちだしたり、高所得層から低所得層への所得再分配だけを強調するのは的外れではないか、というわけです。このように、保険料も税も、同じ社会の構成員としての資格で支払われる共同事業への財源として、同じ道徳的原理から説明できるのに、先の表Ⅲ-3のような区別が通俗的見解になっていると塩野谷氏は嘆くわけです。たしかに、公助などという言葉は、まさに国家主義的権威のお情けのようですね。国民共同の財布が形成されている、その民主的運営こそ基礎と考えるのが、正義論に立つ社会保障ということでしょう。

そういえば、この塩野谷氏の著作を読んで思い出したのが英国の社会政策学者ジョン・ヒルズ氏が書いた*Good Times, Bad Times: The Welfare Myth of Them and Us*(2015)という本です。これは、中流の「われわれ」と、扶助に依存するとされている低所得の「かれら」を区別しようとする福祉の神話(塩野谷氏のいう俗説)へ挑戦した良書です。英国福祉国家が「かれら」に「たかられている」かどうかを、中流家庭と低所得家庭の三代にわたる世代交代を含んだモデルをつくり、福祉国家へ払った税や保険料と、福祉国家から得た給付の総額を「事実」に基づいて推計し、比較しています。その結果、「われわれ」と「かれら」がいるのではなく、「良いときもあるし、悪いときもある」人生のなかで、あるいは世代交代の中で、「われわれ」は「われわれ」や子・孫など「異なった世代のわれわれ」を助けているに過ぎないと述べています。「良いとき」に支払い、「悪いとき」に給付を利用して、人生は続くのさ、というわけですね。書名はレッド・ツェッペリンの曲からきているようです。

社会保険は「対価的」というより、はじめから「社会的賃金」

日本の社会保険の歴史から、保険の「対価性」に疑問を呈するのは、社会政策学者の玉井金五氏です(玉井 二〇一七)。玉井氏が第一に注目するのは、雇用労働者が個々に拠出していることになっている保険料とは何かという点です。玉井氏は、社会保険学者の近藤文二氏の保険料＝「社会的賃金」説に注目します。すなわち、保険料は個々の労働者の賃金から支払っているのではなく、はじめから全体にプールするために集められる「社会的賃金」だという考えです。雇用主も折半していますから、結局労働者個人の賃金から拠出しているようにみえて、はじめから「社会的賃金」として集められているのだ、というわけです。

この考えに立つと、社会保険が、リスク分散による①保険的再分配であるだけでなく、利潤と賃金の再分配(②社会政策的所得再分配)や③階層的所得再分配も行なっていることを説明できると玉井氏は指摘しています。この点は塩野谷氏のように保険と税の違いを通俗的として、すべてを共同財源とする場合でも、ちょっと気にしたほうがよい観点ではないかと思います。なぜなら保険は通俗的理解が強調する、①のリスク分散による所得再分配だけではなく、資本主義社会の利潤と賃金の再分配をも含むからです。

保険料を税的に使う——社会保険における「支援金」

玉井氏が注目する第二の点は、私たちも第Ⅱ章でみてきたように、国民皆保険・皆年金体制の確立後、その脆弱性を、保険者間の「支援金」による財政調整で乗り切ってきたという点です。この「支援金」は各保険者の徴収した保険料から支払われますが、これは別の保険集団や高齢層へ支援するわけですね。それは「保険料として徴収したものを「税」的に使用しているといっても間違いではない」(同：九)と玉井氏は述べます。

今日「支援金」はますます構造化してきており、私たちは、国保料に加えて、介護保険支援分、高齢者医療支援分を払うまでにいたっています。年金の第三号被保険者(主婦)についても、被用者年金の財源全体から「支援」が行なわれていると解釈できます。したがって、「社会保険か税かといった土俵を越えて、もう一つそのどちらともいえない要素が挿入されるようになっている」(同：一二)時代にいる、というわけです。個々の拠出と給付の対価性をはるかに超えて、より大きな共同財源による調整が意識されねばならない時代になったわけですね。

さらに玉井氏は別の著作で、日本の職域型の社会保険の企業福祉的側面についても指摘しています(玉井 二〇一二：一八〇〜一八二)。企業別の健康保険組合は、従業員の年齢構成が若く、疾病が少ないと余剰金が生まれます。この余剰金で、従業員やその家族への福利厚生的給付を行なうことが可能であった時代が長くありました。この場合も、従業員やその家族が受け取る給付は、拠出に直接対応しているのではなく、ある企業の構成員だという資格に基づいているに過ぎないことになります。序章で紹介した、「日本株式会社の福利厚生部」という広井氏の表現は、現実にはさらに細分化された個々の企業の福利厚生部であったのかもしれません。厚生年金においても、多くの企業は厚生年金基金という企業年金をもち、この企業年金が厚生年金の二階部分の給付を代行するようになっています。この代行給付は、プラスアルファを上積みした給付をすることになっていると玉井氏は述べ、これもまた福利厚生的です。しかし、近年は「支援金」によって、より大きな共同財源への拠出がうながされ、また九〇年代半ば以降長く続いた不況でこうした企業福利的部分は縮小しています。

社会保険は「共助」で税による生活保障は「公助」なのか?

なお、以上の社会保険と社会扶助の比較にかかわって、四方理人氏は社会保険料と所得課税が、格差縮小や公平性にどのように寄与しているかを一九九四〜二〇〇九年の四回分の「全国消費実態調査」データから推計しています（四方 二〇一七：二九〜四五）。この結果では、近年一貫して負担の重くなっている社会保険料が現役世代内の所得格差を縮小させ、所得課税はむしろ格差を拡大させる方向に寄与していたといいます。税と社会保険料の「通俗的理解」では、税は累進的で格差を縮小し、社会保険は逆進的またはフラットなので、低所得者の負担が重いといわれてきましたが、このような実証分析では、かならずしもそうなっていなかったわけです。

こうして、先の表Ⅲ-3の社会保険と社会扶助の区別は、原理的にも制度史的にもまた実証的にも完全なものではないことが明らかになりました。もちろん、保険料も税も共同財源だという原理的把握ができるかどうかは、塩野谷氏が述べるように、民主的国家観の強弱によって、相当変わっていくでしょう。「財政は国民がコントロールするもの」という意識や制度が根付いた社会では、税と保険料の区別がそれほど意識されず、いずれも連帯による共同財源としてとらえられるかもしれません。逆に、「財政は権威ある国家にお任せ」の社会では、税による保障は国家から与えられた「公助」で、社会保険は「共助」であるという区別が強調されるでしょう。

日本では、長期経済低迷に陥った一九九〇年代半ばから、こうした強調が現れたので、民主主義国家をあらたな経済体制に即して立てなおすのではなく、かなり権威主義的に経済社会の矛盾を抑え込もうとしたことがわかります。他方で、社会保険には、労働者・企業が「社会的賃金」として形成した財源であることや、労働者・企業の国家からの「自律性」が自覚されやすい側面があり、ここからは「支援金」への「反感」が醸成されやすいともいえます。特に職域の保険組合からは、自分たちがなぜ組合外の人びとまで助けなくてはならないのかという声が上がりやすいのです。

しかし、高齢化は、職域組合から国保へのメンバーの移動を明確にするので、その「支援金」は、世代間不公平などの反感を買うにせよ、結局は納得されざるをえないでしょう。高齢者と若者の世代対立を煽って、「全世代型社会保障」などと唱えるのは、若者はいずれ高齢者になるという、あたりまえのことを隠しているからにほかなりません。問題は、むしろ近年、国民健康保険や国民年金第一号被保険者に多くなっている、多様な非正規労働者の存在です。彼らの労働が社会的に大きな存在となっても、「日本株式会社の内部」からは排除され、その所得再分配や「社会的賃金」の形成とも無関係なところに追いやられてきました。したがって、彼らへの「支援金」の合理性はさしあたり見いだしにくいとされがちなわけですが、それでは共同財源をより広い範囲にひろげて、安定的に形成するのは難しくなります。現在の日本の社会保険の最大の課題はこの点にあり、以下でみていく生活保護とのドッキングにおいても、大きな論点となります。

3　原理問題(2)　普遍と選別の多様性と「選別的普遍主義」

目標はあくまでも問題解決

普遍主義と選別主義についてはどうでしょうか。これも実は原理的な区別というよりは、政策手法の違いにすぎません。かつて英国では児童手当をめぐって、普遍主義、選別主義の論争がありました。この場合、普遍主義は政策の対象に所得制限を設けない、選別主義は所得制限を設けるという意味です。後者は、手当が必要な人だけにターゲットを絞ることによって財源も節約できる、前者は選別的だとスティグマが生じ、必要な人が利用しないかもしれないので、まず全体に給付して必要な人を確保し、高所得者からは税金で「取り返す」ということを主張したそうです。ここでは、問題解決においてどちらが有利か争われたことに注意してください。後で述べるベーシック・インカムや給付付き税額控除などでもそうですが、そうした手段が目標のようになって論争されるのはおかしいですね。

日本の場合は、低所得者に限定されていた児童や高齢者福祉サービスなどを一般層にもひろく開き、その代わり受益者負担を導入する方向を福祉の普遍主義としてきました。ここでは、お金があってもニーズはあるというニーズの普遍性が強調されました。日本の介護サービスは、このような高齢者福祉サービスの一般化の果てに、保険化されたものです。普遍主義をもっと進めると、英国やスウェーデンのように国営保健医療サービスとなっていきます。

社会扶助の選別は、どこの国でも、所得・資産要件(ミーンズテスト)によってなされますが、その資産の範囲や水準は国によって様々で、したがって、だれを選別するかも制度設計によって変化します。ミーンズテストを、課税台帳などを使った所得だけで行なうと、事務コストが減り、スティグマも小さくなります。日本の皆保険・皆年金に取り入れられた「低所得者対策」は、不統一ではありますが、この税制を利用して、保険料軽減、自己負担軽減等の何段階かの選別を行なってきているわけです。このためスティグマが生じにくいでしょう。

これに対して、生活保護の場合は、ミーンズテストの中心は、すでにみたように最低生活費（ニーズ）を基準とした所得テストなのですが、そのニーズ充足に動員できそうな資産があるかどうかも要件となり、金融機関の口座や給与明細、不定期収入、現物援助まで調べ上げられます。さらに労働能力の活用なども付加されているので、ミーンズテストとして最も厳しいものといえます。ホームレス状態にある人びとの支援団体によれば、日本で要保護者にもっとも嫌われているのは、第I章でも触れたように親族への扶養照会だそうです。家族関係が破綻しているとか、DVなどの経緯がある可能性も決して小さくないので、照会がいくと聞いただけで申請を取り消す人もいるそうです。

普遍主義の枠組みの中に選別政策を配置する

一般には選別主義より普遍主義が望ましいという理解がありますが、両者をあまり単純化してしまい、そのどちらを取るべきかと対立的にとらえるのは良くないと、イギリス社会政策の大家リチャード・ティトマス氏が指摘しています（Alcock, P., Glennerster, H., Oakley, A., and Sinfield, A., 2001: 97–135）。

選別とはターゲットを絞るという意味をもちますから、たとえば重度の障害や難病などの人びとを積極的に選別して手当やサービスを振り向けるということが重要な場合もありえます。ティトマス氏によれば普遍主義と選別主義の関係は、対立ではなく、まず普遍主義的な枠組みをつくって、その内部や周辺に積極的な差別・選別政策が開発されていくことが重要だとしています。

普遍主義にも選別主義にも多様な形態があり、また両者のハイブリッドのようなものもあります。実際、ミーンズテストを一定のカテゴリーの人びとに限って緩めていくと、社会手当のようなかたちになります。

社会手当とは何かを定義するのは実は難しいのですが、社会保険のような拠出を必要とせず、税や事業主の基金などからなされる所得保障の総称です。典型的には児童手当が挙げられます。この児童手当をめぐって英国で普遍・選別論争が起こったことは先に述べましたね。手当はまったく所得制限を設けない場合と、設ける場合がありますが、社会扶助ほどのミーンズテストは行ないません。また所得保障ではなく、社会福祉サービスも、かつては低所得者への税による無料のサービスだったものが、先に述べた普遍主義の強調で、所得制限なしのサービスになってきています。この場合は受益者負担が設定され、高額所得者から税の取り戻しを行なうのが普通です。なお、ミーンズテストを貧困証明とせずに、「富裕証明」を行なって、富裕層を除外するというやりかたもあるそうですから、選別といってもその手法次第というところがあります。近年はどの福祉国家も財源問題が厳しくなったこともあり、まったく普遍的な給付やサービスを増やすのではなく、なんらかの選別を行なう必要も高まっているようです。

「選別的普遍主義」というありかた

ティトマス氏が述べた、普遍主義の枠組みの内部や周辺に選別的政策を入れ込んだ例として、星野信也氏は、英国ブレア政権が一九九八年一二月のグリーンペーパー（広く一般からの意見を求めるための政策提案書）「福祉の新たな契約——年金におけるパートナーシップ」で示した提案に着目しています（星野 二〇〇〇：三〇八〜三〇九）。これは、第一に、最低所得保証（ミニマム・インカム・ギャランティ：MIG）という高齢者用の社会扶助を導入し、第二に被用者用につくられていた国営比例年金の保険料を支払えない障害者、長期療養者、育児や介護で収入が中断された人びとへ保険料給付を行ない、また拠出も低所得者へ厚い逆比例給付を行なう国営第二年金を提案しました。星野氏はこの提案を、普遍的な制度に選別主義を組み込むという意味で「選別的普遍主義」と呼んでいます。この場合、普遍主義は年金保険、最低所得保証（MIG）がティトマス氏のいう周辺へ配置された積極的選別主義、国営第二年金が内部に配置された積極的選別主義と整理できるかもしれません。

実際に、一九九九年に最低所得保証制度（MIG）が導入され、これは二〇〇三年にペンションクレジット制度に変わりました。また比例年金を段階的に廃止し、所得再配分機能を強化した国営第二年金を二〇〇三年に導入しています。さらに年金の制度改革は続いていますが、そのくわしい経過はここでは省きます。

国民皆保険・皆年金の低所得者対策と選別的普遍主義

さて、星野氏の挙げた英国の国営第二年金は、年金保険の中に低所得者に有利な方策をインプットしています。特に保険料を十分払えない層への保険料給付を星野氏は評価していますが、これは何かに似ていませんか？　そうです。日本の国民年金の保険料免除・軽減と類似ですね。国保の保険料軽減や、自己負担の階層別軽減なども、すべて普遍的な制度に組み込まれた選別的手法による「実質的保険料給付」と考えれば、国民皆保険・皆年金の「低所得者対策」は、「選別的普遍主義」と位置づけられるかもしれません。つまり、日本の国民皆保険・皆年金は、その対象を保険料支払いの困難な層までひろげて、「国民のすべて」への普遍主義を徹底しようとしたため、保険料を払えない層を、制度の中で選別的に救済する手法をインプットせざるを得なくなったわけですね。

これは、第Ⅱ章で繰り返し指摘したように、保険と扶助の教科書的・通俗的「原理」に当てはめれば、大きな矛盾をはらんでいます。しかし、税も保険料も同じ共同財源であり、すべて国民のお金で国民を支えるシステムという、正義の原理からいえば、この「低所得者対策」は結構いい線をいっていたのかもしれません。つまり、「選別的普遍主義」と位置づけられないこともないわけです。そこで、生活保護を解体した各パーツも、できるだけ普遍主義的な制度の枠組みの中に、低所得者対策として組み込んでみるということを第一に考えてみたいと思います。また、そうすると、戦後の日本的文脈＝皆保険・皆年金体制を全否定せず、それに沿ったかたちでの現実的改革が可能かもしれません。

4 時代の変化に対応した制度に――その他の課題

「多様な働き方」に中立的な社会保険の改革を

ただし、まだ、いくつかの課題があります。

その第一は、生活の「最低限」＝貧困基準を何に依拠して決めるかということと、低所得者対策との整合性の問題です。現行の生活保護（生活扶助）基準の設定は、いちおう、元になるデータと算定方法も含めた公開の議論があり、基準表の設定があります。これに対して低所得基準は、いわゆる弱者カテゴリーと主に個人地方税の非課税限度額や基礎控除の援用で、かなり多様に決められていることは、前章で述べました。また、低所得基準が常に保護基準以上のボーダーライン層を意味しているわけではないことも指摘しました。

私は基本的に、生活扶助基準を日本の生活最低限（ただし、住居や医療などを除く生活費基準）とおいて、低所得やボーダーラインはその上の所得基準として整理すべきだと思います。この場合、心に留めておかなければならないのは、所得が生活扶助基準以下であるのは生活扶助利用者だけではないことです。生活保護を利用していない人でも、扶助基準以下の所得の人がたくさんいるだろうということは、先に捕捉率のところで示しましたね。ですから、たんに生活保護利用者を適用除外にしたり、減免したりするのではなく、所得基準として、生活扶助基準を最低限に置き、課税基準を使う場合も、生活扶助基準の○○倍というような明確な設定をすることが重要です。この点は終章で議論したいと思います。

第二に、解体した生活保護のいくつかの断片とつなぎ合わせる社会保険も、このままでよいというわけにもいきません。政府は二〇一九年の「骨太の方針」で、「高齢者、女性をはじめとして多様な就労・社会参加を促進するため、勤労者が広く被用者保険でカバーされる勤労者皆社会保険制度の実現を目指して検討を行う。働き方の多様化に応じた年金受給開始時期の選択肢の拡大、被用者保険の適用拡大について検討を進めるなど、多様な生き方、働き方に対応した社会保障制度を目指す」と述べましたが、日本の皆保険・皆年金体制の一方の柱である被用者保険が「多様な働き方」の雇用労働者を平等に処遇するまでにはまったくいたっていないところに、今日の社会保障の基本問題があるのです。「多様な働き方」とおだてておいて、賃金、福利厚生などあらゆることに、正規と非正規の格差、小規模零細事業所の労働者の排除がありますが、社会保険においても被用者として遇されてこなかったわけです。これが国民健康保険や国民年金に近年持ち込まれた問題でした。

二〇一六年より、従業員五〇一人以上の企業の非正規労働者について、健康保険や年金保険の適用拡大が図られました。これはさらに中規模、小規模まで段階的に拡大される予定だそうです。しかし、労働時間を税制や社会保険上の扶養家族としての処遇と天秤にかけて調整せねばならない労働者も少なくありません。それは、税制も含めて家族制度にやさしく、「多様な働き方」に中立な制度ではないことの証左といえます。

対象は国民限定か──国際的な相互関係のなかで

最後に、解体し、再構成したいくつかの社会扶助の対象を、国民限定＝外国人準用のままとするのかという点も解決しておかねばなりません。生活保護の外国人への準用は、一九五二年の講和条約発効によって国籍離脱する人びとのことが主に念頭に置かれてきました。しかし、一九八〇年代頃から顕著となった経済のグローバリゼーションは、資本やモノの移動だけでなく、多様な人の移動をも促進してきました。この中で自由貿易の協定、労働、投資、知的財産保護などにおける共通のルールづくりとならんで、社会保障協定や内外人平等原則による生活保障の実現も課題になっています。日本は一九八一年の難民条約への加入によって、ようやく国民健康保険・国民年金、児童手当、児童扶養手当等の国籍要件を撤廃しました。国籍要件を撤廃していないのは生活保護法だけです。

もちろん、難民承認率の低さ、技能実習生の問題、「超過滞在」者の排除など、外国人の生活保障には多くの漏れがありますが、社会保障はもはや一国の内部だけで考えるのではなく、国際ルールに従って内外人平等の方向に向かっているのです。したがって、解体された生活保護のパーツも、「国内に居住する人びとが生活困難になった時」に他の社会保険・手当などと連動して使えるものとして考えていくべきでしょう。「外国人の生活保護廃止」を公約とする政治家もいますが、生活保障も国際的な相互関係の中で考えるべき時代だということを、そろそろ日本人も認識していかねばならないと思います。

（1）日本産婦人科医会医療対策部「入院助産制度に関する緊急調査――東京都において」二〇一〇年一月一三日第二九回記者懇談会資料。

第Ⅳ章　提案　どう解体し、どう溶け込ませるか

1　医療・介護サービスニーズの「標準」保障

生活保護費のほぼ半分は医療扶助

さて、いよいよ具体的な提案に入っていきたいと思います。ここでの提案は前章で示したニーズ別の生活保護の解体と、他制度との融合、そのうえでの再生に焦点を置きます。そのための行政組織や財政問題は、一部を除いて言及しません。それらは別途、本格的な議論が必要だからです。ただし、財政は基本的に現在の生活保護や低所得者対策に投入されている税があるので、まったく新たに用意する、というものではありません。また、基本的に審査と給付を公正に行なう公的行政機関を置けばよく、他の福祉や就労援助が必要な場合は、その専門機関が行なうという考え方をとっています。

ここでは、「自立助長」という目的はさしあたり横に置きました。社会扶助は、あくまで生活

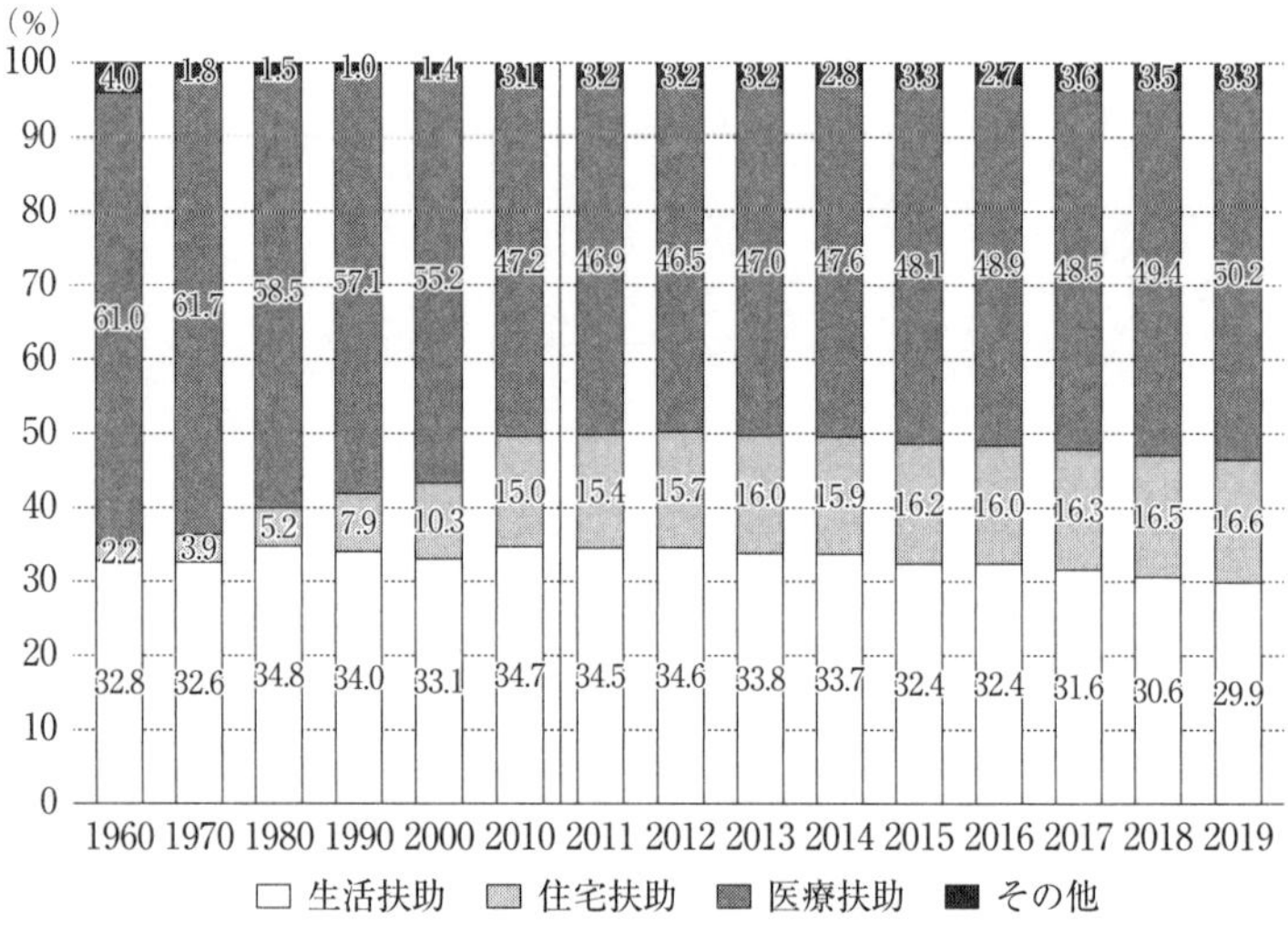

図Ⅳ-1　生活保護費総額(事業費ベース)に占める生活扶助，医療扶助，住宅扶助の割合の推移

資料）国立社会保障・人口問題研究所「生活保護に関する公式データ」および厚生労働省社会保障審議会第38回生活保護基準部会参考資料より作成.

最低限を下回るような状況を放置しないために仕掛けられた所得保障制度で、個人を助けるだけでなく、貧困のある社会を許容しないという考えに裏付けられています。ですから、社会扶助の役割は、シンプルに貧困状況をなくすことです。本書は、ここにねらいを定めて、それが発揮しやすい制度への脱皮を考えたかったわけです。

　まず医療・介護サービスのニーズからいってみましょう。生活保護の各扶助費の中で、約半分が医療扶助費にあたるということは、序章でも指摘しました。これを具体的にみてみると、二〇一九年では、医療扶助費が五〇・二％、介護扶助が二・五％、住宅扶助が一六・六%、生活扶助が二九・九%、その他の扶助〇・八%となっています。これを一九六〇年から二〇一〇年までは一〇年おき、二〇一一年からは毎年の割合の推移を示したのが図Ⅳ-1です。

生活保護事業費総額に占める医療扶助の割合は、おおむね五〇%台で推移していますが、一九六〇年と一九七〇年では六〇%を超えています。最近は四八~四九%程度です。先の全国知事会・全国市長会の改革案は就労自立が中心でしたし、生活保護基準をめぐる議論は、生活扶助中心に組み立てられてきました。ところが、この図をみると、まったくその景色が変わってきます。生活保護は、貧困だけでなく、その原因とも結果ともなっていた多様な疾病をもっぱら引き受け、療養費を負担してきたという現実を突きつけられます。

もちろん、一九六〇年、一九七〇年の医療扶助費割合の大きさは、当時の生活扶助費の低さとの関係でみなければなりません。また二〇一〇年以降の医療扶助費割合の低下は、住宅扶助割合の上昇とも関係しています。ただし、六〇、七〇年は、働いている被保護層より働けない層が拡大し、高齢者も多くなった時期なので、その影響もあると思います。念のため、図Ⅳ-2で、稼働者のいる世帯と、まったくいない世帯の比率の推移も確認しておきましょう。当初は稼働世帯が

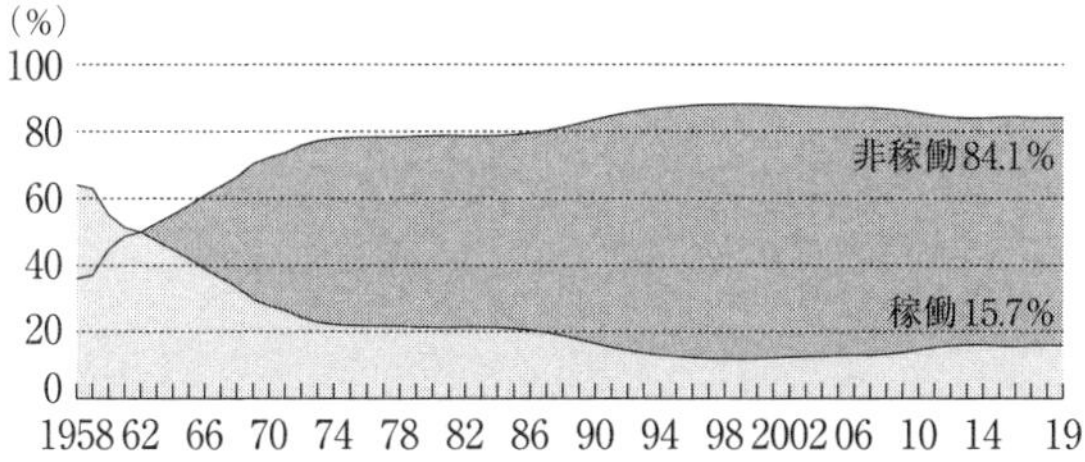

図Ⅳ-2 生活保護世帯における稼働世帯と非稼働世帯の比率の推移

資料）被保護者調査（年次）より作成．推移線上の数字は2019年．

やや多く、一九六二年にぴったり半々となりますが、その後非稼働世帯が急速に拡大し、二〇〇〇年で八八％と最も多くなり、その後は八五％前後で今日にいたっています。先に単身高齢世帯の急増を指摘しましたが、つまり医療需要の大きな層が生活保護の中心になったわけです。

医療扶助費が大きいのは、別の側面からも説明できます。医療ニーズには生活扶助のニーズのように、日々のやりくり等による圧縮が困難であるという性質があります。医療ニーズの判定は、本人ではなく医師が行ない、その医師の判断の根拠にはそれぞれの疾患別に確立された標準治療の考え方があるからです。また、ニーズの充足も、直接には医療サービスによってなされます。むろん、お金がなければ医師の診断は受けられず、そうした標準治療に乗らなければ、医療ニーズは隠されてしまいます。ですが、生活保護による医療扶助は、その隠れたかもしれないニーズをキャッチし、治療に結びつけるわけですね。

第Ⅱ章でみてきたように、国民皆保険は国民全体にこのような意味での標準治療を保障し、それによって健康な生活を約束しようとしています。それゆえ、被用者保険でも国保でも、現物サービス給付の内容については、次第に大きな差がつかなくなっています。もちろん生活保護の医療扶助も、独自の医療券発行を前提としているなど、スティグマがまったくないわけではありませんが、厚労省によれば、給付内容は国保に準じているそうです。

医療や介護サービスはなぜ「標準化」されるのか

医療に関して、なぜこのような標準化が受け入れられるのでしょうか？　第一に、疾病は一見個人的なことのようにみえますが、社会的背景が強く影響します。これは新型コロナのような感染症を考えれば自明のことです。医療扶助のスタート時には「国民病」といわれる結核感染の防波堤の役を果たし、その意味で個人の健康を守るだけでなく社会を防衛する側面も大きかったといえます。また、感染症でなくとも、公害や労働災害、交通事故、大地震などに起因した傷病は、それ自体社会的なものです。つまり、医療サービスは、より豊かな個人生活を保障するだけでなく、より安全で健康な社会の基礎にもなっているということです。

もう一つは、なんといっても医療サービスが生死とかかわっているからでしょう。生活保護利用者が旅行するなんて、と批判している人も、その人が手術をしなくては死ぬかもしれないとなれば、それには反対しづらいと思います。ホームレスの人や外国人が路上で苦しんでいれば、誰かが救急車を呼ぶでしょうし、救急車はそれを断ることはできません。

さらに、医療や介護サービスは、金銭給付と異なって、いくらでもあればよいというものではありません。手術や投薬は、健康を回復するための手段ですから、そのための標準的な治療が必要なのであり、患者は過剰な医療を望んでいるわけではありません。この点は、介護サービスも同様で、必要な質・量のサービスが肝要なわけです。

しばしば医療扶助をめぐる不適正受給事件が問題にされますが、短期に転院を繰り返すとか、通院の交通費を過大に要求したとか、向精神薬を複数の医療機関から処方されていたなどの具体例がたしかに存在しています。しかし、いずれも医療サービス機関の介在がなければ起きようがない不正です。あえていえば、生活保護を食いものにする医療機関や向精神薬を売りさばくヤミ

市場などが問題なのであって、医療扶助でも一部負担金を払わせようというような提案は、本質を外していると思います。(1)

また過剰投薬の問題は、レセプトチェックとかかりつけ薬局の体制を根付かせることで未然に防止することが可能で、これは保険医療全体にも共通する点です。私は現在国保加入ですが、かかった医療費は何カ月かごとにお知らせが来ます。ここからもう一歩踏み込んで、過剰投薬や過剰検査のチェックに生かす方法を考えるべきではないかと思います。つまり、開業医が多く、それへのフリーアクセスを特徴とする日本では、医療扶助でも医療保険でも、常に適正な医療になっているかのチェックが必要といえます。なお、特に検査については、患者本人もそのデータを共有していれば、医療機関を代えたときに、また検査するという無駄が省けます。ジェネリック薬の利用も、医療扶助だけではなく保険利用全体の原則でしょう。

二つの編みなおし案

そこで、解体された医療扶助および介護扶助は、次の二つの選択肢での編みなおしが可能ではないかと思います。

①国民健康保険・介護保険という普遍主義の枠組みの中に扶助を積極的に位置づける方向が一つです。すでに介護保険は介護扶助とドッキングして生活保護利用者も介護保険が使えるようになっていますが、ここでの提案は、扶助としなくても、「低所得者対策」としての法定保険料軽減策と高額療養費負担額の一部に、保険料免除と自己負担ゼロ区分を入れ込む方法がとりうるの

ではないか、と考えるものです。現在の国保は生活保護を適用除外としています。しかし、これを国民年金同様、保険料免除とし、また自己負担ゼロを設定しておけばよいわけです。たとえば表Ⅳ-3のようなイメージです。この七、五、二割減の所得基準は現行どおりですが、生活扶助基準との整合性を確認する必要があり、地方個人税によるこの基準でよいかどうかも議論が必要でしょう。

表Ⅳ-3　国保料軽減策への挿入イメージ

	前年度の総所得*（2020年現在）
免　除	所得が生活扶助基準以下
7割減	33万円以下
5割減	33万円＋（28.5万円 × 国保加入者）以下
2割減	33万円＋（52万円 × 国保加入者）以下

*総所得とは給与所得（給与収入－給与所得控除），年金所得（年金収入－公的年金等控除），事業所得（事業収入－必要経費）などの合計額のことで，社会保険料控除や扶養控除などの各種所得控除前の金額．

同様に、高額療養費の取扱いには、「高額療養費の支給を受けたならば生活保護を必要としなくなる者（二号該当者）」という特例がありましたね。二〇二〇年度時点でみると、上位所得者、一般の自己負担限度額は表Ⅳ-4（次頁）のようになります。

この提案では、低所得の区分を三つにして、最後を負担ゼロとし、その上の低所得Ⅱを「特例該当」扱いとし、市町村民税非課税は住民税所得割非課税として負担を軽減するというやり方を考えています。低所得Ⅲは現在の医療扶助に代わる部分となり、これは公費負担となります。なお、保険料免除を判断する場合の資産制限については、金融資産を所得に読み替える方法と、居住用以外の不動産資産所有者は除外という方法があると思います。

②それが困難な場合は、医療も介護も、保険制度を基本とし、

表Ⅳ-4　70歳未満の高額療養費限度額設定のイメージ

	1カ月の限度額
上位所得者	150,000円＋(医療費－500,000円)×1％
一般	80,100円＋(医療費－267,000円)×1％
低所得Ⅰ(住民税所得割非課税)	35,400円
低所得Ⅱ(特例該当)	35,400円未満の負担(生活扶助基準以下の境界まで)
低所得Ⅲ(生活扶助基準以下)	0円

その保険料と自己負担をまかなうための社会扶助制度を国保および介護保険の一部に設定するというやり方です。また、現在の医療保障の中には、多様な疾患を対象とした公費医療制度がありますから、それと合体して、公費医療制度Ⅰ、Ⅱという設計もあり得ると思います。

医療扶助と国保合体への反対論

むろん、いずれの選択肢でも、現在の国保保険者からは反対の大合唱がおこるでしょう。したがって、すでに進行しつつある国民健康保険制度の保険者の広域化の完成を条件としたいと思います。また保険者ごとにまかされてきた所得定義の統一、あるいは住民税の課税台帳を今後も利用するならその区分も統一していかないと、扶助の対象認定が困難になるでしょう。市町村という小さな単位を保険者として運営されてきた国保自体の大転換が、今必要なのです。またぜひ強調しておきたいのは、精神疾患にかかわる長期入院、あるいは頻回転院問題(二五一頁註1を参照)を解決し、地域医療を拡大していくことが、医療扶助でも国保でも、共通して重要だということです。

本書でもたびたび引用している島崎謙治氏の『日本の医療』はよくまとめられた著作で、私も本書を書くにあたって大変勉強させてもらいましたが、医療扶助を国保に合体することについて、氏は慎重に検討すべきと述べています（島崎 二〇一一：二八五〜二八六）。その理由は、①医療費は介護費のような「限度額」を設けるのが難しい、②医療扶助の不正があるので、事前チェックがなくなるのは弊害がある、③国保財政に影響が出てしまう、の三点です。

しかし、現在でも医療扶助による診療内容は国保に準じているので、①は理由になりにくいでしょう。医療サービスという現物給付は、個人の生命や社会の存続（感染症など）とかかわっているため、最低限度が設定しにくく、標準的にならざるをえないのです。なお、先進医療は医療保険でも適用外です。また②は、現在、福祉事務所が事前に介入しても若干の不適正受給事案が起きているのですから、これも理由になりにくいのではないでしょうか。

なお、島崎氏は保険と扶助の区別を強調する立場で、被保険者の公平性や連帯にも言及しています。しかし、先に述べた医療や介護サービスの特性を考えると、英国やスウェーデンのように保険ではなく公営サービスとして設定している国が存在することに、合理性があると思います。しかし、これは島崎氏が強調するように、開業医制度を基本に発達し、フリーアクセスを特徴とする日本の医療制度では簡単に取り入れることができません。そこで、公営サービスではなく国民皆保険を発展させてきたわけです。その場合、保険原理の「柔軟な解釈」があったからこそ皆保険が実現したといえ、これに医療扶助を合体すれば、文字どおり「皆保険」の奇跡が実現するのではないでしょうか。

「無料低額診療制度」「行旅病人死亡人法」

医療サービスについての補足として、無料低額診療制度というものがあります。社会福祉法の第二種社会福祉事業に位置づけられた「生計困難者のために、無料又は低額な料金で診療を行う」事業のことです。これは戦前からの「施療」(貧困者への無料の医療)の系譜に位置づけられるものです。また類似の介護版として、二〇〇一年より開始された「生計困難者に対して、無料又は低額な費用で介護保険法に規定する介護老人保健施設を利用させる事業」もあります。これらの費用は実施機関が負担しますが、この見返りに、当該法人には固定資産税や法人税の優遇があります。二〇一九年実績で、無料低額診療は七〇三、無料低額介護老人保健施設利用は六四一の機関が実施しており、近年拡大傾向にあります。医療扶助や国保があっても、実質的に医療を受けられない人びと(たとえば外国人居住者の一部)への配慮があったほうがよいという意味では、この古い事業も継続すべきかもしれません。

なお、外国人の医療問題には、明治の「開国」にともなってつくられた行旅病人及行旅死亡人取扱法の利用を試みた自治体もあります。新生活保護法は、この古い法律を吸収したと説明していますが、一九八〇年代の移住労働者の拡大の中で、その復活が試みられたのです。もちろんその対象範囲が狭いため、これとは別に未払い医療費を補填している自治体もあります。このあたりは、解体後も残る問題でしょう。

医療扶助と介護扶助の編みなおし 二つのイメージ

(1)国民健康保険・介護保険の低所得者対策としての法定保険料軽減策と高額療養費負担額の一部に、保険料免除と自己負担ゼロの区分を組み込む。高額療養費も低所得の区分を三つにして、低所得Ⅲを負担ゼロとし、その上の低所得Ⅱを「特例該当」扱いとし、市町村民税非課税は所得割非課税として負担を軽減するというやり方。低所得Ⅲは現在の医療扶助に代わる部分となり、これは公費負担(表Ⅳ-4参照)。

(2)医療も介護も、保険制度を基本とし、その保険料と自己負担をまかなうための社会扶助制度を国保および介護保険の一部に設定する。現在の医療保障の中の公費医療制度と合体して、公費医療制度Ⅰ、Ⅱという設計もありえる。

2 住宅手当の新設

住宅手当のない国・日本

次に住宅とかかわったニーズへの対応です。ヨーロッパの福祉国家では、低所得層への家賃補助が政策として確立されていきましたが、日本は、生活保護の住宅扶助以外は、まったく発展させてこなかった点で特異な国です。言い換えると、生活保護以外の所得保障、たとえば年金給付とか失業給付を利用しつつ、住宅手当を利用するという途が拓かれていなかったわけですね。このため、第Ⅱ章の皆保険・皆年金体制に住宅保障は含まれていません。そこで提案の前に、なぜ住宅扶助が欠如してきたのかについて、簡単なスケッチをしておきたいと思います。

住宅政策を幅広く研究する平山洋介氏は、「戦後日本の住宅政策は、開発主義の政策フレームの中に置かれ、住宅供給それ自体を担う範囲を超え、経済成長を促進し、中間層をコアとする社会を安定させる役目を与えられた」(平山 二〇二〇：七〇)と述べ、それに沿った中間層の持ち家促進政策こそが戦後の住宅政策の日本的特徴だと指摘しています。低所得者層に対しては、わずかな公営住宅を供給するほかは、社会的再分配策はとられませんでした。

たとえば、家賃補助政策の欠如の理由として、平山氏は次の二つを挙げています(平山 二〇二〇：二一八〜二一九)。

第一は、住宅政策の手段が「対物補助」(住宅建設を支援する)に終始し、他国のような「対人補助」(賃借人への補助)への転換がみられなかったことです。これは社会福祉分野でも同様ですが、日本では供給者(たとえば社会福祉法人など)や施設への補助があっても、なぜか利用者という人への補助を回避する特質があります。日本ではいつも「供給側」への補助なので、利用者はつねに供給側から「援助される人」でしかありません。

第二は、企業がその福利厚生として正規従業員へ家賃補助を供給してきたことです。若年従業員に対する独身寮、民間借家の従業員への家賃補助、さらには持家取得にあたってのローンへの補助などがあります。この意味での福利厚生は今日では削減されていますが、労働力を工場やその他の現場に集めておく必要がある場合に提供されてきた工事現場の飯場《はんば》、派遣や日雇労働者のための寮や借り上げアパート等は根強く残存しているようです。求人広告にある「寮完備」というやつですね。零細な商店、サービス業等では、住込みなどもまだ存在しています。国勢調査などの社宅とか寮はこれらの一部でしかなく、借り上げアパートなどの実態は公的統計からはよくわかっていません。

世界金融危機の際には、寮や借り上げアパートから追い出される非正規労働者が多く現れたので、この危機を契機に導入された、「第二のセーフティネット」と呼ばれる二つの制度は、いずれも家賃補助の仕組みを導入しました。求職者支援法の「寄宿手当」と、生活困窮者自立支援法の「住居確保給付金」(2)です。ただし、これらは、期間限定で、またハローワークでの職探しを受給要件としているなど、純粋に住宅保障をするものではありません。

住宅手当こそ全世代型社会保障の代表だ

ここで、生活保護の住宅扶助を解体して提案したいのは、生活保護基準より少し上の低所得者層をもひろく含めた「全世代型の家賃補助」としての住宅手当制度です。これはハローワークの登録を必要とするような「就労自立」ではなく、純粋に住宅ニーズに対応する住宅政策としての手当です。全世代型というのは、社会へ出たばかりの若い労働者、結婚したばかりの若い家族、解雇や転職で家賃負担が苦しくなった人びと、DVで逃げ出さざるを得なかった女性や子ども、高齢期になっても賃貸居住で家賃をはらわねばならない年金世帯などの全世代の家賃問題に対処

表Ⅳ-5　居住面積水準　(単位：m²)

	単身	2人	3人	4人
最低居住面積	25	30	40	50
誘導居住面積(都市)	40	55	75	95
誘導居住面積(一般)	55	75	100	125

注）誘導居住面積水準は，豊かな住生活，多様なライフスタイルに必要と考えられる水準.

することができるという意味です。このような全世代の異なった生活課題の共通の下支えとなる保障手段があるのに、政府の「全世代型社会保障」[3]には住宅手当が含まれないのはなぜか、ほんとうに不思議ですね。

しかし、これを進めるにあたってはいくつかの前提条件が必要です。それは住宅という財の特殊性に基づいています。一つは、居住の「最低限」を満たした賃貸住宅を市場で容易に見つけられること、第二は、家賃以外の条件で入居拒否されないこと、第三は宿泊所や施設等の「住宅」とは定義されていない集合居住を手当との関係でどう考えるか、です。

第一については、すでにみてきたように、住宅建設五カ年計画で用いられてきた住宅の質の定義として、最低居住面積水準と、誘導居住面積水準の設定があり、その具体的な基準は表Ⅳ-5のようになっています。また近年の「住生活基本法」では、この居住面積水準のほか、住宅性能水準[4]、居住環境水準が付け加えられています。したがって、住宅手当の議論の前提には、最低居住面積水準を超え、また専用の台所、水洗トイレ、浴室、洗面所が付帯している賃貸住宅が、市場に十分流通しているという条件が必要になります。

第二の条件は、民間賃貸住宅が特定の人びとの入居を拒否しないということです。日本賃貸住宅管理協会の実態調査報告書(二〇一四)では、大家さんは高齢者には約六割、障害者には約七割、外国人に約六割、子育て世帯には約一割が拒否感をもっており、実際「外国人は不可」が一六・三%、「生活保護受給者は不可」が一二・八%、「単身の高齢者は不可」が一一・九%存在していたと報告されています。

新制度提案の前の説明がやや長くなりますが、こうした住まいへのアクセスにかかわる問題に対して、二〇〇七年に議員立法で「住宅確保要配慮者に対する賃貸住宅の供給の促進に関する法律(住宅セーフティネット法)」が成立し、二〇一七年には改正法が施行されました。「住宅確保要配慮者」とは誰が考えたのか、舌を嚙みそうな、すごいカテゴリーをつくったものです。「住宅確保要配慮者」とは、①低額所得者、②被災者(発災後三年以内)、③高齢者、④障害者、⑤子育て世帯と定められています。カテゴリー分類と所得による分類が混ざり合っていますね。

①の低額所得者は月収一五・八万円以下と表示されています。これらに加えて、国土交通省令で定める者として、外国人なども挙げられています。ホームレスの人びとや生活保護利用者も例示される場合があります。要するに大家さんとしては、要注意・貸しにくい人びとということでしょう。これらの人びとも住宅を借りることができるように、①入居を拒まない住宅の登録制度、②登録住宅の改修や入居への経済支援、③住宅確保要配慮者のマッチング・入居支援を行なうのがこの制度の内容です。といっても、要配慮者に家賃手当がだされるわけではなく、家賃を下げた際には、その家賃減額分に対して、大家さんに一戸あたり毎月最大四万円の補助などが出され、他方で不動産業者さんや支援団体が地方公共団体と協力して居住支援法人をつくり、入居マッチングや支援をするという構図です。しかしこの制度の一般家主への浸透はまだ十分ではあ

りません。

施設や宿泊所の問題

住宅手当創設の前提となる第三の条件は、保護施設、他の福祉施設、無料低額宿泊所、あるいは入院などとの関係です。生活保護の現物給付である保護施設、入院保護などの位置づけははっきりしていますが、「第二種社会福祉事業」に位置づけられている無料低額宿泊所や、その他の宿泊所に泊っている人が生活保護を利用する場合に、住宅扶助の対象とするかどうかが問題となってきました。

宿泊所というのは、法的には「旅館業法」に規制されるもので、基本的に「宿」なので、長期的な生活の拠点となりません。しかし、申請者がホームレス状態の場合、とりあえずそのような「宿」に「一時預けて」そのあいだに調査や検診を行なうという手法はよく使われてきました。また「宿」に長期滞在して、住民登録をした例もないわけではありません。

最近では支援団体がホームレスの人びとへの支援住宅を経営することが増えています。またそれとは別に、空きビル等を改装してそこにホームレスの人びとを居住させ、生活保護利用をうながして、そこから住宅扶助だけでなく食費その他を天引きするような「ビジネス」が現れたことから、にわかに「無料低額宿泊所問題」がクローズアップされました。

ここでの焦点は、多人数部屋なのに住宅扶助の特別基準(1)の上限額まで給付している点にありました。第I章の加算の説明の際に述べたように多人数部屋の場合は、減額するという方向に向かったのですが、生活支援を行なっている「良心的団体」もあることから、二〇一八年の生活保護法改正で、「日常生活支援住居施設」という新しいカテゴリーをつくり、その要件を定めることになりました。また別途、無料低額宿泊所の基準も改訂され、居室は原則個室（家族以外）となりましたが、居室の広さは、七・四㎡（または四・九五㎡以上）でこれはビジネスホテルのシングルの部屋（多くは九～一〇㎡）からバス・トイレを除いた面積にすぎません。

一時的なダイレクトシェルターは必要だが、「ホームレス施設」はいらない

ネットカフェなどへの長期滞在は決して望ましいことではありませんが、こうした多様な宿泊所や生活保護施設などが現実には必要なことを、私は否定しません。どこの国でも、軍隊、病院、刑務所などから出てきた人びとやＤＶなどから逃れてきた人びとを、とりあえず一時保護する、ダイレクトシェルター（路上から直接入居する避難施設）があります。しかし、それらはあくまで「ごく一時的なもの」です。生活保障の第一選択肢は最低基準を満たした独立の住宅の設定であるべきです。

戦後大都市の保護施設や宿泊所は、「浮浪者狩り」[5]や「仮小屋生活者」[6]の撤去のためにつくられた経緯もあり、居所をもてない貧困者の取扱として、まず一時保護所に収容し、その後も施設を選択肢とするような「慣行」が大阪や東京には長く存在していました。現在でも、ホームレス状態で生活保護を申請すると、宿泊所や施設以外では保護費は出ません、と対応をする福祉事務所が存在しています。二〇〇〇年代になっても、「ホームレスの人はまず施設」といっていた厚

労省のお役人もいました。なぜ施設なのかと尋ねると、「あの人たちは家事や生活管理などできないでしょうから」という答えが返ってきました。生活管理は保護の要件にはありませんし、「あの人たち」と括る発想は「無差別平等」に明らかに反しています。したがって「住居施設」であれ、なんであれ、普通のアパートを選択できるという原則のうえでの、一時的な存在に限るべきではないでしょうか。

なお、保護施設としての更生施設、救護施設も、この生活保護解体論においては、基本的に「解体」を考えています。二一世紀の現在、丸抱えの貧困者施設はやめるということです。貧困者施設ではなく、サービス提供施設への転換を提言したいと思います。たとえば救護施設は現在、障害を抱えた高齢期の入所者が多いといわれており、それらに対応したサービスを模索していま す。また更生施設は、アルコール問題、その他の精神障害などへのサービスを行なっているところも少なくないのです。そうしたサービスを前面に出した施設運営が考えられますね。

英国の住宅手当と施設

私は二〇〇一年から一年間英国の中西部の都市で研修する機会を得て、ホームレスの人たちのための施設やシェルターをいくつか回ったことがあります。その時驚いたのは、ダイレクトシェルターを除くと、薬物依存、精神障害、あるいはＤＶ被害などの人びとに応じた専門分化された施設になっていたことです。施設は利用者の支払う費用で運営されていますが、この費用は個人の得た住宅手当でまかなわれます。基本の住宅手当は、ある個人の住宅の権利として査定されますが、施設を利用すると、それぞれの施設のサービスが上乗せ査定され、実質サービス付き住宅手当が払われているそうです。そこで利用者が住宅手当など社会保障給付を正しく請求しないと、施設は取りはぐれて、赤字になることもあるといっていました。それでも、施設でも在宅でも基本の住宅手当があり、そこに施設のサービスによって上乗せされるという方式は合理的だと施設管理者はいっていました。

日本では、高齢者施設と在宅での「損得」が話題になることがありますが、住宅手当やサービスの考え方を、このように共通のものにすると、施設福祉と在宅福祉が共通の基盤で運営されることになりますから、「損得」論はでてこなくなるのではないでしょうか。また施設機能の再生のためにも、住宅手当の確立が重要だと思います。

「住居確保給付金」を拡張し、恒久化する

では、住宅扶助に代わって、どのような住宅手当が考えられるでしょうか。さしあたりは賃貸住宅居住または居住予定の低所得世帯に、家賃の全額またはその一部を補助する制度を立ち上げることが重要です。給付額を収入に応じて低減するように設計すれば、高額所得者は除外されます。方法としては、まず住宅扶助の単給化が考えられますが、低所得層までカバーするには、「住居確保給付金」事業を拡張・恒久化する方法がありそうです。

この事業は、先にも述べたように、世界金融恐慌時の住居喪失労働者に対する労働政策的な対応をルーツとしているため、表Ⅳ-6（次頁）にみるように、主たる生計者の離職・廃業後とか、求

表Ⅳ-6　住居確保給付金の概要

対象要件	①主たる生計者で，離職・廃業後２年以内 ②個人の責任・都合によらず給与等を得る機会が離職・廃業と同程度に減少している
収入要件	直近の月の世帯収入合計額＜市町村民税の均等割が非課税となる額の 1/12(基準額)＋家賃(上限＝住宅扶助特別基準)
資産要件	現在の世帯の預貯金合計額が各市区町村で定める額を超えていないこと
その他	誠実かつ熱心に求職活動を行なうこと
支給金	①世帯収入が基準額以下の場合→家賃額(住宅扶助特別基準額が上限)を支給 ②世帯収入が基準額を超える場合→(基準額＋家賃額)－世帯収入額を支給(ただし，住宅扶助特別基準額が上限)
支給期間	３カ月(最大９カ月)

職活動を求めるなどの要件があります。この点を削除し、また支給期間を延長していけば、普通の住宅手当に変身できそうです[7]。なお、表の対象要件②は、失業者に限らないという点から改正されたものです。また支給金についても②を加えて、非課税限度額という基準額に家賃を足して、そこから判断するという意味で、より利用しやすくされています。

表Ⅳ-7は住居確保給付金支給の収入と資産の条件を記したものです。ここにある①基準額とは、個人住民税均等割が非課税になる所得額(各自治体が条例で定めている)に給与所得控除を加えた額の一カ月分です。住居確保給付金が支給されるのは、世帯の収入が、①の基準額と生活保護の住宅扶助の特別基準(1)の上限額の合計より低いときになります。非課税基準と生活保護(住宅扶助と級地)が使われていますね。表の金額は、一級地(東京二三区)と三級地を例にとって示したものです。なお、課税データを使っていますが、所得や資産の把握には給与証明や預

表Ⅳ-7　住居確保給付金の収入・資産要件

（単位：円）

		1人世帯	2人世帯	3人世帯	4人世帯	5人世帯
東京23区	①基準額	84,000	130,000	172,000	214,000	255,000
	②収入上限	137,700	194,000	241,800	283,800	324,800
	③資産制限	504,000	780,000	1,000,000		
3級地の一例	①基準額	78,000	115,000	140,000	175,000	209,000
	②収入上限	109,800	153,000	181,300	216,300	250,300
	③資産	468,000	690,000	840,000	1,000,000	

注）②＝①＋住宅扶助特別基準額
東京23区は中野区のHPによる．3級地は福島県内の例．同県HPによる．

金通帳などを添付した申請が必要になっています。

所得把握に関して、表のような資産の条件も、①の基準額の六倍程度、一〇〇万円は超えないとされています。終章で、「リアルタイム所得把握」について紹介するつもりですが、現在の住民税課税資料を使うより確実で、しかも簡素な方法があれば、もちろんそれに越したことはありません。

非課税基準を使うとすれば、もう少し簡易なやり方があるかもしれません。ただし第Ⅱ章で指摘した税制と生活保護基準の関係についての整理が必要です。家計調査(二〇一九)の二人以上世帯の貯蓄現在高の平均は一七五五万円、中央値は一〇三三万円と比較的高いですが、最頻値は〇～一〇〇万円未満なので、一〇〇万円未満とするのは悪くないかもしれません。むろん持家を所有していないという条件はあったほうがよいでしょう。

もちろん現行生活保護法の住宅扶助特別基準の妥当性は再検討すべきでしょう。この経緯は第Ⅰ章でみたとおりですが、二〇一四～一五年の生活保護基準部会の検証のように、主に「住宅ストック」(すでに誰かが住んでいる住宅)についての統計データではなく、市場の実勢家賃を収集して判断すべきと考えます。

公正家賃という考え方

住宅手当の長い歴史をもつ英国の場合は、独立した評価局(Valuation Office Agency: VOA)の家賃担当官(レント・オフィサー)によって実勢家賃が収集され、その三〇%の位置にあたる家賃か、既存の額の一%アップか、どちらか安いほうで、「公正家賃」が定められています。

この実勢家賃の収集と評価は、「広域家賃市場」という地理的領域ごとに行なわれ、それは行政区域と一致しなくてもよいとされています。さらに住宅は、一寝室住宅、二寝室住宅、三寝室住宅、四寝室住宅、シェア住宅の五つの区分で決められますが、一寝室に割り当てられるのは、カップル、一六歳以上の単身者、一〇~一五歳の子ども二人、一〇歳未満の子ども二人です。子どもの性別も考慮し、同室になるのは同性のみです(8)。

ところで、この「公正(市場)家賃」は、アメリカにもある考え方で、家賃の上限額を規制する一種の家賃統制です。家賃統制は、戦後すぐの日本でも経験したものですが、あまり厳しく統制すると、アパート経営への意欲を削いでしまって、十分な質・量の貸家が市場に流通しないという弊害が起こりやすいのが問題点です。しかし住宅手当を導入するとすれば、合理的な家賃とはなにかが決められなくてはなりません。したがって、住宅扶助の解体=住宅手当の創設のどこかの段階で、日本でも実勢家賃の情報収集を行ない、その「公正(市場)家賃」を決定し、そこから手当額の基準をつくっていくべきでしょう。前例のない住宅手当なので、思い切った飛躍が必要です。

なお、この場合、住宅扶助がそうであるように、障害者世帯や居宅介護などのケースでは、手当を一・五倍などに設定しておく必要があることはいうまでもありません。さらに、敷金・礼金、更新料をどう考えるかも議論が必要でしょう。

なお、公営住宅の増大へ政策転換する方法もありえますが、公営住宅をどれだけ建てても、政策の恩恵を受ける層が限定され、また地域固定的なので、学校や職場等の選択などが限定される結果がもたらされがちです。ちなみに、被保護世帯で公営住宅居住は一九・一％(二〇一八年)にすぎません。

国交省か厚労省か、財源をどう考えるか

以上の実勢家賃の情報収集やその評価の作業、実際の受付・給付事務をどの組織が担うかということに加え、財源の問題があります。現在の住宅扶助より広い低所得層へ向けた社会手当として提案する以上、それらにも若干言及する必要があるかもしれません。住宅政策は、厚生労働省と国土交通省に分かれていますが、ここでの提案は、認定・給付行政は厚労省を主体とし、家賃情報などは国交省の責任として、都道府県の住宅局が実施してはどうかと考えます。

では、費用はどのくらい見積もっておいたらよいでしょうか。先の図Ⅳ-1で、二〇一九年度の住宅扶助費は生活保護費全体の一六・六％となっていました。これは五九四二億円にあたります。国立社会保障・人口問題研究所の「令和元(二〇一九)年度社会保障費用統計」によると、政策部門別の社会支出の内訳は、表Ⅳ-8(次頁)のようになっています。社会支出とはOECD基準による

表Ⅳ-8　社会支出における住宅支出(日本)

社会支出	2018 年度(億円)	2019 年度(億円)	対前年度比	
			増加額(億円)	伸び率(%)
合　計	1,255,014 (100.0)	1,278,996 (100.0)	23,982	1.9
高齢	482,446 (38.4)	484,114 (37.9)	1,668	0.3
遺族	65,074 (5.2)	64,600 (5.1)	△ 474	△ 0.7
障害，業務災害，傷病	60,630 (4.8)	62,392 (4.9)	1,762	2.9
保健	516,879 (41.2)	530,527 (41.5)	13,648	2.6
家族	90,567 (7.2)	96,730 (7.6)	6,164	6.8
積極的労働市場政策	8,567 (0.7)	8,303 (0.6)	△ 264	△ 3.1
失業	8,535 (0.7)	8,964 (0.7)	429	5.0
住宅	6,084 (0.5)	6,028 (0.5)	△ 56	△ 0.9
他の政策分野	16,231 (1.3)	17,338 (1.4)	1,106	6.8

注)（　）内は構成割合である．
出所) 国立社会保障・人口問題研究所「社会保障費用統計」(2019)

もので、社会保障給付費より広い概念ですが、住宅部門として日本で算定しているのは、住宅扶助に住宅対策諸費を加えたものです。これが六〇二八億円とありますので、約六〇〇〇億円が、すでに住宅のために支出されていることになります。社会支出全体の〇・五％になります。では、ここで提案する住宅手当を実現させるためには、どれくらいの規模の上乗せが必要でしょうか。

住宅扶助利用世帯は二〇一九年七月末日現在で、約一三七万世帯存在しています[9]。この住宅扶助利用世帯にどのくらい上乗せした世帯を予定しておいたら良いかは判断が難しいです。住居確保給付金の実績が目安となるかもしれません。累計でしかわかりませんが、令和三（二〇二一）年版厚生労働白書によれば、二〇二〇年四月から二一年三月までで一三万五〇〇〇件の決定があったそうです。金額にして三〇六億円です。また、先に述べた住宅セーフティネットによる住宅確保要配慮者は約二八万世帯と推計されています[10]。

統計的な手法で住宅手当が必要な世帯の推計をしたものとして、二〇〇三年の「住宅・土地統計調査」の個票データを用いた丸山桂氏の研究があります。生活保護基準の検証と類似の方法で世帯収入第１十分位（下位一〇％）を低所得世帯とし、ここから公営住宅居住や住宅手当、住宅扶助等を得ている世帯を差し引くと、約一八一万世帯になるとしています（丸山 二〇一八：二〇一～二〇五）。また、この対象に級地別住宅扶助特別基準の上限額を当てはめ、これを下回るときは実際の家賃額として推計すると、一九九八億円という結果になったそうです。なお、こうした統計データには、ホームレスの人びとや会社の寮や宿舎などにいる人びとは入っておらず、また世帯収入不明が除かれているために、実際より過小になっている可能性が高いので、丸山氏は二四

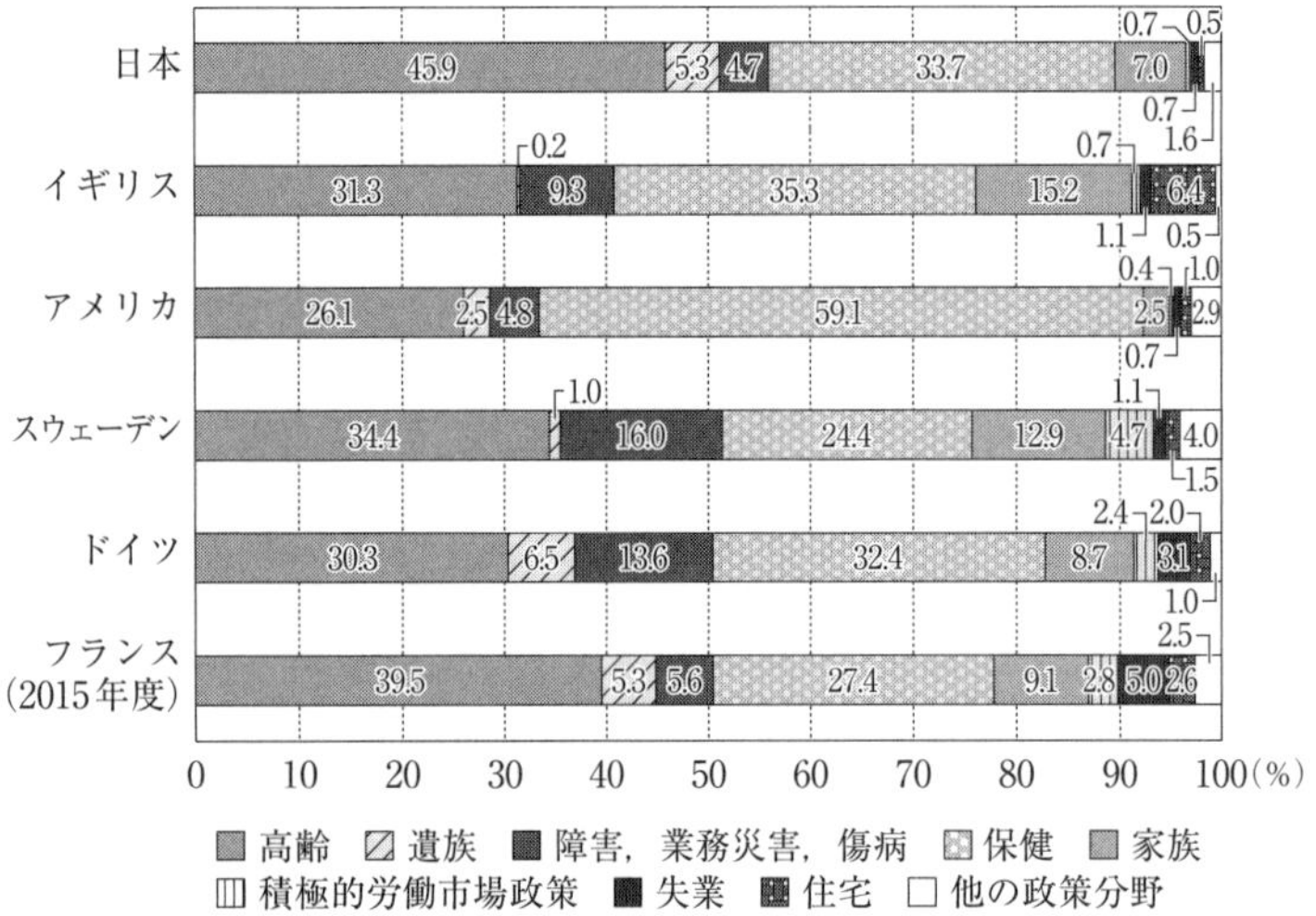

図Ⅳ-9　政策分野別社会支出の構成割合の国際比較(2017年度)

出所）国立社会保障・人口問題研究所「社会保障費用統計」(2018)

〇〇億円という二割増しの所要額も示しています。かなり前の推計とはいえ、こうした推計が少ないので、この金額は先の住居確保給付金実績より、頼りになりそうです。つまり、住宅扶助費を含めて住宅部門への社会支出約六〇〇〇億円に、二四〇〇億円を加えた八五〇〇億円程度がさしあたりの必要額と考えられそうです。現在の住宅扶助総額の一・四倍程度です。

図Ⅳ-9は二〇一七年の社会支出内訳を日本と欧米で比較したものです。住居費に支出された割合は、イギリスの六・四%が最も大きく、フランス、ドイツ、スウェーデン、アメリカと続きますが、最も小さいアメリカ(一・〇%)でも日本(〇・五%)の倍の割合になっています。これをみると一・四倍ぐらい増やしたらいいではないか、という気持ちになりませんか。
もちろん、社会保障費削減の流れの中で、どうやって増やすのかと詰問されそうですが、今もっとも優先すべきは、住宅手当の本格的展開です。住居の安定は、住民としての権利や社会関係維持のための基礎でもあるのです。ここに財源をもっと配分することによって、予防できる社会問題はたくさんあります。

どうも世界金融恐慌以降創設されてきた、生活困窮者のための第二のセーフティネットや住宅セーフティネットの支援のシステムなどは、肝心の基礎資源の拡充より、支援システムの絵だけを熱心に描いているだけにみえなくもありません。きちんと検証されていないプログラムに資金をつぎ込むことと比較して、住宅手当は貧困対策としての実効性が大きく、さらに被災や今回の新型コロナのような緊急時の対応だけでなく、平時に住宅手当があることによって、緊急時対応の長期化を防げるというメリットもあります。また、住宅手当によって、他の所得保障、たとえば基礎年金満額程度と若干の蓄えでも暮らせる人びとが増えていく可能性は決して小さくないでしょう。

住宅手当創設の提案のイメージ

(1)生活困窮者自立支援制度の「住居確保給付金」事業を拡張・恒久化して、低所得層までカバーする住宅手当として創設。
労働政策と切り離し、純粋な住宅手当として高齢世帯も含めた全世代型の政策とする。

(2)期間の制限は廃止。
(3)一定の収入・資産要件を設け、持家、社宅、企業からの家賃補助がある場合は除外。
(4)実勢家賃の定期調査から、公正家賃の水準を把握して手当額を決める。
(5)社会保障の一つとして厚労省の所管だが、(4)は都道府県の住宅行政が担当。
段階的には、住宅扶助の単給化からスタートする手もある。

3 教育扶助の解体と子ども養育費の保障

次に、子どもの教育にかかわる扶助の解体への対応を考え、あわせて子ども養育費の最低限保障について考えていきます。Ⅲ章でみたように義務教育で発生する教育費はすべてが無償ではないので、無償ではなく、かつ「学校で必要とするもの」という特殊な需要をまかなっているのが教育扶助です。高校等の進学に対応するのは生業扶助の「高等学校等就学費」で、これは授業料だけでなく、入学金、教材費や通学費などひろく対象にしています。

このほか、生活扶助の加算として、児童養育加算と母子加算がありますが、これはもともと児童手当と児童扶養手当が収入認定されることへの対応なので、もとの手当を受給する権利が確保されていればよいことになります。ただし、今後の子どもの貧困防止、あるいはよりよい養育環境の保障について考えると、これらの手当の改善が強く望まれます。そこで、子ども養育費全体について、関連制度の紹介も含めて、いくつか提言したいと思います。

就学援助制度を発展させる

教育扶助の解体は、学校教育法一九条に規定された「就学援助制度」の拡張によって対応可能です。少し前まで、この就学援助制度はあまり知られていませんでしたが、子どもの貧困のクローズアップとも関連して関心が高まり、文部科学省のホームページには「就学援助ポータルサイト」もあります。

教育扶助ができたのは一九五〇年の新生活保護法によりますが、翌一九五一年に文部省は「義務教育就学奨励法」を立案しました。就学援助制度にくわしい藤澤宏樹氏によれば、この「奨励法」案は生活保護法の教育扶助を分離し、経済保護と義務教育の権利を一元的に文部省が推進するという意図があったようです（藤澤 二〇〇七：二〇八）。しかし厚生省はすでに教育扶助を新設していましたから、文部省への移管には同意しませんでした。このため、「奨励法」は廃案となりました。その後「就学困難な児童のための教科用図書の給与に対する国の補助に関する法律」を経て、ようやく一九六一年に「就学困難な児童及び生徒に係る就学奨励についての国の援助に関する法律」（就学援助法）としてまとまり、現在まで二つの制度が併存しています。この二つの制度の関係について、鳫咲子《がんさきこ》氏がうまく表に示されていますので、その枠を使って一部内容を修正したのが表Ⅳ-10（次頁）です。

教育扶助でも就学援助でも、学用品費、通学用品費、通学費、給食費など、ほぼ同じ内容の学

表Ⅳ-10　教育扶助と就学援助

<table>
<tr><th></th><th></th><th>①学用品など</th><th>②教材購入費</th><th>③通学交通費</th><th>④学習支援費</th><th>⑤学校給食費その他</th><th>修学旅行費</th></tr>
<tr><td rowspan="2">要保護者</td><td>生活保護の教育扶助を利用</td><td colspan="5">教育扶助
2018 年　11 万 6,115 人</td><td rowspan="2">就学援助(国庫補助 1/2)
(2018 年度　約 11 万人？)</td></tr>
<tr><td>それ以外</td><td colspan="5">就学援助(国庫補助 1/2)
(2018 年度　約 11 万人？)</td></tr>
<tr><td>準要保護者</td><td>準ずる程度に困窮</td><td colspan="6">就学援助(市町村の一般財源)
2018 年度　約 126 万人</td></tr>
</table>

資料）鳫(2009: 30)より一部加工.

校関係費が、定額、実費、一部補助または現物で支給されます。違うのは、教育扶助では修学旅行費が出ないため、被保護世帯でも修学旅行には就学援助を利用することです。

この表からわかるように、対象は大きく「要保護者」とそれに準ずる「準要保護者」の二つに分かれ、要保護者は被保護者とそれ以外に分かれます。要保護者という言葉は、生活保護法では「現に保護を受けているといないとにかかわらず、保護を必要とする状態にある者」という定義です。しかし、この表の「それ以外」が何を指しているのか不明です。鳫氏の元の表の注記では、「主に教育扶助以外の扶助を現に受けている者」(鳫 二〇〇九：三〇)とありますが、この表での要保護者数は、被保護者数と同じなので、被保護者が教育扶助を利用したうえで、修学旅行などの費用は就学援助を利用していると読んだほうがよさそうです。

二〇一八年度の就学援助対象者は約一三七万人で、その九割以上が準要保護者です。援助対象者の公立学校児童生徒数に占める割合＝就学補助率は、一四・七％となっています。補足しておくと、現在の生活保護世帯で学校へ行っている子どものいる世帯は約一〇万世帯ありますが、その約七割は母子世帯です。母子世帯の貧困率の高さは、最近ではよく知られていますが、生活保護における教育扶助も、主に母子世帯の子どもたちの教育保障として現れていることに注意しておきたいと思います。

一元化にあたっての三つの課題

さて、教育扶助についてだけいえば、それより守備範囲の広い就学援助制度がすでに存在しているので、それが教育扶助の代わりをすることが十分可能です。教育扶助の多くは、学校が指定する「学校で必要なもの」なので、当初文部省が試みたように、就学援助に一元化したほうがむしろよいかもしれません。しかし、就学援助については三つの大きな問題があります。第一はその財源が市町村の一般財源であること、第二はそれとも関係して、援助の内容や程度に地域差が大きいこと、第三は多くの場合、学校を通して申請が行なわれていることです。

第一の点について、二〇〇五年度までは、要保護者・準要保護者に対する就学援助費の二分の一は国庫補助の対象となっていましたが、準要保護者の就学援助の国庫補助はすべて廃止され、一般財源化されました。もちろん一般財源化しても地方交付税の算定基準として予算を交付していますが、財政の苦しい自治体では、ここにあまり財源を投入できないかもしれません。しかし、教育扶助を解体するとすれば、要保護者の就学援助は、少なくとも現在の生活保護と同様の国の負担が必要なことはいうまでもありません。要保護者基準の明確化とともに、たとえば児童扶養手当受給者や市町村民税非課税世帯およびこの少し上の世帯には自動的に就学援助が実施されるような制度設計が必要となるかもしれません。これは児童手当などについて後述する点と合わせて検討する必要があるでしょう。

第二の地域差は、この財源ともかかわって、よく問題にされています。援助の前に、そもそも給食がない地域などもあるという指摘もあります。新型コロナをきっかけに、学校教育のデジタル・トランスフォーメーションが加速していく可能性が大きいでしょうが、タブレットなど端末機器の貸与・配布などでも地域格差が生じるかもしれません。こうした新たなニーズも視野に入れて「学校で必要なもの」を精査しつつ就学援助を拡大させるか、いっそのこと無償供与・貸与を拡大させるか、いま岐路に立っているといえます。

第三に、経済的援助にともなうスティグマをできるだけ排除していくためにも、現在主流である学校を通しての就学援助の申請や給食費などの徴収を止め、自治体の窓口や学校、または教育委員会に学校ソーシャルワーカーを配置して、就学援助支援業務を確立していくことが不可欠になります。これは学校教員の教育以外の事務負担の軽減のためにも重要です。

高校・大学も視野に

次に、高校など義務教育以上の教育については、生業扶助の中の「高等学校等就学費」が授業料だけでなく、「学校で必要なもの」にかなりひろく対応しています。また近年は高校進学によって世帯分離をうながすことなく、生活保護世帯内での進学が認められています。大学は今のところ世帯分離にならざるをえませんが、大学進学についても、すぐ就労するより長期的にみて自立をうながすとの合意が生まれつつあります。

　このような生活保護の変化は、一般の高校や大学の授業料無償化の動きと無縁ではありません。高校授業料無償化は、二〇一〇年「高校無償化法」から始まりました。これは公立高校の授業料が免除、私立高校に通う生徒の場合には同額の「就学支援金」が支給されるというものでしたが、二〇一四年に制度が改正され、現在の高等学校等就学支援金制度（高校授業料無償化）になりました。高校以外でも、各種学校、専修学校が対象となります。また、こういった授業料以外の負担を支援する高校生等奨学給付金という制度もあります。したがって、生業扶助を廃止しても一般制度の低所得者対策に乗せていくことが可能です。大学も二〇二〇年四月からは、「高等教育の修学支援新制度」が導入され、授業料の減免、給付型奨学金制度が整備されつつあります。

　なお、これらの制度では、高校生や大学生をもつ親の収入レベルを考慮してか、住民税非課税基準だけでなく、それに準じる世帯へも対応するようになっています。

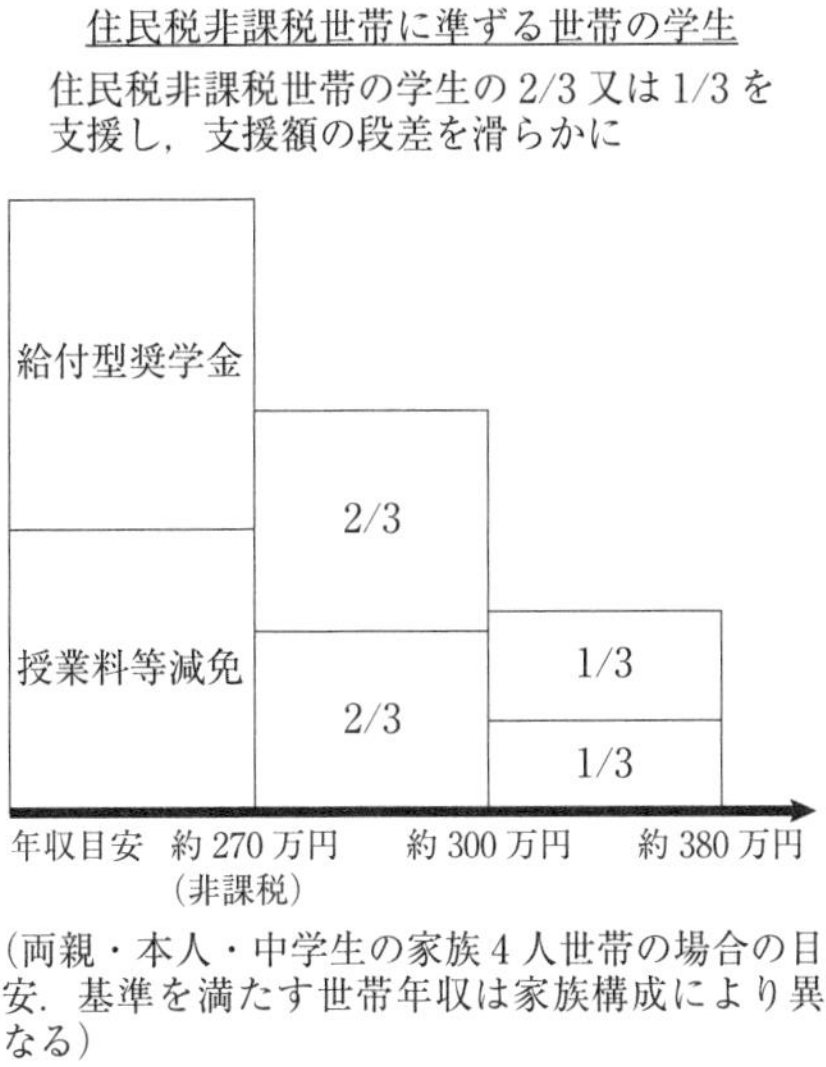

（両親・本人・中学生の家族 4 人世帯の場合の目安．基準を満たす世帯年収は家族構成により異なる）

図Ⅳ-11　大学授業料免除と給付金支給対象
出所）文部科学省 HP（高等教育の修学支援新制度について）

たとえば、図Ⅳ-11は大学授業料減免と給付金の対象世帯の給付額を図示したものですが、非課税世帯（第Ⅰ区分）のほか、これに準じる世帯（第Ⅱ区分、第Ⅲ区分）の減額・給付額水準をそれぞれ三分の二、三分の一にする、というようなやり方になっています。二〇二〇年六月までは、所得判定基準は地方税の所得割額を基準としていましたが、二〇二〇年七月分以降は保護者等の課税所得を基準として判定します。

以上から、教育扶助、生業扶助のうちの高校等就学費は、高等教育も含めた就学支援制度の一般的拡充によって、対応可能だと考えます。ただし、以上の提案は、最近提起された、虐待で家を出た子どもや、児童養護施設を退所した子どもが、大学に進学しながら生活保護を利用することが可能か、という論点は含んでいません。それは、後で述べる生計維持給付の利用資格に関わって議論されるべきことでしょう。

子どものいる世帯の生活費への配慮――児童手当と児童扶養手当

子ども養育費は、もちろん「学校でかかる費用」に限定されません。一般には、子どものいる世帯への配慮として、児童手当と児童扶養手当という社会手当が存在し、寡婦・寡夫向けの税制上の控除もあります。生活保護の解体にあたって、子どものいる世帯への社会手当がしっかりしていれば、住宅手当と国民健康保険の支えでなんとかなりそうですが、実際はどうでしょうか。

第Ⅱ章では触れませんでしたが、児童養育費への社会保障の整備について日本は大変遅れていました。児童手当の導入は一九七二年からで、長らく義務教育修了前の第三子以降に一人月額五〇〇〇円が給付される程度でした。その後の制度の展開は、①制度はあってもなるべく財源を節約して進めたいという方向と、②「少子化」や「子どもの貧困」の切り札にしたい、という異なった思惑から、減らされたり、増やされたりを、ジグザグと繰り返してきました(11)。

②が一気に進んだのは、一律二万六〇〇〇円の「子ども手当」を公約に掲げた民主党が二〇〇九年に政権についたためです。従来の児童手当の対象は、さすがに乳幼児から小学校卒業までに拡大されていましたが、これをさらに中学校までひろげ、所得制限も撤廃し、飛躍的に大きな金額の子ども手当制度を展開しようとします。あわせて、所得税および住民税の扶養控除のうち〇～一五歳の分(年少扶養控除)が二〇一〇年度改正で廃止されることになりました(12)。

しかし膨大な財源が必要なうえ、これを国庫でまかなうと主張した民主党の構想は頓挫《とんざ》し、旧来の児童手当部分を残して、そこに二階建てのようなかたちで子ども手当を執行しようとします。なお旧来の児童手当の財源は国、地方の負担割合も変遷があり、また被用者の場合は事業主負担があるなど、かなり複雑でした。しかし子ども手当が決定的に挫折するのは二〇一一年三月の東日本大震災の復興予算を優先せざるを得なかったからです。こうして手当の廃止が決まりますが、まず「特別措置」、次いで自公政権時代の児童手当を修正した新児童手当で支給を継続することを決定しました。大和総研がこれをコンパクトに整理していますので、表Ⅳ-12(次頁)として転載しました。

これをご覧いただくとよくわかると思いますが、新児童手当は、所得制限が入ったところが違う程度で、だいぶ水準を下げたとはいえ子ども手当以後の変化をおおむね引き継いでいます。し

の推移(新旧比較)

子ども手当	特別措置の 子ども手当	新児童手当 (移行期間)	新児童手当
2010年度(等) 子ども手当法	子ども手当 特別措置法	児童手当法	
2010年4月分～ 2011年9月分	2011年10月分～ 2012年3月分	2012年4月分 ～5月分	2012年6月分～
毎年2・6・10月に前月分までの4ヵ月分を支給			
中学校卒業まで			
所得制限なし			所得制限あり 所得制限：年収960万円程度 (配偶者を扶養し，子どもが 2人いる4人世帯の場合)
一律月1.3万円	3歳未満→月1.5万円 3歳以上小学校卒業まで →原則月1万円 (第3子以降は月1.5万円) 中学生→月1万円		【所得制限にならない世帯】 3歳未満→月1.5万円 3歳以上小学校卒業まで →原則月1万円 (第3子以降は月1.5万円) 中学生→月1万円 【所得制限になる世帯】 特例給付として，当分の間， 月0.5万円を支給
約2.7兆円注)	約2.5兆円注)		約2.2～約2.3兆円

定した場合(平年度)の総支給額である.
査課作成.

表Ⅳ-12　児童手当

	旧児童手当
根拠法	児童手当法
時期	～2010年3月分まで
実際の支給時期	
支給対象の児童(子ども)	小学校卒業まで
所得制限	所得制限あり 所得制限：年収860万円程度(配偶者を扶養し，子どもが2人いる4人世帯の場合)
児童(子ども)1人あたりの支給額	【所得制限にならない世帯】 3歳未満→月1万円 3歳以上小学校卒業まで→原則月0.5万円 (第3子以降は月1万円) 【所得制限になる世帯】 支給なし
総支給額(年間換算)	約1兆円

注）手当の支給を同じ金額で1年間行ったと仮
　　法令等をもとに大和総研金融調査部制度調
出所）是枝(2011: 3)

かも所得制限以上の世帯にも、特別給付を支給するようになりました。

次に、児童扶養手当ですが、これは児童手当よりずっと早く、一九六一年に導入されています。国民年金が無拠出年金としての福祉年金からスタートしたことは第Ⅱ章で述べましたが、その一部として母子福祉年金がありました。これは死別母子対象で、離婚による生別母子世帯には対応していなかったことから、「補完的」な制度として全額国庫負担の児童扶養手当制度ができたといわれています。

児童扶養手当制度の創設をくわしく追った堺恵氏は、これがかなり早い段階で成立したのは、母子福祉年金のための予算が「推計ミスで」一一億円ほど余ってしまったことによるのではないかと推測しています。これについては厚生省の文献にも記載されている事実です(13)。母子福祉年金は児童局の母子世帯調査を基礎に推定された受給権者の四五%しか手続きをしなかったので、予算が半分余ってしまったわけです(厚生省年金局編 一九六二:三三三)。

この手当は将来の児童手当の先行制度という位置づけもなされ、当初は「児童への手当」であることが強調されていたそうです(堺 二〇二〇:八五~一〇〇)。その給付額は、母子福祉年金より低いものの、それに連動して改訂されていました。しかし児童手当制度ができた後も、そこに吸収されることはなく、今度は「母子世帯」への対応という説明に変化していきます。したがって、現在も児童手当と児童扶養手当の二つが並存しているわけです。

「ひとり親」による子の養育への支援に

一般に児童扶養手当への批判としては、死別/生別による分断が、特に生別に差別的であることがいわれてきました。生別の場合は、まだ生きている父親の扶養責任が常に問題となりますし、また未婚や非婚を給付対象から外すという提案もなされてきました。藤原千沙氏は一九九七年時点の他の制度との比較をふまえて、ニーズに基づいているのではなく、「モラルや道徳的規準によって援助に値すると判断された母子だけに与えられる給付なのである」(藤原 一九九七:二五)と指摘しています。

このような批判や、相対所得貧困率などに示された日本のひとり親世帯の異常ともいえる貧困率の高さが、この手当の対象を拡大させる方向に向かわせました。まず二〇〇二年改革で予定されていた婚外子の除外は撤回され、二〇一〇年には父子家庭へも児童扶養手当の支給が拡大されました。二〇一二年には裁判所で保護命令が出されたDV被害者も対象とし、さらに二〇一四年には公的年金給付等との併給制限の見なおし(手当よりも低額の公的年金等を受給する場合に、その差額分の手当を支給)がなされました。もちろん、現在でも父または母から「遺棄」されている子どもへの支給は一年以上経たないと認められませんし、どの自治体も、かなり複雑なフローチャートでこの手当の対象かどうかの判定をしているなどの問題点はあります。

しかし、ここで注目したいのは、現在児童扶養手当は、事実として「ひとり親」または親がいない子どもを養育する場合にひろく支給される手当になってきたということです。特に公的年金との併給制限の見なおしは、遺族年金受給の場合も、その金額によってはこの手当の支給対象となるわけで、死別・生別による制度の分断がかなり薄れています。他方で、遺族基礎年金も、二〇一四年に子のある夫も追加しています。次第に死別/生別、あるいは男稼ぎ主/女被扶養者というような区分の当てはめが妥当ではないという社会通念が芽生えてきたのかもしれません。

このため、現在の児童扶養手当は、①父母が婚姻を解消した児童、②父または母が死亡した児童、③父または母が政令で定める程度の障害の状態にある児童、④父または母の生死が明らかでない児童、⑤父または母が一年以上遺棄している児童、⑥父または母が一年以上拘禁されている児童、⑦婚姻によらないで生まれた児童、⑧父または母が保護命令をうけた児童の養育者へ、幅広く支給されることになっています。その支給額は表Ⅳ-13(次頁)のとおりです。

これを遺族基礎年金と比較すると、年金は基礎額が七七万九三〇〇円と多いので、たとえば子

表Ⅳ-13　児童扶養手当の支給額・所得制限と遺族基礎年金額(2020年4月現在)

	児童扶養手当(月額)			遺族基礎年金(年額)
	子ども	全部支給	一部支給(所得に応じて)	子のある配偶者 779,300円 子の加算 1～2人目 +224,300円 3人目以降 +74,800円
支給額	1人目	43,160円	43,150円～10,180円	
	2人目加算	10,190円	10,180円～ 5,100円	
	3人目以降加算	6,110円	6,100円～ 3,060円	
所得限度額	1人	87万円	230万円	
	2人	125万円	268万円	
	3人	163万円	306万円	

ども二人では一二二万七九〇〇円となり、一カ月約一〇万円強です。児童扶養手当では、月五万三三五〇円なので遺族基礎年金の約半分です。

以上の児童手当および児童扶養手当を前提に、今、生活保護利用世帯の子どもの多くが属している母子世帯(総数)について、子ども一人(二人世帯)と二人(三人世帯)の場合を例に、①生活保護法による最低生活費の決定額とその内訳、②収入(認定)額、③扶助額(②から一定の控除をしたものを①から引いたもの)を二〇一九年の全国被保護者調査から表示すると、表Ⅳ-14のようになります。

これはあくまで世帯あたりの平均額にすぎませんが、どの程度収入が足りなくて生活保護利用にいたっているかがある程度推測できます。

すでに医療扶助の国民健康保険への吸収、住宅扶助の手当化、教育扶助の就学支援費化等について提案してきましたので、ここで、注目していただきたいのは、網掛けしてある生活扶助部分(加算含む)と、収入の内容です。

子ども一人の母子世帯(二人世帯)では、生活扶助部分が一四

表Ⅳ-14　母子世帯の保護決定状況額(世帯当たり)

(円)

	2人世帯	3人世帯
①最低生活費	193,186	245,220
生活扶助	143,000	186,873
住宅扶助	41,066	42,353
教育扶助	3,683	8,658
その他	5,437	7,336
②収入(認定)額	92,622	124,146
勤労収入	36,075	47,672
その他の収入	56,547	76,474
③扶助額(①－②－控除額)	115,098	139,988

資料) 厚生労働省「被保護者調査」2019年(年次：7月末日現在). 数字は小数点以下四捨五入.

万三〇〇〇円で、認定された収入は九万二六二二円です。収入は勤労収入とそれ以外の収入(おそらく児童扶養手当＋児童手当部分)で成り立っており、勤労収入は三万六〇七五円です。その他の収入は五万六五四七円です。今、この世帯が生活保護を申請しないとすると、手当も収入認定されませんので、この収入額はすべて生活に使えます。これを生活扶助額から引いた約五万円が足りないことになります。子ども二人(三人世帯)では六万円強不足ですね。要するに、医療や住宅、教育などを除けば、母子世帯は平均して月五〜六万円の収入が足りなくて、生活扶助を利用していることになります。

そこでもし生活扶助も解体するとすれば、児童手当もしくは児童扶養手当額を、この足りない分だけ引き上げれば、母子世帯も社会保険、社会手当制度で、ほぼ最低生活が可能になると考えられます。もちろんこれらの額は生活保護

表Ⅳ-15　児童税額控除制度の提案(東京財団)

財源：扶養控除，配偶者控除をそれぞれ20万円縮減	
控除対象：課税所得200万円(妻子2人で給与所得600万円強)以下とし，23歳未満の扶養親族をもつ納税者に，扶養親族1人あたり5万円の税額控除を与え，年末調整(自営業者は確定申告)時に税額控除する	
児童手当：税額控除しきれない納税者と非納税者については，市町村の児童手当担当部署から給付(還付)を行なう	

出所）森信編(2008: 2, 4)

決定状況からみた世帯当たりの平均額から出しただけなので、注意が必要です。

児童手当の増額と「給付付き児童税額控除」の議論

子ども一般の生活保障にとって、あるいは「少子化」対策としても、児童手当の増額が重要なことはいうまでもありません。この児童手当について、税額控除制度にくわしい東京財団政策研究所の森信茂樹氏らは、二〇〇八年に「給付付き児童税額控除の提言」を行なっています(東京財団・政策提言)[14]。これは、児童を養育する家庭の経済支援として、児童税額控除を導入し、非控除者には児童手当も給付するというものです。具体的提案は、表Ⅳ-15のとおりです。

森信氏らは、その後もいくつかの税額控除の提案をしていますし、二〇一〇年前後は、給付付き税額控除について議論する研究者も増えました。しかし、その後これへの関心が薄れ、本書冒頭で紹介した論説委員の嘆きのように、どのような対策が効果があるかという具体案が詰められずにいます。

子ども手当の挫折の経験もあってか、児童手当の拡大は当分難しそうです。それどころか特別給付の見なおしや所得を夫婦合算にするなどの改正案が出ている状況があります。これに対して、ひとり親世帯等は数の面からもそれほど多くないこと、また現代の生活保護利用世帯の一つの典型になっている母子世帯の貧困を阻止することは、虐待、DVなどの関連する社会問題の予防になっていく可能性も高い点で政策効果が見込まれます。すでに教育扶助のところで述べたように、現在の生活保護利用世帯のうち、就学者を抱えている世帯の七割弱は母子世帯です。ですから、生活保護を解体する場合、ひとり親世帯の生活費保障を生活保護の外部に強化していくことが早道ではないかと思います。

遺族基礎年金を「ひとり親世帯等基礎年金」へ

本書での提案は、遺族基礎年金を「ひとり親世帯等基礎年金」(A型拠出・B型無拠出)とし、年金受給権者の死亡以外に、事実としてひとり親、あるいは親のいない状況で育つ子どもに対して、現在の遺族基礎年金給付と同水準の給付を行なうというものです。児童扶養手当はこれに吸収されます。現行児童扶養手当+生活扶助の一部という金額に、別途住宅手当が利用できれば、これまで生活保護を躊躇《ちゅうちょ》しているひとり親世帯も、困窮のもっと手前で利用するようになる可能性が生まれ、最低生活保障がより堅固になるはずです。無拠出B型は所得と貯金額で上位所得者、資産者は除外しますが、生活保護のような厳しい資産調査は行なわずに簡易な手法によるものとします。

当面、遺族厚生年金は現状維持します。新たな給付は、拠出歴のある受給権者と、ない受給権者を両方含みます。無拠出給付が入ることに、年金保険として批判があるかもしれません。しかし、母子福祉年金という先行形態がありますし、遺族基礎年金は年金というより、社会手当的だという指摘もあります。たとえば坂口正之氏は、「給付対象を生計維持関係のある子のある妻(母)または子に限定したが、この場合は一八歳未満の子をもつ妻は通常四〇歳代までであると想定できるから、……若齢遺族基礎年金である。給付は遺族の最低生活保障の観点から定額年金であり、長期の拠出を要件としないから、その意味で遺族基礎年金はいわば社会扶助・社会手当の範疇に属する所得保障制度である」(坂口 二〇〇二：二二四)と述べています。遺族基礎年金それ自体が社会手当的であるとすれば、こうした形の提案も可能であると考えます。この提案は、一見、非現実的と思われるかもしれませんが、今述べてきたような対象拡大や遺族年金の社会手当的性格を前提にすると、決してそうではないのです。なお、田宮遊子氏は、遺族年金と児童扶養手当を一体化して、死別／離別／未婚を問わない、一体化した社会手当にすべきことを提案していま す(田宮 二〇一〇：九二〜九四)。本書での提案は遺族基礎年金としての統合ですが、これはスティグマを減らすためで、田宮氏の考えと違いはありません。

ひとり親世帯等基礎年金の提案のイメージ

(1)A型：拠出　遺族基礎年金と同様。

(2)B型：無拠出　ひとり親あるいは親以外が子どもを養育する世帯へ、現在の基礎年金給付と同水準の給付(児童扶養手当は吸収)。無拠出は所得調査ありだが、税制度から簡易に。

4　高齢期・障害のあるときの生活扶助はどうするか

■高齢期の場合

現在の生活保護利用者の最大多数を占めるのは高齢者です。第Ⅲ章で「選別的普遍主義」について述べましたが、日本の国民年金は、その対象を保険料支払いの困難な層までひろげて、「国民のすべて」への普遍主義を徹底しようとしたため、保険料を払えない層を、制度の中で選別的に救済する手法をインプットせざるを得なくなった経緯を指摘しました。これは普遍主義への選別主義の取り入れです。しかし、日本の老齢基礎年金は満額が最低生活費を意味しておらず、しかもその満額以下の年金額受給者が多いため、選別的普遍主義の政策では老後の最低生活が保障されない場合があるわけですね。そこで国民年金で低所得者対策をとっているのに、さらに生活保護で補完しなくてはならない現実があります。

そこで、生活保護を解体するとすれば、住宅手当や国保による医療保障があっても、なお収入が最低基準に達しないという高齢者を、年金制度のちかくでささえる社会扶助が別に必要になってきます。ちなみに、高齢者世帯の保護決定状況から、「他法による収入」(主に年金)を二〇一九年の被保護者調査で確かめると、一人世帯平均で約三万円、二人世帯平均では約五万六〇〇〇円となっています。

日本の国民年金が無拠出年金から出発したことは第Ⅱ章で述べました。老齢福祉年金は経過的年金の受給者がいまも存在しているので、老齢福祉年金支給規則があります。これを生かすという方法がないわけではありません。しかし老齢福祉年金は、国民年金制度の加入者であるのに、拠出制年金の受給要件を充足できなかったためその支給を受けることができない場合に国庫から支給される年金で、あくまで加入者だけが対象、しかも給付は、最低生活保障を意味しない満額までになります。

そこで、高齢者の生活扶助部分にあたる最低生活費については、次の二つのシナリオが考えられると思います。

①今後、国民基礎年金の満額を、厚生年金との財政調整などで、少なくとも現行生活扶助基準並に改正し、基礎年金を高齢期の最低生活費(現行の生活扶助部分)に合わせる。そのうえで、国民年金未加入者および加入者だが満額に届かない低年金者で、これを補う預貯金や収入がない場合に、年金制度の内部に「支援給付」制度を置き、基礎年金満額まで保証する。

②しかし、①は基礎年金満額と生活扶助額を揃えることの困難に加えて、年金未加入者までカバーするのかという批判があるかもしれません。そこで、年金制度の内側ではないが、年金開始年齢以上の高齢者への生活扶助を「年金支援給付」とする。これは他国でも行なっている方式で、年金の扶助版ですが、今のところ最も現実的な方法だと思います。

なんだ、それでは生活保護と同じではないか、と思われると思いますが、ポイントは、生活保護のスティグマを払拭し、簡素な手法で、なるべく年金給付に付随するようなかたちでこれを補う制度設計にすることです。名称は、たとえば英国がかつて行なっていた最低保証年金(現在はペンションクレジット）のような表現もありますが、私は「年金支援給付」というような表現がよいのではないかと思います。

類似の制度として、日本へ帰国した中国残留邦人およびその配偶者の老後生活保障として二〇〇八年から開始された国民基礎年金の満額支給およびこれを補完する「支援給付」があります。帰国者の多くは、労働市場への十分な参加という面だけでなく、言語や文化の面で問題を抱え、その生活は生活保護で支えられていました。ところが二〇〇八年に帰国前の公的年金に加入できなかった期間だけでなく、帰国後の期間についても、特例的に保険料の納付が認められ、老齢基礎年金等の満額支給が可能になりました。またそれでも最低生活費に満たない場合は、生活保護と同じレベルの、年金を補完する支援給付が設けられました。二〇一四年には配偶者も含めた生活保障となっています。この背景には、帰国後の生活に不満を感じていた元孤児たちが、二〇〇二年に集団で国家賠償請求訴訟を起こしたことがあります。様々な不満のひとつとして、生活保護の資産や扶養調査の厳しさ、年一度の中国への里帰りなどにまでおよぶ「生活監視」があったといわれています。

帰国者の場合は、戦争によって国から遺棄された被害者という側面があるので「例外」という見方もありえますが、もはや労働市場から引退した高齢者に対して、就労指導、過度な資産調査や扶養照会、生活指導を行なう意味がどの程度あるでしょうか。贅沢ではないが最低限度は保障される水準の社会扶助を年金の横に「年金支援給付」として設けることで、住宅手当のいらない持ち家高齢者も含めた低所得高齢者の貧困が回避され、その消費が促進され、福祉事務所の事務経費も安上がりになる仕組みが生まれるのではないでしょうか。

個人単位＋夫婦（ペア）単位で設計する

なお、四方理人氏は、年金の最低生活保障を行なう場合は、個人単位ではなく、夫婦単位と個人単位の二つで行なったほうがいいと提案しています。これは、基礎年金額と生活扶助額を比べて年金が低い場合や、逆に生活扶助額が低い場合でも、個人単位で拠出―給付が行なわれる年金と世帯単位の生活扶助を比較して最低生活保障を考えることは、「原理的にむずかしい」からです（四方 二〇一〇：六七）。この点をふまえると、支援給付は、高齢者個人と高齢夫婦（または姉妹とか兄弟などの別のペア）で設計するのがよさそうです。これ以外の世帯類型として、たとえば高齢者と未成年の孫などの組み合わせでは、先の遺族基礎年金のひとり親等給付を組み合わせるとか、次に述べる障害者年金と組み合わせるなどすれば、大体はカバーできると思います。賃貸住宅の高齢者にはもちろん住宅手当が該当します。

所得や資産の制限は、むろん必要ですが、これもなるべく簡易な手法が望ましいです。所得の把握は、個人地方税の非課税限度額を使うことが考えられますが[15]、先に述べた生活保護基準との整合性をつけておかねばなりません。

高齢世帯の資産の考え方

資産は、自分の住む家以外の不動産と、補完給付の少なくとも六カ月分ぐらいの貯金で制限するのはどうでしょうか。今の生活扶助部分だけですから、それほど高くありません（単身者で五〇万円弱）。今回の生活保護解体論における資産の考え方は、終章でまとめて述べたいと思いますが、特に高齢世帯は、預貯金や持家の比率が現役世代に比べて高いので、それらをどのように考えるかが課題となります。高齢者の預貯金は退職金などの影響もあるので、所得とあわせて判断するというやり方もあるかもしれません。

なお、要保護世帯向け（六五歳以上）の不動産担保型生活資金、つまりリバースモーゲージ制度が、社会福祉協議会の事業である「生活福祉資金」貸付事業の一つとして、二〇〇七年から存在していることは第Ⅱ章で述べました。だいたい毎年二〇〇〜三〇〇件程度の利用があるようで、これがうまくいけば低所得の持家層は不動産利用で生活できることになります。この実績についてはほとんど知られていませんが、角崎洋平氏と村上慎司氏が二〇一四年に全国の社会福祉協議会への調査を行なっています（角崎・村上 二〇一六）。その結果によれば、要保護者の不動産評価額が高くないため、早期に利用の限度額に達することや、契約者死亡後の相続人の協力がないと債権回収が難しいなどの問題点が浮き彫りになっています。リバースモーゲージが成り立つかどうかは慎重でなければならないでしょう。不動産の扱いや相続との関連は、今後の検討課題かもしれません。

高齢期における生活扶助のイメージ

(1)年金支援給付とする。

老齢年金開始年齢以降の高齢者の収入が最低基準以下の場合に支給。
⑵個人単位、夫婦単位を基準とする。
⑶要件　所得調査はなるべく税制度利用。ただし公的年金の控除額は縮小する。
⑷資産調査　自宅以外の住宅所有は不可、預貯金は六カ月分程度。
⑸給付は、現行生活扶助水準は下回らない。できれば平均の六割に。

■障害のあるとき

障害がある人びとへの最低生活保障はちょっとややこしいです。ややこしいというのは、日本の障害認定基準が一つではないからです。身体障害者手帳には障害の種別や等級が記されていますが、年金制度の障害認定はこれと別なのです。また、いずれも心身の部位別、機能別の等級表になっており、稼働の程度や所得、あるいは介助の問題とはほとんど関連しません。しかも、障害はその種別や機能によって類型化されにくく、さらに個々の状況によってそのニーズも異なるので、最低生活を平均化してとらえにくいところがあります。

さて、生活保護の場合は、すでに述べた「障害者加算」によって障害を識別しており、その場合は障害者手帳と年金の両方を使っています。この定義でみると、二〇一九年の被保護者調査では、四一万一五五〇人が障害者加算の対象となっており、そのうち身体障害者手帳一、二級か国民年金一級該当が三八・六％、身体障害者手帳三級か国民年金二級該当が五三・九％です。のこりは重度障害者や介護の加算該当です。日本の障害者の総人口数を、いわゆる三障害（身体・知的・精神）の合計で数えた障害者白書（二〇一八）では、九三六万人としていますから、生活保護の障害者加算対象者はその四％ほどにあたります。全人口あたりの保護率は一・六％強ですから、障害をもっている人の保護率は高いということになりますね。

障害年金で「なんとかなる」のか？

障害については公的年金制度による対応があることは第Ⅱ章でみてきたとおりです。一九八五年の基礎年金導入にあたっては、それまで福祉年金の対象となってきていた、二〇歳前に初診日のある障害者へ無拠出のまま、基礎年金を認めるという大胆な改革を行ないました。障害基礎年金の形成についてくわしく考察した髙阪悌雄《たかさかやすお》氏によれば、年金水準の低下を意味した一九八五年の基礎年金導入の中にあって「唯一の給付の改善が行われたものが障害基礎年金であった」そうです（髙阪 二〇二〇：六三）。資格期間は撤廃され、障害一級の場合は、老齢基礎年金を四〇年掛けた満額の一・二五倍（障害福祉年金の約二倍）に、もし子どもがいれば加算まで付けることにしたからです。あとで生活保護と比較するために二〇一九年時点の金額を障害厚生年金とあわせて表示すると、**表Ⅳ-16**（次頁）のようです。

子どもの加給金は、一人目、二人目は、それぞれ二二万四三〇〇円、三人目以降は七万四八〇〇円です。二〇二〇年時点でも、水準は大きく変わっていません。また、障害厚生年金の受給者は、一、二級の場合は基礎年金も受給できるので、金額が増えます。初診日が二〇歳以前である

表Ⅳ-16　障害基礎年金と障害厚生年金の支給金額（2019年時点）

障害基礎年金	障害等級1級	975,125円（月額：81,260円）＋子の加算
	障害等級2級	780,100円（月額：65,008円）＋子の加算
障害厚生年金	障害等級1級	報酬比例の年金＋配偶者加給金
	障害等級2級	報酬比例の年金＋配偶者加給金
	障害等級3級	報酬比例の年金（最低保証：585,100円，月額48,758円）
	障害手当金	報酬比例年金の2年分（一時金）

資料）日本年金機構HP

障害者の場合は無拠出となりますので、所得制限がつきますが、本人所得の制限だけです。

このようにみると、障害者の生活保障は年金でなんとかなるようにも思えますが、ところがなんとかなっていないために、生活保護の利用があるわけですね。表Ⅳ-17は、二〇一四年の年金制度基礎調査によって、障害年金種類別にその主な収入について示したものです。

これをみると、どの種類も、自己の年金収入が主だという人が最も多いですが、特に厚生年金一級では四二%、これに配偶者の収入との組み合わせを加えると、六四%強になります。厚生年金二級、三級でも自己の年金と配偶者収入が多いものの、一方で自己の労働収入も多くなっていますね。厚生年金の場合は、等級が下がると稼得収入が増えるという関係がみられます。しかし国民年金ではかなり異なります。自己の年金と父母の収入の組み合わせが増えていることと、国民年金二級で生活保護受給の割合が高まっていることが特徴です。障害基礎年金には初診日が二〇歳前の障害者が含まれますが、基礎年金に包含されたといっても、年金だけでは暮らせないので、父母の収入や生活保護費が出てくるわけですね。主な収入が

表Ⅳ-17　障害年金受給者の主な収入

障害年金種類	厚生1級	厚生2級	厚生3級	国年1級	国年2級
主な収入の種類	100.0	100.0	100.0	100.0	100.0
自己の年金	42.0	32.1	32.1	36.5	21.3
自己の年金と配偶者の収入	22.2	17.5	17.5	8.6	10.9
自己の労働収入と年金	5.2	10.0	10.0	4.9	6.6
自己の年金と父母の収入	5.9	9.7	9.7	12.2	13.9
自己の年金と子供の収入	4.3	2.6	2.6	2.5	1.8
父母の収入	1.7	3.6	3.6	9.0	13.2
配偶者の収入	2.3	2.9	2.9	2.9	4.3
生活保護費	0.2	0.8	0.8	1.0	2.2
自己の年金と生活保護費	0.3	1.9	1.9	2.0	4.8
その他	11.1	14.4	14.4	13.4	14.7
不明	4.8	4.5	4.5	7.0	6.3

資料）厚生労働省「年金制度基礎調査」(障害年金受給者実態調査，2014年)より作成．

「生活保護」と「生活保護と年金」を足すと国民年金二級では七％になります。

これを被保護者調査のほうからみると、二〇一九年の結果では障害者世帯の五一％が公的年金を受給しています。これはかならずしも障害年金だけではなく、老齢年金なども含まれます。年金受給なし世帯は四九％です。これが無年金の生活保護世帯になるわけですね。

日本の障害年金認定の特徴は

つまり、障害年金の存在にもかかわらず、国民年金二級に象徴されるように、生活保護受給世帯が一定程度存在しており、他方で生活保護の障害者世帯では、五一％が年金に生活保護を組み合わせて生活をしており、四九％が無年金ということになります。

障害者世帯とは、世帯主が障害者加算の対

象となっている世帯をいいますが、障害者加算が付いている世帯は、それなりに重い障害をもっているると考えられ、それなのに公的年金を受給していない四九％の人びとは、結局、年金保険給付の要件に合致していない無年金世帯と考えるしかありません。なお第Ⅱ章では、年金を受給している被保護者の年金額を、老齢年金と障害年金で比較した図Ⅱ-6（一一七頁）を示し、加入期間の短縮措置などで低年金がひろがっている老齢年金に比べて、障害年金は等級で基本額が決まるため、二級ないしは一級の基本額のところに受給年金額が集中している点を指摘しました。しかし障害等級に満たなければ年金を受給できません。障害者の場合、ある程度の障害年金を受給しつつ、住宅や介護などのニーズのために生活保護を利用せざるを得ない障害者世帯がある一方で、無年金であるゆえに生活保護を利用せざるを得ない障害者世帯もまだ多い状況に注意が必要です。

駒村康平氏は、「本来、障害年金とは、障害により労働や稼得の能力が減退したことにより所得が低下することを補う保険である」が、日本の障害年金は、医学的な機能障害に着目して、日常生活が営めるかどうかという点から障害を認定するので、「働けるかどうか」によって年金の額は変わらない、と指摘しています。つまり、日本では、働いて収入があっても障害年金を受け取ることができる一方で、障害により働けない場合でも、障害年金を受給できない人がいることになります（駒村 二〇一四：六六〜六七）。福田《ふくだ》素生《もとお》氏も、年金制度が「障害者の所得保障ニーズに公平、適切に対応できていない可能性がある」と指摘しています（福田 二〇一九：九五）。

所得保障の確立が意味すること

加えて、一見十分そうにみえる障害基礎年金一級の場合でも、常時介助の必要な障害者にとっては、不十分かもしれません。「この年金だけで独立して生活することはできない」と、地域で自立生活を模索する全身性障害者を念頭に、立岩真也氏は断定します。「家庭に依存せず、あるいは依存できずに生活する者は、相変わらず生活保護によらざるをえない。……さらに、これに付加される特別障害者手当は僅かで、介助に支出の必要な人はやはり生活保護の他人介護料加算に頼らざるを得ない」（立岩 一九九五：二一九〜二二〇）というわけです。ここでは特に介助とそのための費用がクローズアップされています。いいかえると、障害基礎年金には生活保護にある他人介護料加算のような介護費用は含まれていないということです。

これは障害基礎年金が当初、介助問題や稼得問題というより、生活保護に代わる所得保障の確立を希求する「青い芝の会」など障害当事者団体と厚生省の官僚、あるいは両者を仲介した政治家によって推進されたからだと髙阪氏は考察しています（髙阪 二〇二〇）。介助問題や稼得問題は、障害種別や個別の差が大きいため、それに手を付けずに、あくまで基礎年金の確立にねらいを絞り込んだから、それが成功したといえるし、反面で、介助などいくつかの重要な問題が残されてしまった、ということになります。なお、生活保護ではなく基礎年金を希求したのは、主に生活保護行政が生活管理的側面（これは中国帰国者も同じ）をもち、また、親の扶養を優先する仕組みに不満があったからでした。親からの自立は、施設から地域へ出ることと同じように、重度障害者の自立にとって重要なことでした。

障害者加算分を「福祉手当」に

以上から、障害者の最低生活保障としてみた場合、障害基礎年金には、まだ大きな課題が残されています。特に介助という重要な生活ニーズが積み残されているために、もし生活保護を解体してしまうと、障害者加算分をどこにもっていくかという大問題が出てくることは必至でしょう。さて、どうしたらよいでしょうか。

私の提案は、まず基礎的生活費は基礎年金を基本とし、不足する分は高齢者同様、補足的な障害年金支援給付を設けるというものです。そして、多様な障害への「必要即応的」な対応と、特に介護サービスもしくはそれを購《あがな》う介護料については、福祉手当としておくのがよいと考えます。なぜ社会福祉の手当がよいかというと、「必要即応」は、定型的な所得給付には馴染みにくく、個別性を重んじる福祉的なものであるからです。しかも障害者のニーズは、障害種別や進行度などによって実に多様ですから、定型＋多様な必要への即応の形が望ましいと考えたわけです。

もちろん、障害者支援のサービスの拡大や、高齢期の介護保険によるサービスの充実が必要ですが、そのサービスを利用者がそれぞれのニーズに合わせて利用するためにも、障害者加算と同等な金銭保障を行ない、福祉手当とするのが望ましいでしょう。手当制度は、先に述べたダイレクトペイメントの役割も果たすでしょうし、場合によっては家族介護料としても機能するかもしれません。

現在でも、在宅で重度の障害者には「特別障害者手当」(二万七三五〇円)・「障害児福祉手当」(一万四八八〇円)(国)制度があります。また都道府県や市町村が独自に手当を出している場合もあり

表Ⅳ-18　障害者世帯の保護決定状況額(世帯当たり)

(円)

	1人世帯	2人世帯
①最低生活費	119,293	174,834
生活扶助	87,272	136,647
住宅扶助	29,849	34,374
その他	2,172	3,813
②収入(認定)額	39,079	76,739
勤労収入	4,438	15,532
その他の収入	34,641	61,207
③扶助額(①-②-控除額)	83,923	105,462

資料) 厚生労働省「被保護者調査」 2019年(年次:7月末日現在). 小数点以下四捨五入.

ます。とはいえ、都道府県、市町村の手当は地域差が大きいので、障害者加算の役割を引き続き求めるとすれば、国の手当に、加算をつけるのがもっとも合理的だと思います。

保護の決定状況からみた不足額

先に母子世帯のところで、生活保護の決定状況から、どのくらいの手当があれば生活保護同等の保障が可能かを検討しましたが、ここでも障害者世帯の保護決定状況をみてみましょう。表Ⅳ-18がそれです。一人世帯と二人世帯を算出してみました。ここでも、医療費や住居費は別途保障があり、手当や年金はそのまま使えるとみなして、生活扶助費と比較してみます。

一人世帯では、収入は合計三万九〇七九円で、稼働収入はほんとうに僅かです。これに対して、その他の収入は三万四六四一円で、年金や手当等の収入があるのは五四%です。しかし先の母子世帯の「その他の収入」と比べて低いですね。基礎年金導入に際して、障害福祉年金は吸収したといわれていますが、やはりその受給対象にならなかった人びとが生活保護を利用していることがわかります。またその他の収入金額の三万四六四一円は、基礎年金二級の金額より低いですね。生活扶助は八万七二七二円ですから、五万円弱足りません。二人世帯でも、収入計が七万六七三九円、生活扶助額が一三万六六四七円ですから、この差は約六万円になります。もちろんこれは平均に過ぎませんが、五万〜六万円程度が支援給付と手当で上積みされないと、現在の生活扶助水準が保障されないことになります。

障害のあるときの最低生活保障のイメージ

(1)障害年金支援給付：障害があって、その収入が基礎生活費を下回る場合の最低生活保障。
　個人、夫婦＋子どもの加算。
(2)介助費用のための福祉手当へ障害者加算を移行。
(3)要件：税制度による所得調査と一定の資産調査。
　障害の程度についてはなお検討が必要。

失業＝貧困とならないために

次は失業時の生活保障です。労働者の失業に対しては失業保険が対応するのが普通です。日本の失業保険は一九四七年という早い時期に成立し、生活保護法とともに敗戦直後の貧困問題に対処したことはすでに述べました。失業保険は一九七四年に雇用保険法と名称を変えますが、これを労働者災害補償保険とともに「労働保険」として括るのが日本の特徴です。

労働保険は、失業や労働災害という雇用労働者に特有の生活危機を保険事故として組み立てられているので、国民皆保険・皆年金よりシンプルです。当面の生活費が保障されることで、失業により即貧困状態になることを防ぎます。同時に雇用保険は、次の職探しのためでもあり、「みずからの労働力を売り急ぐことなく、自分に合った仕事を見つけることが出来る」ためだと酒井正氏は述べています(酒井 二〇二〇：九八)。もっとも、手厚い失業給付が、プラスの効果を生み出すだけでなく、リスク回避や勤労努力を回避してしまいがちだというマイナス面も指摘されています。後者は、いわゆる「モラルハザード」問題ですが、この点は生活保護と似ています。

この失業給付に加えて、日本の雇用保険制度には育児休業の給付金や、雇用保険二事業といわれる、雇用安定事業、能力開発事業がありますが、これらの全体像は、厚生労働省のホームページにあるハローワークインターネットサービスの「雇用保険制度の概要」図を参照していただきたいと思います。ここでは、失業時の新たな扶助の提案の前に、第Ⅱ章で触れていない雇用保険の求職者給付について、かいつまんで説明します。

失業給付の中心――「求職者給付」の基本手当

労働者を雇用する事業は、その業種、規模等を問わず、すべて雇用保険の適用事業であり、適用事業に雇用される労働者は雇用保険の被保険者となります(事業主は、労働保険料の納付者となる)。ただし、事業主が雇用保険の届出をするのは、①三一日以上引き続き雇用されることが見込まれ、②週二〇時間以上働いている人に限られます。②の条件は、たとえばパートやアルバイトの場合、一日六時間勤務とすると、週に三日＋二時間以上勤務しないといけないことになりますね。この条件に見合った労働者とその事業主は雇用保険料を支払わなくてはなりません(図Ⅳ-19)。

失業という保険事故は、就業能力と意思をもち求職活動しているが、仕事に就けない状態と定義されています。その裁定は①拠出歴の確認→②失業の認定→③失業の理由の確認→④離職時の年齢の確認という手順で行なわれていきます。求職者給付は四区分されています。このうち一般被保険者の基本手当は、基本額と「所定給付日数」が決められています。「所定給付日数」はこのくらいで再就職できるだろうという期限です。これは表Ⅳ-20(二四〇頁)のようになっています。見てのとおり、①特定受給資格者や特定理由離職者のほうが、また②拠出期間が長いほうが、③さらに中高年者のほうが、給付日数は多くなります。特定受給資格者とは、「倒産・解雇等」での離職、特定理由離職者とは、「期間の定めのある労働契約が更新されなかった」等の企業側の理由に基づく離職です。これらでは被保険者期間一年未満でも九〇日間の給付が保障されています。しかし一般(自己都合)だとずいぶん短いですし、一年未満の場合は給付がありません。

求職者給付の一日あたりの金額を「基本手当日額」といい、年齢区分ごとに表Ⅳ-21(二四〇頁)

のような上限が決められています。

このように、求職者給付の仕組みはなかなか複雑です。それでもパートやアルバイトなどの非正規雇用や短時間労働者を排除していませんし、むしろ雇用保険の中にそれらをどう包含していくかがあれこれ試みられてきたのが雇用保険の特徴です。特に二〇〇八年の世界金融恐慌の後には、従来雇用保険にカバーされる労働者の範囲を、雇用見込み一年以上とされていたものを、六カ月以上に変え、さらには現行の三一日以上としました。

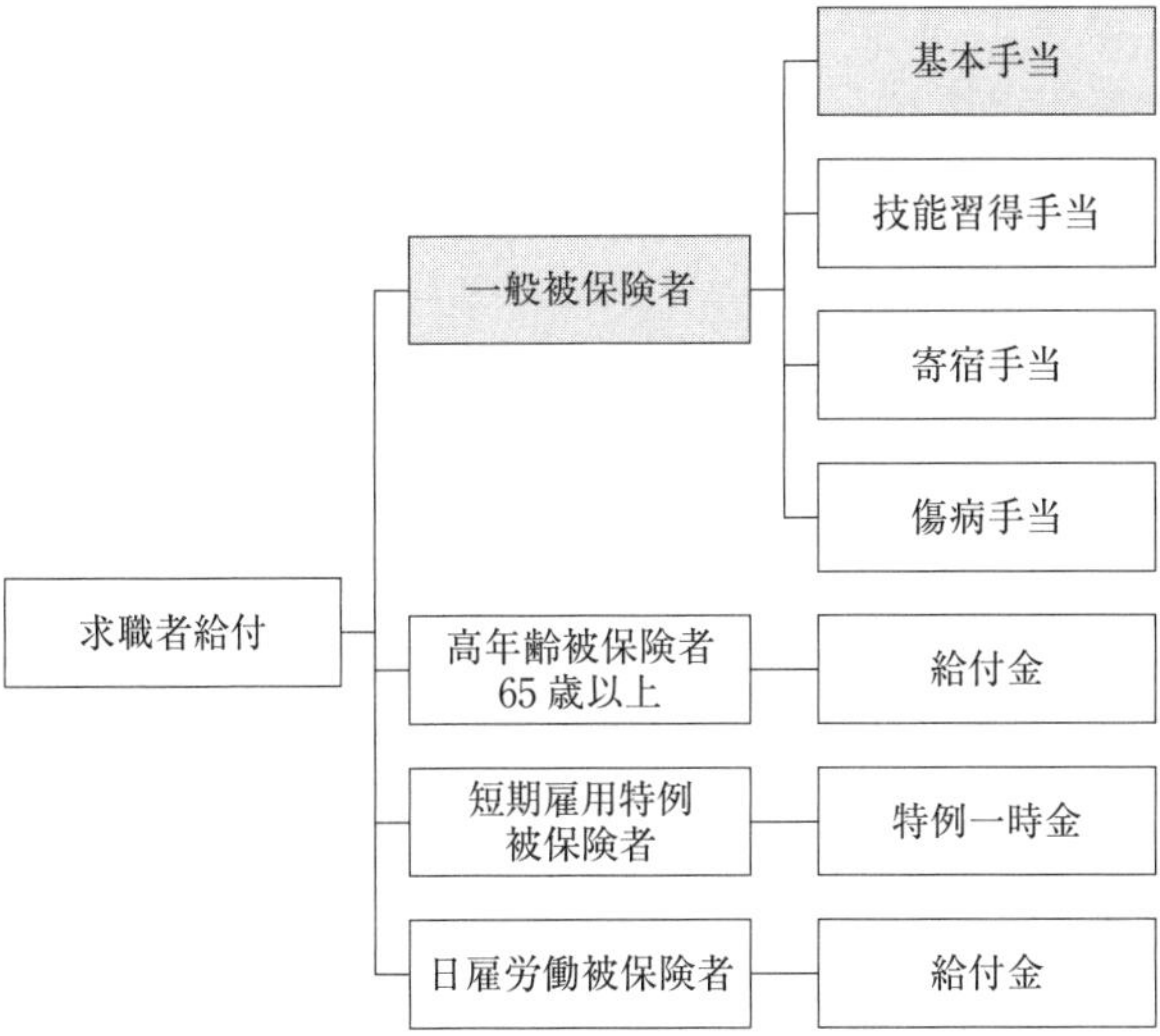

図Ⅳ–19　雇用保険・求職者給付の種類

資料）厚生労働省 HP ハローワークインターネットサービス「雇用保険制度の概要」から作成.

図Ⅳ–19でもお気づきのように、日雇労働者への給付、短期雇用特例被保険者給付（季節労働）があるのは、失業保険の歴史の中で、日雇や季節雇用などで働く、多様な労働者に雇用保険を合わせようとしてきたためです。いってみれば、労働保険における「皆保険」とは、全労働者へ失

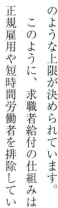

表IV-20　雇用保険求職者給付の所定給付日数

特定受給資格・特定理由離職

<table>
<tr><th>被保険者であった期間
区分</th><th>1年未満</th><th>1年以上
5年未満</th><th>5年以上
10年未満</th><th>10年以上
20年未満</th><th>20年以上</th></tr>
<tr><td>30歳未満</td><td rowspan="5">90日</td><td>90日</td><td>120日</td><td>180日</td><td>——</td></tr>
<tr><td>30歳以上35歳未満</td><td>120日</td><td rowspan="2">180日</td><td>210日</td><td>240日</td></tr>
<tr><td>35歳以上45歳未満</td><td>150日</td><td>240日</td><td>270日</td></tr>
<tr><td>45歳以上60歳未満</td><td>180日</td><td>240日</td><td>270日</td><td>330日</td></tr>
<tr><td>60歳以上65歳未満</td><td>150日</td><td>180日</td><td>210日</td><td>240日</td></tr>
</table>

一般

<table>
<tr><th>被保険者であった期間
区分</th><th>1年未満</th><th>1年以上
5年未満</th><th>5年以上
10年未満</th><th>10年以上
20年未満</th><th>20年以上</th></tr>
<tr><td>全年齢</td><td>—</td><td colspan="2">90日</td><td>120日</td><td>150日</td></tr>
</table>

資料）厚生労働省HPハローワークインターネットサービスより加工.

業のリスク回避をひろげることを意味していたともいえますね。

　では、そのように全労働者にひろげられてきた雇用保険によって、失業時の最低生活は保障されているでしょうか？　酒井正氏は、雇用保険の適用範囲の拡大によって、雇用労働者における被保険者割合は、決して低下していないが、失業者に占める求職者基本手当受給者の割合は長期的に低下してい

表IV-21　基本手当日額の上限(2020年8月1日現在)

30歳未満	6,850円
30歳以上45歳未満	7,605円
45歳以上60歳未満	8,370円
60歳以上65歳未満	7,186円

資料）厚生労働省HPハローワークインターネットサービスより加工.

る点に注目しています。つまり、雇用保険にカバーされている労働者の割合は、非正規化が進むなかでも一定の割合を保っているが、実際に基本手当を受給した人の割合は低下しているということです。酒井氏は、それは受給要件に満たない労働者が増えているからで、適用を拡大するだけではセーフティネットは機能しないと指摘しています(酒井 二〇二〇：九二～九三)。「皆年金」の拡大だけでは最低生活保障を意味しないのと似ていますね。

むろん、このほか学校を出ても就職できなかった人びとは被保険者からも排除されているし、長期失業者であれば、途中で給付が切れてしまう可能性が高いといえます。先にみたように、基本手当の給付は、企業倒産などのケースに厚く、自己都合による離職に厳しいですが、会社都合でも自己都合にされてしまうケースや、ハラスメント原因のうつ病による退職などが現にあるわけですから、会社都合か自己都合かの線引きで大きな差が生じるのはフェアでない気がします。そもそも自己都合という言い方が、「わがまま」な行動のようなニュアンスを含んでいます。しかし、自分で働く場を選ぶ、転職する権利をもつのは当然なのにおかしなことですね。自己都合ケースは給付期間が短くされ、給付が切れてもまだ次の仕事が決まらないとの状況が往々にして生じます。そこで暮らしていけなくなれば、生活保護しかない、ということになります。

すでに皆さんにはおわかりのように、生活保護は稼働していても、収入が保護基準に満たなければ利用は可能です。ですから、制度の建前としては、失業保険で受け止められなかった稼働年齢層の貧困は、生活保護へ委ねられることになります。しかし、ここでも実態として生活保護はかなり遠いのですね。失業したからといって、すぐ福祉事務所を訪れる人は、病気の場合などを除けば少ないでしょう。求職者給付が切れたり、はじめからその受給要件を満たしていない場合は、預貯金があればその取り崩しや家族の収入の助けで、あるいは多様な民間ローンの利用へと進むはずです。「自助が先」などといわれなくとも、たいていの人は自分でなんとか切り抜けようとします。生活保護の開始理由の一位は、預貯金の減少・喪失だということは第Ⅰ章で述べましたが、失業を直接理由とした世帯は、たった六%にすぎません。

しかし、失業率と保護率には相関関係があると、厚労省は繰り返し主張してきました。とくに地域による保護率の格差は、失業率との関係で説明されてきました。たとえば、二〇〇一年の厚労省の資料(生活保護制度の在り方に関する専門委員会　第七回資料)で、都道府県別の失業率と保護率の関係をみると、失業率の高い地域は保護率が高く、保護率の動向は失業率の影響を受けている、と説明されています。ここで保護率と失業率の相関係数は〇・六九だったそうです。二〇〇八年の世界金融恐慌時にも、完全失業率と保護開始世帯人員には正の相関があると述べています。

保護行政の「ねじれた反応」

この失業率と生活保護の相関関係については、厚労省だけでなく大阪市など保護率の高い自治体からも強調されます。その理由は、生活保護増大の理由が景気変動にあって、行政の失敗ではないといいたいからでしょう。

ところが、厚労省も序章で言及した全国知事会・市長会も、稼働能力者を含む世帯の増大には過剰ともいえる反発を見せ、彼らが生活保護から早く脱出するように「自立・就労の促進」を強調します。生活保護は、雇用保険をも補完する位置にあるはずなのに、そのドアを開けた「客」に、あわてて退場（廃止）をせき立てるわけです。生活保護行政は上も下も、かなりねじれた認識をもち、ねじれた対応をしているといわざるをえません。

二〇一三年の生活保護法改正で、「生活保護受給者等就労自立促進事業」が制度化され、ハローワークとの連携、自治体への常設窓口の設置およびハローワークからの巡回相談の実施等がうながされるようになりました。また、税・社会保険料等の負担が生じるなど廃止直後の不安定な生活を支え、生活保護から「脱却」するためのインセンティブを強化することを目的とした「就労自立給付金[16]」も創設しました。

なお、「生活保護受給者等」と官庁お得意の「等」がついているのはなぜかというと、この対象に「児童扶養手当受給者」「住居確保給付金受給者」「生活困窮者」（等）が含まれているからなのです。特に前二者は、特定のニーズに基づいた給付であるにもかかわらず、「就労せよ」としたわけですから、あからさまな「ワークフェア」路線を走りはじめたといえましょう。

二つのハロトレくんと生活保障

第Ⅱ章で求職者支援制度という第二のセーフティネットについて説明しましたね。雇用保険を受給できない求職者を対象とした訓練制度として、生活保護より前にアプローチしようとする求職者支援制度は、雇用保険制度の付帯制度という位置づけにあり、財源も国庫負担＋雇用保険財源（労使負担）となっています。雇用保険財源を使うことについては議論のあるところですが、ここでは、雇用保険制度が、それによってカバーされていない求職者を訓練事業に限って、保険外で対応する制度を組み込んだことに注目したいと思います。

しかし、先述のとおり、この事業への参加者はだんだん減ってきています。そのためかどうか、二〇一六年から、厚労省は、雇用保険受給者のための公共職業訓練(離職者訓練)とこの求職者支援訓練を並列化し、両者を「ハロートレーニング——急がば学べ」という呼称でまとめ、「ハロトレくん」というイメージキャラクターまでつくって広報に努めはじめました。表Ⅳ-22は、あらためて「ハロトレ」の二つの事業を並べたものです。

この表からおわかりのとおり、ハロトレの二つの事業は、受講料無料で、現在無業者の就職に有利なようにスキルアップのトレーニングをするという意味では同じですが、その受講期間の生活保障についてはまったく異なっています。雇用保険受給者は、雇用保険の基本手当が出ていることに加え、自己都合退職による給付制限期間中であっても、訓練校に通いはじめた時点で給付制限が解除され雇用保険の支給が始まります。さらに、公共職業訓練を受けているあいだは給付が継続されます。また、受講手当と交通費も保障されます。

他方で、求職者支援制度では、月一〇万円の受講給付金が出ますが、それは資産調査と授業出席(基本は全出席、やむをえない場合でも八割出席)やハローワークでの就労支援をうけるための指定日の「来所」が要件となっています。これらの要件は、この職業訓練が「扶助」として与えられていることと、その際のモラルチェックを過剰に意識しているためでしょう。

そもそも就労を通じた支援や、まして就労訓練をセーフティネットとすることは、なかなか難

表Ⅳ-22　ハロートレーニングの内容

	公共職業訓練(離職者訓練)	求職者支援訓練
対　象	雇用保険受給者(離職者)	雇用保険を受給できない求職者
訓練期間	3カ月～2年	基礎コース　2～4カ月 実践コース　3～6カ月
機　関	国ポリテクセンター(職業能力開発促進センター)，ポリテクカレッジ(職業能力開発大学校など)，都道府県立職業能力開発施設，民間教育訓練機関等	厚労大臣認定の民間教育訓練機関
費　用	無料　テキスト代のみ	無料　テキスト代のみ
生活支援	雇用保険基本手当受給 給付制限の解除，給付の延長あり	訓練受講者給付金 月10万円(世帯12万円) 交通費　寄宿手当
要　件		①収入が8万円以下であること ②世帯の収入が25万円以下であること ③世帯の金融資産が300万円以下であること ④現に居住する土地・建物以外に土地・建物を所有していないこと ⑤訓練の全ての実施日に訓練を受講していること(やむを得ない理由により受講しなかった実施日がある場合にあっては，8割以上) ⑥世帯の中で他に当該給付金を受給し，訓練を受講している者がいないこと ⑦過去3年以内に失業等給付等の不正受給をしていないこと 適正な訓練設定と厳しい出席要件，全ての訓練実施日に出席していること

資料）厚生労働省HPハローワークインターネットサービスより加工．

しいのです。お金を配るより、お金を稼げる力をつけていくほうがよいというのは、途上国支援でもよくいわれるフレーズで、たいていの人はそうだね、とうなずきがちです。しかし、就労訓練が現金給付より最低生活維持に効果的だという証拠はありません。このことは多くのかたにぜひよく考えていただきたいと思います。就労支援や訓練などは、所得保障のような直接的生活保障の効果をもちません。それは労働市場における競争を一見有利にするようにみせますが、実際の就労の実現や賃金の上昇をかならずしも約束するわけではないのです。

酒井正氏は「就労支援は、それが背負っている大きな期待とは裏腹に、その位置づけがいまだ曖昧模糊《あいまいもこ》としている」（酒井 二〇二〇：二三五）とし、特に雇用の安定など、就労支援を有効に機能させる条件整備がなければ、期待は失望へ変わるだろうと述べています。その意味で、貧困からの脱出には、所得保障より確かなものはないのです。

求職者支援法の給付金を、「求職者支援給付」へ

こうした求職者支援制度の限界をふまえつつ、ここで提案したいのは求職者支援制度の訓練受講給付金を失業者への生活扶助として就労支援・就労訓練から分離させることです。名称は、「求職者支援給付」でどうでしょうか。先の所得・資産要件については、他の扶助との対比で精査が必要でしょう。訓練時の給付金一〇万円というのは、ざっくりした数字ですが、「求職者支援給付」では最低生活保障として、生活扶助水準と同一とします。訓練へダイレクトに結びつけるのではなく、まず求職中の生活困窮者への生活給付を開始し、次いで就労支援をスタートさせ、

それぞれのキャリアやスキルに応じて、いくつかの段階で訓練と結びつけるというかたちではどうでしょう。また住宅は住宅手当で、さらに医療保障は国保が対応します。

もちろん、無職の期間が長かったり、ひきこもりがちの人には、それなりの対応が必要でしょうし、生活リズムを正していくことから始めたほうがよい場合もあります。しかしそれは訓練や福祉サービスの領域の課題です。訓練に必要な交通費、受講料、テキスト代などの支給はもちろん必要です。生活費に対応する支援給付は、国庫負担であるべきでしょう。

求職者支援制度における求職者支援給付の提案

(1)訓練受講給付金→求職者支援給付に(あくまで生活給付とする)。
現行生活扶助レベル　単身を単位として扶養家族数を加算。
簡易な所得調査と資産調査あり。

(2)キャリアカウンセリング→トレーニングの前に一定期間のカウンセリングを設定する。
ハロートレーニング　受講費、テキスト代、受講交通費支給。

6　多様な方法での最低生活保障を

「生計維持給付」としての「一般扶助」の存続と一時扶助

これまで述べてきたことが実施されれば、生活保護は不要になると思われるかもしれません。しかし、貧困は多様な要因で多様なかたちをとって現れるので、すべてが社会保険や社会手当の中、あるいは傍らに再配置できるとは限りません。多様な傷病、あるいは障害等級が低くても雇用されにくい障害者、「多問題」を抱えた家族などに対応するためには、現行生活保護の「一般扶助」原理に立つ生活扶助を残しておく必要があります。また入院時の生活扶助も必要です。名称は、「生計維持給付」などが考えられるでしょう。加算は分離した別の支援給付や手当との関係で、それらにカバーされないものだけ残せばいいと思います。ただし介護加算は、介護保険給付の前提になるので、他の社会保障の中に分散させた生活扶助部分にも付けておくことが必要になります。

そこで生活扶助は、「年金支援給付（高齢者・障害者向け）」と、「求職者支援給付」のほか、一般扶助による「生計維持給付」を存続させるという提案になります。こうすると、全国知事会・市長会の提案のような類型別になったようにみえますが、ここでは年金や雇用保険を補完する給付と、その他の生計維持給付という整理です。

さらに、生業扶助、出産扶助、葬祭扶助、一時扶助をどのように存続させるかという問題もあります。まず今日の生業扶助は主に技能習得費、高等学校等就学費です。高等学校等就学費については、先に教育扶助のところで述べたように、低所得層を広く対象とした就学援助の中に吸収させるのが適当と思います。あえていえば、入学試験の考査料、入学金を保障するものが必要かもしれません。これは一時扶助の中に統合する手もあります。

出産扶助と葬祭扶助も、本来一時的な扶助です。すでに述べたように、出産扶助は、妊娠―出産―新生児ケアまでをトータルに支援する一般制度を、貧困層に限らず確立し、その中に吸収すべきでしょう。それが実現するまでの間は、一時扶助として実施するのがよいのではないでしょうか。葬祭扶助も、今後の多死社会を考えると、生活保護制度だけに閉じ込めておかないほうがよいかもしれません。葬祭への費用を用意できない人に、ひろく利用可能な制度をつくり、現在の墓地・埋葬法や行旅病人死亡人法による自治体の責任と国の責任の整理をしなおす必要もあります。あわせて、遺骨や遺留品をどうするかも考えなくてはなりません。

生活保護の加算のうち、冬季加算は、季節扶助として、夏の冷房費もカバーできるようなものにしたうえで、加算ではなく一時扶助とするのも一つの方法です。

生計維持給付と一時扶助の提案のイメージ

(1)生計維持給付

年金支援給付、求職者支援給付以外で、現行生活扶助レベル以下のあらゆる人びとを対象とする。

(2) 一時扶助
現行一時扶助＋季節扶助（冬季加算の置き換え）＋入学試験等費用とする。
出産扶助　出産および周産期医療の幅広い手当に吸収？
葬祭扶助　行旅病人死亡人法などとの調整　自治体に一元化？

利用者自身がニードを組み立て、保障を請求できる制度に

こうして、生活扶助と一時扶助をそれぞれ単給できるように設定しておき、年金保険や雇用保険の傍らに分離した制度の利用者も、一時扶助を利用できるようにしておけば、現在の生活保護の保障内容を維持できるはずです。なお、住宅手当と一時扶助との各支援給付のパッケージをいくつか用意しておく必要もあるかもしれません。

パッケージをつくるくらいなら解体しなければよいのに……と思われますか？　実際、英国は近年ユニバーサルクレジットという一体型の給付を進めようとしています。単品を頼むより定食をとったほうが面倒でないように、パッケージ化された給付は魅力的ですね。英国の例は、いったんニードに基づいたバラバラの給付があって、それからその一部をパッケージにしていますが、日本ははじめから生活保護だけがパッケージなのです。なぜかといえば、そこに「最後のセーフティネット」という名の、古い「貧困層の丸ごと救済」の体質が色濃く残っているからです。

これを払拭するには、ニードに応じた給付をバラバラに用意し、これを利用者が自覚的にパッ

ケージにする、あるいは支援者がそれを支援するということが大事だと思います。利用者は、必要を自覚的に組み立てて、その保障を請求していく権利があるのです。ただし、児童関係の給付は、税務データ等にあわせて、自動的な給付を設計したほうがよいかもしれません。

以上、生活保護の八つの扶助を生活のニーズの違いによってバラバラにしたうえで、それらを福祉国家のメインストリームの中に溶け込ませてみたい、という提案を行ないました。

むろん、ここでの提案には多くの欠点や、私の解釈の間違いもあるでしょう。それらのご批判や具体的な社会扶助の再構築について、多くの方々に参戦していただき、社会保障・税制改革も含めて、ひろく議論が巻き起こることこそ、本書の真のねらいなのです。

(1) この医療費不正については、識者でも誤解が多いようなので、付け加えると、生活保護患者を集めて入院させ、転院を繰り返すのは、まったく医療機関の問題であり、こうしたことを未然に防ぐチェックが、保険医療も含めて必要である。一九八四年に患者をリンチして死亡させたことで明るみに出た「宇都宮病院事件」をはじめ、精神病院の長期入院と関わった人権問題は現在も完全に解決しているとはいえず、とりわけ生活保護患者がこうした病院へ送り込まれている状況がある。著者は一九八四年当時、都内のある福祉事務所職員が、このような病院について、精神疾患を抱えた被保護者を処遇する上での「必要悪」となっていたと表現していたときの、残念な表情をよく思い出す。ここでは福祉事務所さえも加担していたことになる。

(2) 住居確保給付金は新型コロナで家賃を払えなくなった多様な人びとにも対応しているが、当初、ミユージシャンなどにもハローワークへ行くようにうながしたということで問題になった。そこから条件緩和がなされているが、もともと非正規労働者の雇止めなどを対象とした臨時対策群から生まれているので、労働対策的色彩が払拭されていない。

(3) 二〇二〇年六月の「全世代型社会保障検討会議第二次中間報告」に出ているのは、年金、労働、医療、予防・介護で、住宅は何も検討されていない。

(4) 住宅性能水準は、居住者ニーズおよび社会的要請に応える機能・性能を有する良好な住宅ストックを形成するための指針となるもの。たとえば基本的機能として、居室の適正水準、台所・水洗便所など、また共同住宅における共同施設について指針を設けている。

(5) 敗戦直後の大都市では、多くの家のない人びとが「浮浪者・浮浪児」として生きていかねばならず、行政では対策として、浮浪している人びとを強制的にトラックなどに乗せ、急ごしらえの施設へ収容することが慣行化していた。それが「狩り込み」とか、「浮浪者狩り」と表現された。

(6) 「仮小屋」とは焼け跡などに、廃材で勝手に小屋のようなものをつくって住んでいたこと。敗戦直後ではなく、復興期にかかる緊縮財政のもとでの失業や貧困の拡大下で増えたといわれている。

(7) 労働政策研究・研修機構(JILPT)所長の濱口桂一郎氏は、非常時の臨時的手法として登場した「家賃補助」のこのような拡張について、次のように述べている。「家賃補助という社会政策手法が雇用労働者やフリーランス就業者を超えて、中小事業者にも大きく拡大していくことは間違いない。まさに、社会に大きなショックを与える危機の時代こそが、政策の方向性や範囲を大きく変える時期になるという、政策研究の経験則が、今回も眼前で進行しつつあるようである」(濱口 二〇二〇)。

(8) こうした当てはめは、かつては個別に査定されていたようであるが、現在は家族構成と部屋タイプ別にその査定額が決められている。特殊なケースについては、現在でも家賃担当官が調査して決定しているとみられる。

(9) 住居種別による「持家世帯以外」の生活保護世帯はもっと多く、一五四万世帯を超えている。この差は公営住宅などで家賃ゼロの層がいることを指すのだろうか。

(10) 収入分位二五%以下の世帯または収入分位二五～五〇%の高齢者、障害者、子育て世帯で、最低居住面積水準未満、かつ高家賃負担。

(11) たとえば第三子への給付は、第二子(一九八六年)、第一子(一九九二年)と徐々に改善されていったが、代わりに子の年齢は、義務教育就学前(一九八六年)、三歳未満(一九九二年)と改悪された。②の方向は、一九八九年に合計特殊出生率が一・五七となった頃から現れる。しかし一九九四年から取り組まれたエンゼルプラン、二〇〇〇年からの新エンゼルプランなどは、保育所の整備等、仕事と子育ての両立支援にウエイトがおかれ、児童手当のような経済給付拡大へはいかなかった。

(12) 所得税は二〇一一年分からで三八万円、住民税は二〇一二年分から三三万円の控除額の廃止。一六～一八歳の特定扶養親族への上乗せ部分も廃止されたが、これは高校実質無償化に対応したものと説明されている。

(13) 当時の厚生省が福祉年金の受給権者を推定した元になる統計(全国母子世帯実態調査)によれば、死別母子数は母子世帯全体の七七・九%としたので、それに依拠すると、四〇万七〇〇〇人になったという。しかし調査の回答が「生別」を避けて「死別」とした傾向があることが後から分かったという次第だったようだ(厚生省年金局編　一九六二：三三三)。

(14) この提言は森信編(二〇〇八)。

(15) 税制上の公的年金の「所得額」は収入金額から公的年金等控除額を差し引いて計算するところ、控除額が大きいので、「所得額」が低くなり、したがって非課税限度額以下の世帯比率が高くなる。そこで、田中聡一郎氏は、公的年金控除を六五万円(給与所得者と同等)にした場合のシミュレーションを行ない、そうしても要保護基準との整合性は保たれていると述べている(田中　二〇一三：六七)。

(16) 保護受給中の就労収入のうち、収入認定された金額の範囲内で別途一定額を仮想的に積み立て、安定就労の機会を得たこと等により保護廃止に至った時に支給する制度。

終章　生活の「最低限」をどう決める

1　生活の「最低限」の意味と保障水準

残された問題

第Ⅳ章で提案した生活保護の解体とその編みなおしにかかわって、これまでかならずしも十分議論してこなかった問題に、保障水準と資産調査（ミーンズテスト）の二つがあります。そこで生活扶助を解体して、年金や求職者支援法の傍らに配置した「支援給付」と「生計維持給付」の水準について、また資産の保有をどう考えるかについて若干の検討を行ない、締めくくりとしたいと思います。水準問題はややこしいのですが、本書が目指す最低生活保障の再構築にあたっては、生活の「最低限」を具体的にどう決めていくかが、実は最も大きな課題といえます。

私たちの生活は、その所得や資産だけでなく、就業のありかた、ライフスタイル、地域の文化などによって多様です。この多様な生活に「最低限」という「歯止め」をかけるのは、それ以下になると、心身の状況や社会生活への参加といった観点から、問題があると考えるからです。人間の生活は、ある程度柔軟性をもつので、一日食費一〇〇円でやれるとか、一カ月の生活費は一万円で十分だとか、いわゆるケチ自慢で盛り上がることもありますよね。しかし短期ならともかく、長期のケチケチ生活には破綻が生じかねません。特に子どもの発育に問題が生じたり、高齢者であれば要介護への道まっしぐらとなったりで、結局、医療費負担が大きくなってしまうかもしれません。職域や地域の互助活動、旅行や飲み会なども、社会人としてはまったく参加しないわけにもいかないでしょう。「最低限」という考え方は、私たちの生活は、どこまでも下げられるわけでなく、そこには一定の限界点があることを示しています。

この限界点の妥当な水準設定こそが、最低生活保障の基礎といえます。これは、貧困状態にある世帯にとって意味があるだけではありません。むしろ一定の「歯止め」をもつ、という点で、社会全体にとって重要です。生活水準がどこまでも下げられるとすれば、低位な生活で暮らさなければならない人びととの競争関係におかれるそれ以外の人びとも安穏とはしていられません。憲法二五条の「健康で文化的な最低限度の生活」の権利規定の意味はそこにあるわけですが、ただこのような抽象的な規定は、具体化させないと、たんなるステートメントに終わってしまいます。

妥当な「公的貧困線」として機能する制度——政府のＭＩＳ

では、ある社会の、生活の「最低限」として妥当な線はどこか。これについては、一方では貧困線の設定をめぐる科学的な研究が発展してきました。他方で、多くの福祉国家において、ここで述べてきた社会扶助をはじめ、年金制度、最低賃金制度など、政府は多様な所得保障制度を複数展開しています。これらはいわば生活の「最低限」についての、なんらかの政治的判断とみなされます。政府の「最低所得標準（Minimum Income Standard: MIS）」という概念を使って、ヨーロッパ一〇カ国のこの政治的判断の調査を行なったのは、英国のファイト-ウイルソン氏でした[1]（Veit-Wilson 1998）。聞き慣れない略語ですが、後から別のMISについても説明するため、特に政府のMISという意味でG-MISとしておきたいと思います。

ファイト-ウイルソン氏によれば、G-MISとは、ある一定の時期の、ある社会の「まともな（decent）」生活の最小限に見合った所得についての政治的判断を示す概念です。「まともな」には人間の尊厳が保たれ、ある社会に十分参加できるというような意味が込められています。

また政治的判断といっても、何の根拠もなく適当に決めたものではなく、その判断の「妥当性」を、家計データなどから論証でき、国民を納得させせられることが必要だといっています。たとえば最近、日本でも子どもの貧困率などでよく使われるようになった相対所得貧困基準は、所得のみで、生活状態についてのデータを欠いているので、MISにはなりません。またMISは、あまり複雑でなく行政にとって実行可能なこと、財政的にも実施可能であることが求められます。これらの点が科学的な貧困調査などとは異なるので、MISは「公的貧困線」とよばれ、貧困についての科学的な事実把握とは区別されます。

G-MISとしての生活保護

ファイト-ウイルソン氏の調査(一九九二〜九四年)によれば、典型的なG-MISは、最低賃金制度、最低年金、社会扶助などの制度に具体化されています。また、低所得者の消費の慣習的水準や統計的な週あたり賃金や食費コストが、G-MISとして機能することもあったといいます。その結果は、山田篤裕氏によって一覧表にされていますので(山田ほか編 二〇一四:二〇〜二一)、ぜひそれをご覧いただきたいと思います。山田氏は日本に当てはめると、生活保護基準がG-MISとして機能してきたと指摘しています。最低賃金や年金がG-MISとして機能している国とは異なって、最低賃金や年金が生活保護基準を参照するという逆の関係になっているわけです(山田ほか編 二〇一四:二二一〜二二三)。

ここまで本書を読まれた皆さんは、この山田氏の指摘どおりだと納得がいきますね。国民健康保険や国民年金の「低所得者対策」や「境界層措置」、市町村民税の非課税基準等は、すべて生活保護基準が適宜参照されています。国民年金の満額年金は、四級地の老齢夫婦の生活扶助基準額から家庭内共通費を差し引いたものとされましたし、国民基礎年金導入時も、その満額は二級地の生活扶助額とほぼ同じであると強調されました。近年では二〇〇八年の最低賃金法の改正によって、最低賃金も生活保護を参照することになりました。

ただし、生活保護基準は八つの扶助を含み、級地によっても異なるので、参照といっても、生活扶助だけなのか、そこに別の扶助が加わるのか、また二級地だったり、四級地だったり、恣意的に保護基準が切り取られていることには要注意です。また地域最低賃金決定の際の参照先として生活保護が名指しされたのは、ごく最近にすぎません。

この意味では、生活保護が確固たるG‐MISとして機能してきたともいいがたいところがあります。しかし、生活保護制度が、G‐MISの機能を引きうけてきたのは、稼働年齢層も年金受給層も包含することが可能な仕組みをとっているからであり、「事実上」は他制度を補完することができるために、結果的にそうなった、という経緯ではないでしょうか。それでも生活保護基準が参照されることによって、それぞれの制度の「最低」にお墨付き(権威)が与えられる、という効果が生じたことになります。

生活扶助基準改定の「妥当性」とその変遷

では、G‐MISとしての生活保護基準それ自体は、どのような証拠によってその「妥当性」が裏付けられたものなのでしょうか。G‐MISが最低限度の生活を示す基準として利用できるのは、本来は、それが十分な生活データと理論によって検証されているという判断があるからです。

通常、生活保護基準とは生活扶助基準を指しており、現在は定期的な検証により改定されています。その検証は基本的には「標準世帯」で行ない、これを多様な世帯に当てはめられるように年齢別、世帯人員別の「基準表」を級地別に作成しています。標準世帯から年齢・世帯人員・級地別の基準表を作成することを「展開」と呼ぶのは第I章でも触れました。

この基準表を作成する前提として、改定の基礎にある最低生活費の考え方や基軸となる標準世

表終-1　生活扶助基準の改定方式の変遷

算定方式の通称	標準世帯	期間
①標準生計費方式(旧軍人扶助法を標準に引き延ばし)	5人世帯	1945〜47
②マーケット・バスケット(マ・バ)方式 必要栄養量に基づく飲食費+他の費用を積み上げ	5人世帯(60代前半男, 30代前半女, 10〜8歳男, 6〜5歳女, 0〜1歳男)	1948〜60
③エンゲル方式 a)標準世帯の飲食費をマ・バ方式で求める b)消費支出階層別のエンゲル係数と飲食費の相関式を求め, a)を代入し, この世帯のエンゲル係数を求め, 飲食物費をエンゲル係数で除して支出総額を割りだす	4人世帯(35歳男, 30歳女, 9歳男, 4歳女)	1961〜69
④格差縮小方式 所得倍増計画の中で保護基準の遅れを取り戻す. 経済見通しにおける個人消費の伸び率から算定. 一般との相対比較	同上	1969〜84
⑤水準均衡方式 算定方式ではない. 一般との均衡は達成	3人世帯(33歳男, 29歳女, 4歳子)	1985〜2013
⑥(平均指数法による基準表の一括改定など多様な均衡の模索)		2013〜

帯の設定について、これまでいくつかの変遷がありました。「マーケット・バスケット方式」や、「格差縮小方式」などです。今この変遷を一覧にすると、表終-1のようになります。

この表の中で、G-MISとしての基準をよく示しているのが②と③です。くわしくは公的扶助論の教科書や、少し専門的ですが岩永理恵氏の著作(岩永二〇一一)を参照していただきたいと思いますが、②と③は貧困基準としても有名なものです。②については第I章でも触れましたが、旧生活保護法時代の第八次改定で導入された方式です。人間の肉体的維持に不可欠な必要栄養量に基づいて飲食費を確定し、それに他の必需品を加えたものの価格を足し上げて、最低生活費を計算しました。

たとえばスーパーマーケットに行って、必要なモノ、サービスを次々買い物かごに放り込んで、その価格を計算するというイメージですね。栄養学を基準にしているので「理論生計費」とか、この貧困線を考案した、イギリスの貧困研究者B・S・ラウントリーの名前をとって、「ラウントリー方式」と呼ばれることもあります。戦後の一時期、労働組合も自前で家計調査をよく行なっており、生活保護基準だけでなく賃金要求の基礎にもなりました。

この方式は具体的でわかりやすいのですが、飲食物費中心で、他の費用がどうしても恣意的になり、その結果「まともな生活」よりも抑え気味になるという弱点があります。そのうえ、実は日本の生活扶助基準の場合は、マーケット・バスケット方式時代の基準額が必要栄養量を満たすよう設計されず、第八次改定の基準額の根拠にしたのは必要カロリーの八九・二八％だったと、岩永氏は指摘しています(岩永 二〇一一:六一)。さらに、篭山京氏によれば、実際には市町村長かぎりで、支給額を六三・五％に制限、都道府県知事の認可で支給しうる額が八〇％まであったそうです(篭山・江口・田中 一九六八:一二八)。財政当局への大幅な譲歩を含んでいたのですね。なお、先に述べた基準表はこの八次改定でつくられ、生活扶助の第一類が世帯員個々人の年齢別生活費、第二類が世帯共通費として、仕分けられました。基準表とマーケット・バスケット方式はよくマッチしています。

次にエンゲル法則を利用した方式が登場します。エンゲル法則も聞いたことのあるかたが多いのではないでしょうか。エンゲルは、ザクセン王国、プロイセン王国の統計局長を歴任した統計学者の名前です。彼は、労働者家族の家計を分析し、「ある家族が貧乏であればあるだけ、総支出の多くの分け前が飲食費に費やされる」という経験則を確認し、ここから「栄養のためにする支出の尺度(エンゲル係数)が……一般に人口の物質的状態の誤りなき尺度である」と総括しました(エンゲル＝森戸 一九四一：三七三〜三七四)。つまりエンゲル係数で貧富がわかるというわけですね。これがエンゲル法則といわれるものです。

これを生活扶助基準の決定にどう使ったかというと、①飲食物費はマーケット・バスケット方式と同じく必要栄養量から割りだし、他方で②消費支出階層別のエンゲル係数と飲食費の相関式を求めておき、②に①を代入してこの世帯のエンゲル係数を求め、飲食物費をエンゲル係数で除して支出総額を割りだすという方法です。このようにすると、飲食費以外の支出を恣意的に設定するのではなく、実際の家計の状況から推測できると考えたわけですね。家計実態から最低生活費を求めるこうした手法は「実態生計費」とも呼ばれました。エンゲル方式は理論と実態を組み合わせたので、これも理屈としてはよかったのです。実際、国家公務員の給与についての人事院勧告も一九九〇年までこの方式で行なわれていました。

最低生活は相対的なもの

しかしこれも続かず、「格差縮小方式」といわれる方式に代わります。この背景には一九六〇年に「所得倍増計画」が実施に移されるなど、国民の消費水準が上昇し、所得格差が縮小していくなかで、被保護層だけが置き去りにされている状況がありました。ここから、最低生活水準も「一般社会生活の発展に対応していく相対的なものである」との認識が広まっていくことになります。

具体的には、①一般国民の消費の伸び率（政府見通し）にプラスアルファを加えることによって一九七〇年までに一九六一年当時の水準を実質三倍にする、②隣接する低所得階層と均衡させる、③先進諸国の到達水準とみられていた一般世帯の消費水準の六割を目標とする——などが目指されました（厚生省社会局保護課 一九八一：二六九〜二七五）。ここで、貧困は「相対的なもの」であると強調され、以降今日まで相対貧困基準が生活保護基準のベースになっています。

ちなみに表終-1の②と③を絶対基準、④と⑤を相対基準と呼ぶこともありますが、②や③でもその社会の生活様式が前提になりますから、その意味では相対的なのです。よく、途上国の貧困＝絶対的貧困、先進国の貧困＝相対的貧困というような整理をみますが、どんな貧しい国でもその社会の生活様式がある以上、相対的性格をもちます。

先に述べたラウントリーは、紅茶を必需品として最低生活費に含めていますが、紅茶はカップ一杯で二キロカロリーだそうですから、カロリーではなく社会慣習から選ばれたことは明らかですね。他方で、相対といっても、貧困と「まともな生活」を分ける境界が必要ですから、なにかしらの絶対基準も必要です。つまり、まったくの絶対基準はありえないし、まったくの相対基準もありえないのです。近年、相対的貧困という考えが普及したのはよいのですが、貧困は相対的であり、なおかつ絶対的なものでもあるという見方がなかなか理解されにくいのは困ったものです。本書を読まれた方はぜひ心に留めておいてください。

そこで、「格差縮小方式」も、これを割り込んでしまうのはマズイという絶対基準をもたないと、その「妥当性」の判断が難しいことになります。しかも、格差縮小方式では、一般世帯の六〇％水準という、社会全体の中での最低限と、隣接低所得階層として、年収第１十分位階層との均衡という、異なった二つの判断基準が示されています。それらがなぜ「最低限」を示す指標になるのかは、はっきりしていません。「格差縮小方式」の導入を仕掛けた中央社会福祉審議会の今井一男氏もあくまで「暫定方式」であって、いずれもっと明確な最低生活費算定の方式が考案されるべきだと考えていたようです(厚生省社会局保護課　一九八一：一九一)。

格差縮小への合意の時代から「水準均衡」の確認へ

ともあれ、この格差縮小によって、保護基準が上昇していったのは確かです。さすがに、一九七〇年までに③の目標を達成することはかないませんでしたが、一九八三年になって、保護基準が一般世帯の六割水準を超えるところへきたということで、中央社会福祉審議会は、この水準を妥当だとする意見具申を行ないました。一九八五年頃より「水準均衡方式」という呼び名が使われるようになりますが、厳密にいえばこれは方式ではなく、均衡を確認したから、格差縮小しなくてよいということに過ぎなかったのです。

では、水準均衡による基準の改定はどうするか。審議会は「当該年度に予想される国民の消費動向に対応する見地から、政府経済見通しの民間最終消費支出の伸びに準拠することが妥当である」としました。これは、先にみた格差縮小方式と同じですが、プラスアルファは設けないで、民間最終消費支出の伸びと同じくらいでいきましょう、ということですね。「なお、賃金や物価は、そのままでは消費水準を示すものではないので、その伸びは、参考資料にとどめるべきである」とも付けくわえました。近年、デフレ分による保護基準引き下げがなされましたが、これに対する反対意見は、この意見具申が一つの根拠となっています。なお、各地で提訴されている「生活保護基準引き下げ違法訴訟」は、この消費者物価のデフレ分を反映させた保護基準改定について、主に物価指数の虚偽性を問題にしています。

さて、二〇〇三年以降、特に二〇一三年から開始された生活保護基準部会の議論は、その後の基準引き下げとかかわっていますのでくわしく述べたいところですが、本書の目的からはやや外れるので、二つだけ重要な点を指摘しておきましょう。

一つは、もともと生活扶助基準の検証方法だった水準均衡という一般低所得世帯(たとえば年収の下から一〇%の世帯)と比較するという方法が、「特殊需要」といわれていた加算の検証にも使われたということです。何もかも一般低所得世帯の消費水準との「丈比べ」になってしまいました。

もう一つは、生活扶助基準本体について「スケールメリット」の妥当性に議論が集中したことです。経済学にはスケールメリット(規模の経済)という考えがあります。生活費は家族の規模によって拡大しますが、たとえば独身者が結婚して二人世帯になった場合、二倍になるわけではなく、一人あたりの費用は節約されるという経験則がこの一つですね。特に二〇一二年検証では、基準表は実態家計に比べてスケールメリットを十分反映していないという認識から、年齢別・世

帯人員別・級地別の消費水準の「指数」をつくる方向へ行きました。詳しくは註記します。(2)

この指数による基準改定は、標準世帯の水準均衡を確認して、多様な世帯類型に展開させていくという従来の水準均衡方式とは異なっています。つまり、一方では何もかも「丈比べ」しつつ、他方では従来の水準均衡とは異なったやり方が試される、という混乱状況があります。(3)

「格差の時代」の扶助基準の引き下げ圧力

では、なぜこうした検証になったのでしょうか。その大きな背景は、高度経済成長期のような「格差縮小」が合意される時代は過ぎ去り、新たな格差拡大の時代に入っていたということでしょう。そのため、生活保護基準への一般社会の見方も厳しくなっていきます。これを利用して、政府や経済財政諮問会議等が、具体的な加算の廃止や基準の切り下げを「先に決定」することが普通になってきました。

生活保護法では、保護基準は厚生労働大臣が決定する、とされています。実際は先にみたような審議会の専門的検討を経てつくられてきていますが、その検討の前に政府の方針が公表され、結局、厚労省はそれを実施せざるを得なくなります。私はこれらの部会のメンバーでしたから、もちろん責任があるわけですが、どうあがいても、期間内に既定事実としての「引き下げ」を図らねばならないという力の前には無力だったことを告白せざるを得ません。むろん、事後の影響調査の実施など、いくつかの改善点はありますが、結局、部会はその迷走への歯止めとして、統計的精緻さでこの迷走自体を見えなくする方向へ進んでいったことは否めないと思います。

つまり、「格差縮小」時代は、基準を上げることが目的とされ、「新格差時代」の現在は、低所得層との水準均衡によって、基準の引き下げ圧力が強くかかってきているわけです。これこそが、絶対基準なき相対比較方式の最大の弱点です。つまり、社会の所得や消費の格差が拡大すると、その下方に位置づけられている生活保護も下がっていきます。最低賃金や老齢年金より保護基準が高いことは、批判にさらされやすいのですが、G-MISとしての機能からみれば、他制度を押し上げていく役割が期待され、保護基準引き下げから最賃引き下げへ――という悪循環を阻止する可能性が生まれます。しかし、相対比較だけで決めてしまうと、全体の「まともな生活」の「最低限」が、容易に下げられてしまう可能性が高くなります。

2　唯一正しい最低生活費算定の方法があるわけではない

生活保護を解体しても、年金支援給付、求職者支援給付、生計維持給付などの生活扶助部分に対応する給付の水準は、少なくとも現状維持、できればG-MISとしての位置を保っていくことが望まれます。ではそのためには何が必要でしょうか。

ここでの提案は、全国消費実態調査(ないしは家計調査)データによる水準均衡の検証だけでなく、これを補強する別の参照基準が作成される必要があるというものです。むろんこれは、具体的な人びとの生活をイメージできる最低生活費のデータであることが望ましいわけですが、公式統計の弱点を補う、複数の異なったアプローチを併用していくことが重要と思います。

新たなマーケット・バスケット方式による算定

別の参照基準になりそうな調査研究は、この一〇年ぐらいのあいだに、すでにいくつか取り組まれています。その中心は、現代版マーケット・バスケット方式による最低生活費の算定です。その一つに、労働組合などによる、新たなマーケット・バスケット方式による最低生活費の算定があります。これらの算定は、デフレ下、格差社会における賃金の「最低限」の資料にしたいというねらいをもっています。森ます美氏が二〇一四年時点でのこれらの試算状況を要領良くまとめていますので、そちらを参照いただきたいと思います(表終-2)。森氏によれば、単身世帯でみると、「標準生計費」と掲げながら人事院の試算が最も低く、またマーケット・バスケット方式による算定でも差異が大きいと指摘しています(森 二〇一四:二一七)。

次に紹介しておきたいのは、この森氏の表にもあるMIS日本版による試

生活費を充足する賃金水準

(単位：円, %)

夫婦＋子２人世帯		所定内給与による充足率 1)		
標準／最低生計費	C 賃金月額(税込み)	A	B	C
228,050	294,185	160.1	――	82.5
259,562(小学２人)	314,000(小学２人)	158.7	116.2	77.3
464,614(9・13 歳)	563,652(9・13 歳)	103.9	69.3	43.1
422,614(9・13 歳)	――	――	――	――
――	――	97.1	――	――

月勤労統計調査」)による充足率を算出.
に 1.290 を乗じた.

表終-2　世帯類型別にみた標準／最低

	単身世帯		片親＋子1人世帯	
	標準／最低生計費	A 賃金月額（税込み）	標準／最低生計費	B 賃金月額（税込み）
人事院「標準生計費」	117,540	151,627	——	——
連合「最低生計費」	125,710（男）	153,000（男）	171,326（父＋小学）	209,000（父＋小学）
全労連「最低生計費」	191,406（25歳男）	233,801（25歳男）	299,044（母＋小学）	350,512（母＋小学）
消費支出	174,406（25歳男）	——	272,044（母＋小学）	——
MIS 最低生活費	193,810（男）	250,015（男）2)	——	——

原資料注 1）常用労働者の所定内給与 242,824 円（厚生労働省「平成 24 年毎
2）人事院「標準生計費」の負担費修正を適用し，MIS 最低生活費
出所）森（2014: 26）

算です。先に紹介したファイトｰウイルソン氏のＭＩＳという用語と同一ですが、政府の試算ではないという意味でＧはつけていません。これは英国ヨーク大学とラフバラ大学社会政策研究センター（ＣＲＳＰ）の共同で計画され、二〇〇八年からはラフバラ大学が単独で毎年改定しているものです。これも、マーケット・バスケット方式による最低生活費の一種ですが、次のような独特の研究デザインで実施されています。

少人数の市民（調査対象者）を一箇所に集め、座談会形式で「受け入れられる最小限度の生活費」について話し合いながら、バスケットの中身を決めていくという、フォーカス・グループインタビュー法を用いた質的調査です。

このグループは、たとえば高齢者

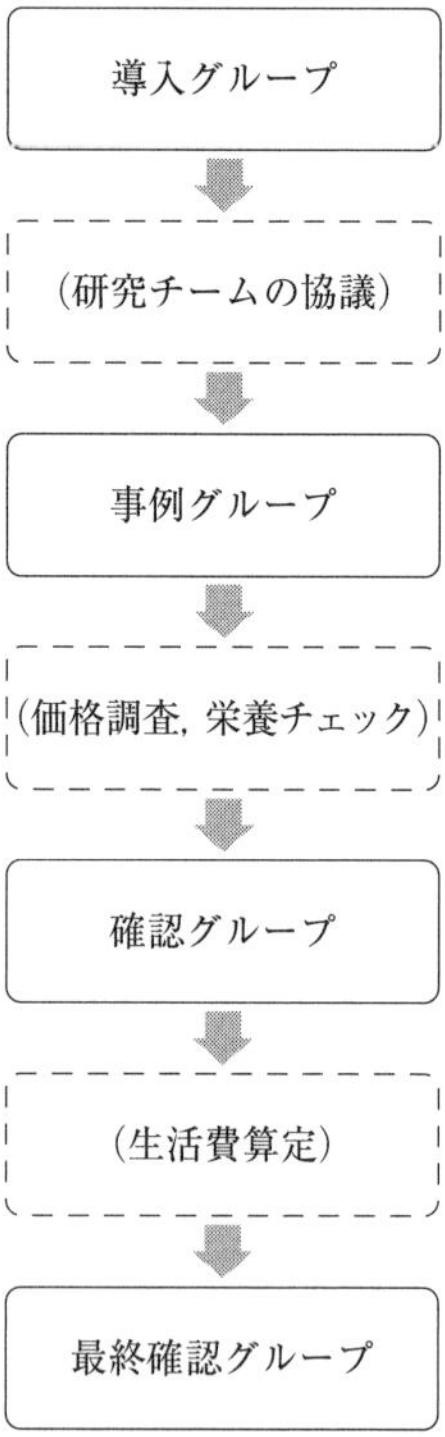

図終–3　MISフォーカス・グループ調査の流れ

資料）重川・山田（2012: 72）より作成．

（女性）の最低生活費については、当事者である高齢者（女性）によって構成されるよう、一般市民から募集されます。そのグループインタビューは、図終-3のように、導入→事例→確認→最終確認という四段階で行なわれます。その間に、研究チームや栄養学の専門家などによる検証および価格調査がなされ、その結果も次のグループインタビューに紹介されていきます。ここでは段階ごとに参加者が交替するので、様々な参加者の意見交換や、専門家からのフィードバックを加えながら、最低生活費は繰り返し修正されて、ゴールに辿り着くわけです。

この方法は、マーケット・バスケット方式の欠点＝専門家による恣意的な決定を退け、また市民による合意形成という新たな観点を持ちこんだ点に特徴があり、段階を重ねて行なうことによって、市民の中にある生活の「最低限」についての「コモンセンス（共通の認識）」が引き出されるのを期待することになります。また、市民参加は、妥当な基準の判断を「誰が行なうか」という重要な問題への一つの答えでもある点に注意してください。

日本での取り組み

このようなMISを、ほぼそのまま日本で試行したのは、二〇一〇〜二〇一二年の「三鷹MISプロジェクト」でした。国立社会保障・人口問題研究所の阿部彩氏（当時、現東京都立大学教授）を研究代表者とする「貧困・格差の実態と貧困対策の効果に関する研究」（厚生労働科学研究費補助金政策科学推進研究事業）の一環としてなされた「MIS手法を用いて推計された各世帯類型別の最低生活費の推計額」がこれにあたります。この実施にあたって、調査実施者は、ラフバラ大学から派遣された研究者から二日間のトレーニングを受け、この手法のエッセンスとフォーカス・グループインタビューのコツを学びました。

「三鷹MISプロジェクト」は、単身男性、単身女性、高齢単身男性、高齢単身女性、子どもを対象に、それぞれ実施しています。この結果、たとえば単身男女の消費支出合計は、二〇〇九年の全国消費実態調査・勤労単身世帯（大都市圏）の九〇％（男性）、八七％（女性）、家計調査（二〇〇八〜二〇一〇年）の大都市勤労単身世帯の九九％（男性）、九四％（女性）というレベルになり、住居費以外の消費支出でみると一般の約七割程度という結果になりました。(4)

このMISプロジェクトは継続され、二〇一九年には首都圏の別の地域で調査を行なっていますから、いずれ重要な参照基準になっていくと思います。

もちろん、MISは「理想的な」マーケット・バスケットであるにもかかわらず、日本での調査において困難がなかったわけではありません。特に、参加者の生活の「最低限」についての

「コモンセンス（共通の認識）」に期待して、誰もがもつニーズを、年齢、性別、居住以外の条件をつけずに引き出すという手法は、日本ではかなり難しいように思われました。

別のアプローチ――主観的生活費の研究

マーケット・バスケット方式の煩雑さを回避し、合意形成ではなく、参加者の「主観的生活費」として調査した研究があります（厚生労働科学研究費補助金政策科学推進研究事業「低所得者、生活困窮者の実態把握及び支援策の在り方に対する調査研究（主査・駒村康平）」の一環として二〇〇九年に試みられたもの。山田ほか 二〇一八c）。手法としての特徴は、第一に、最低生活費は、「切り詰めるだけ切り詰めて最低限いくら必要（K調査）」、「つつましいながらも人前で恥ずかしくない社会生活をおくるためにいくら必要（T調査）」という二通りに区分し、それぞれの質問を、同じ属性をもつ二つの調査対象グループに別々に割り当て、異なる尋ね方による最低生活費の「乖離」を計測しようとした点です。つまり最低生活費が、調査対象者にとってどれほど確固たる概念なのか、確かめる作業をしたことになります。

第二に、マーケット・バスケットのように一つひとつの生活財・サービスを確かめていくのではなく、消費カテゴリー別に金額を聞くという方法をとっています。これは先に触れた人事院の標準生計費にも似ていますが、現実の家計で行なわれているような、費目への予算割り当てに近いもので、月単位での必要消費（月額、一五項目）と、年単位での必要消費（年額、一一項目）の計二六項目で金額を算定します。つまり一年間の予想される消費は把握する一方、理論生活費のような減価償却費までは含んでおらず、価格調査などが不要になります。なお、持家の場合は、仮想家賃を記入してもらう仕組みです。

第三に、調査はウェブ調査として行なわれたため、合計額の自動計算を取り入れることによって、単にそれぞれの必要金額の積み重ねではなく、その合計額への注意を喚起し、実際の生活における「やりくり」感覚をキープできるというメリットがあります。この点は大変重要だと思います。実態家計の予算配分をコントロールするのに近い感覚で調査に臨めるという点で、マーケット・バスケットよりは無理が少ないかもしれません。

この調査の結果、①K調査とT調査の消費額の差異は、月単位の消費支出でTはKの一・二〜一・三倍の幅、年単位で一・二〜一・九倍の幅に収まっており、②生活保護との比較では、単身世帯のみが、K調査T調査より保護基準が低く、それ以外の世帯類型ではK調査とT調査のあいだに保護基準がある、という結果となっています(山田ほか 二〇一八c：一五五)。単身世帯においてTとKの乖離が最も大きく(一・九二倍)、また保護基準との位置関係にも特徴がある点については、なお今後の探究が必要でしょう。

低所得単身世帯の把握と家計実態アプローチの可能性

この単身世帯にかかわって、非正規労働などに従事している若年雇用者層の生活実態は、既存の公式統計や実態調査では見落とされる可能性が高いという問題点があります。他方、家計実態を基にした最低生活費算定方法として、エンゲル方式があったことはすでに述べました。マーケット・バスケット方式だけでなく、こうした家計法則を利用した最低生活費の算定はあり得るでしょうか?

これに挑戦したのが、「「流動社会」における生活最低限の理論的・実証的研究」(科学研究費補助金による、研究代表者・岩田正美)の一環として、貧困研究会家計調査部会が二〇〇八~二〇〇九年にかけて行なった、若年単身世帯(首都圏在住)の家計調査と最低生活費の試算です(5)。

この調査はワーキングプアなどを対象とする相談機関、社会団体を介した呼びかけに応じた単身者八四名(有効票七一名)への一カ月の家計調査(レシート保存方式)および生活状況調査です(6)。試算の前提として、単身者が首都圏で独立して暮らしていくための最低生活費を明確にするため、親からの家賃補助やルームシェア、労働住宅居住者は除くなど「賃貸自立」単身者モデルをつくり、これに合致した四一世帯について分析しました。

モデル世帯の消費支出は、所得階層の高低にかかわらず、上下に分布しており、約一七万円を境に消費支出水準の低いグループと高いグループに分かれていました。また両グループの家計構造をみると、生活基盤費(住居費、光熱水費)プラス携帯電話料はほぼ同じで、これらが固定費となっていること、生活費の調整は食費を含めた他の項目によって行なわれていることが分かりました。これらのどこに最低限の線を引くかが問題になります。生活基盤費を除いた消費支出を可処分所得階層別にみると、一五~二〇万円層で「抵抗」が生じており、抵抗水準は五~一五万円層まで続いていることが見出されました。ここで「抵抗」というのは、所得の低下にもかかわらず、それまでの生活構造の維持が試みられていることを示しており、篭山京氏や中鉢正美氏が生活構造論として理論化を試みたものです。さらに生活基盤費を除いた可処分所得と消費支出で、赤字黒字分岐点を確認してみると、先の「抵抗点」とほぼ同水準であるという結果が得られました。

以上から、若年単身者の最低生活費は、抵抗点から算出した①生活基盤費五万九二一八円＋一〇万六三二七円＝一六万五五四五円＋税・社会保険料と、赤字黒字分岐点から算出した②生活基盤費五万九二一八円＋一二万二八五七円＝一八万二〇七五円＋税・社会保険料という試算となりました。この「抵抗点」は生活扶助基準検証でも「変曲点」として用いられてきたことがありますが、玉田桂子氏の批判もあり（玉田 二〇一五）、なお検討が必要です。また、このモデルを使って、村上英吾氏が「全国消費実態調査」（二〇〇四年・個票データ）を用いて、三大都市圏の単身世帯のうち、二〇～四〇歳に絞った六五九ケースについて、類似の試算を行っています[7]（村上 二〇一一：三五～四二）。その結果では、生活基盤費が七万五〇七円とやや高く、「抵抗点」から見出した他の消費水準八万五〇二三円を加えた一五万五五三〇円＋税・社会保険料という水準が目安となると結論づけています。

複数の基準から生活保護基準を検証

以上みてきた労働総研のマーケット・バスケットによる試算（金澤 二〇〇九）、三鷹ＭＩＳ、主観的生活費ＫおよびＴ調査、家計調査部会試算、村上試算を生活保護基準（一級地、単身世帯）と比較したのが、図終-4（次頁）です。額は、生活扶助に見合う生活費の額です。どのアプローチよりも生活保護基準額が低くなっていますね。生活保護基準の検証は、多角的な最低生活費算定を参照して、補正していくことが不可欠ですが、それにはここで述べたような多様なアプローチを蓄積し、進化させていく必要があります。

なお、生活保護利用世帯の家計調査として厚労省による「社会保障水準調査」というものがありますが、ほとんど利用されていません。抽出や精度に問題があるのかもしれませんが、こうした統計は、保護基準改定の影響をモニターするうえでも、もっと活用すべきではないでしょうか。ちなみに、被保護家計はエンゲル係数が高い、典型的な貧困家計のままきています。またかつて厚生省は、「低消費世帯（＝現金支出が被保護世帯の平均消費支出額未満の世帯）」の割合の推計値を公表していました。このような低消費水準世帯の推計値や栄養と最低飲食物費の試算などが公表されると、多様なアプローチの参考になるでしょう。

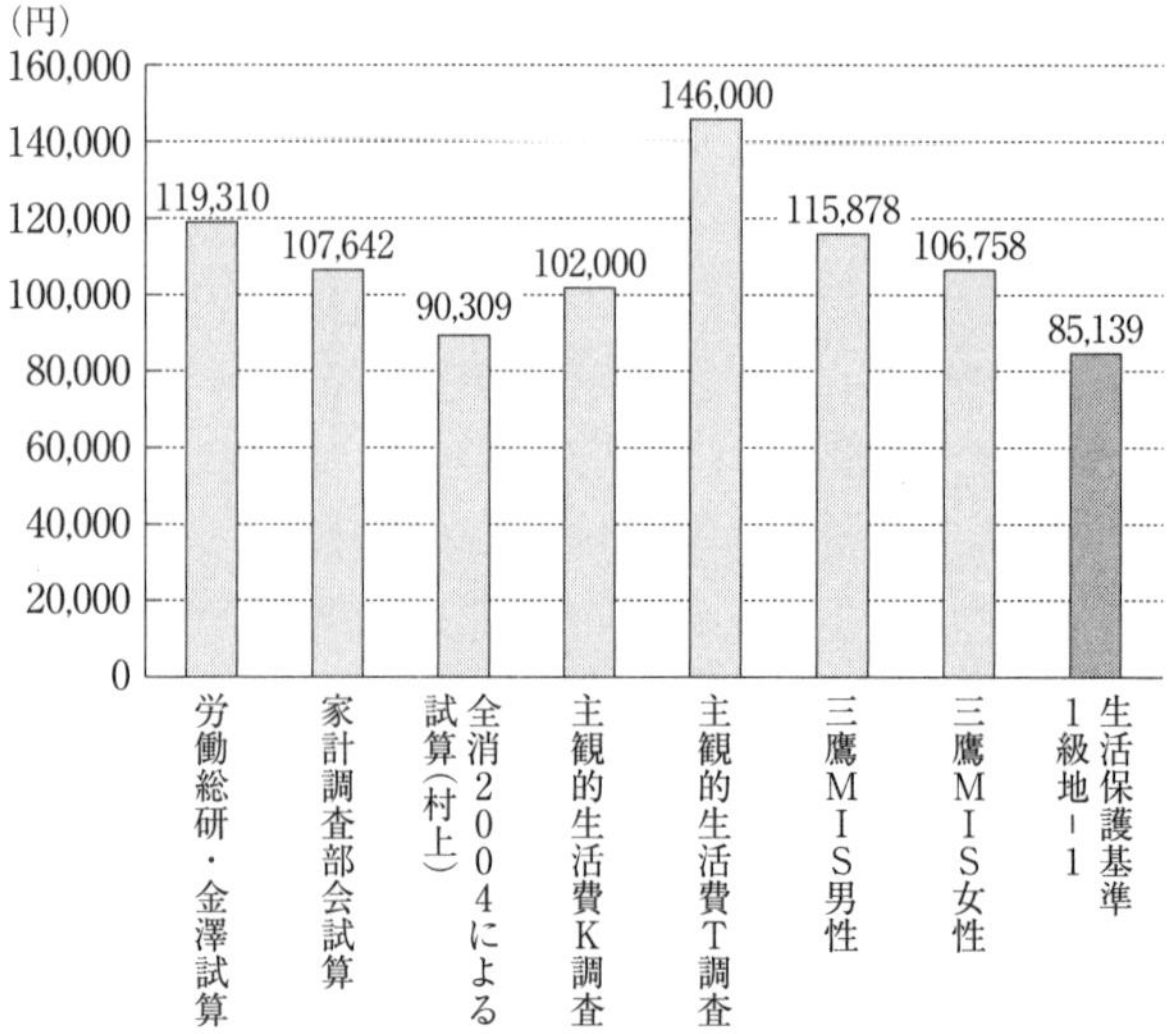

図終-4　各種アプローチによる最低生活費試算（生活扶助相当額）の比較（単身者）

3 「資産ベース」の福祉へ——転換は可能か？

資力調査か、課税資料か？

次に検討しておきたいのはミーンズテストについてです。解体し、再構築した扶助は、児童養育など一部を除き基本的に社会扶助ですから、なんらかの貧困証明が必要で、この点がベーシック・インカムとは異なります。では、どのような調査が必要でしょうか。すでに第Ⅳ章のいくつかの提案の中で言及していますが、ここであらためて、所得調査と資産調査について述べておきたいと思います。

まず所得はなんらかの基準以下とすることになりますが、それを現行のように福祉事務所の厳しい所得調査にまかせておくか、簡易だが信憑性のある課税資料などに求めるかが分岐点となると思います。私は、すでに示唆したように、課税資料による把握とその非課税基準を使うのが簡易でよいと考えますが、それにはいくつかの課題があります。

日本では、個人所得という同一の税源に国(所得税)と地方(個人住民税)とが別々に課税する方式をとっています。前者は今の所得を申告し、後者は前年の所得に基づくなど、煩雑です。しかし、税務大学校の日景智氏は、住民基本台帳をはじめとして多くの個人情報が地方(市区町村)に集約されているうえ、地方(市区町村)では、これらの情報を活用して、全住民にかかる個人住民税の課税・非課税の別のみならず、所得税の課税状況を集約・整理しており、このことが国(税務署)

側や納税者側の事務負担の軽減に資することとなっているとして、国と地方の調整メカニズムがうまく働いていると指摘しています(日景 二〇〇二)。

これに従えば、情報が集中しているのは地方(市区町村)なので、個人住民税の非課税基準などによって、所得把握をするのが簡便と考えられます。ただし、本章の最後に指摘するように、行政デジタル化を進めることによって、所得把握がリアルタイムで把握できるようになれば、地方税にこだわる必要はなくなるかもしれません。

また、課税情報を使う場合の問題は次の点です。一つは課税における不利益が生じないような税制度の設計や、第Ⅱ章で指摘した住民税非課税基準と扶助基準との関係の明確化が求められることです。非課税基準でも、全部非課税、所得割非課税がありますし、世帯全員非課税とするかどうかという問題もあります。これらが、G-MISとしての扶助基準に対して、どういう位置関係にあるのかを明らかにしつつ、それぞれの基準額を調整すべきでしょう。

これまでいわれてきたように、扶助基準≒住民税全部非課税≒住民税所得割非課税≒なんらかの低所得基準というような「近似」関係の確認ではダメです。たとえば、扶助基準＝住民税全部非課税∧住民税所得割非課税∧なんらかの低所得基準のような関連付けを明確に行なうということです。すでに述べたように、ボーダーラインの低所得層を把握するには、それを生活扶助基準より高めに設定しなくてはなりません。ですから住宅手当などでは、高めの低所得基準を設定する必要があります。

個人単位を原則に

次に、解体した給付や手当についても、現在の生活保護法の世帯単位原則のままでいくのか、という問題があります。生活は世帯を単位としますし、地方住民税では、同一世帯の扶養配偶者と扶養親族を考慮しています。しかし求職者支援給付、年金支援給付は、失業給付や年金等の給付が個人単位であることから、原則個人単位、これに夫婦単位を付加としてはどうかと思います。もちろん、同一世帯に未成年子がある場合、障害年金のように加算していくという方法があり得ます。もちろん、子どもの扶養は児童手当などで十分であれば、その必要もなくなります。ただし、住宅手当は、世帯単位とせざるを得ないでしょう。

もちろん、一般扶助として残す生計維持給付は、多様な世帯類型を考慮せざるを得ないかもしれません。しかしここでも世帯は、「単身」、同居の「夫婦（またはパートナー同士）」、「親と子」の範囲を原則とすべきと思います。ちなみに、二〇一九年の被保護者調査によれば、老齢世帯の九割が単身世帯、母子世帯の八割が二人世帯と三人世帯、障害傷病世帯の八割以上が単身世帯、その他世帯は六割が単身世帯です。むろん、少数といえども、多様な世帯類型や人数への対応は必要と思いますが、生活保護基準部会であれほど二人世帯以上のスケールメリット問題に時間を費やしても、実際にはほとんど単身化している、という現実も直視すべきと思います。この現実に対処できるような世帯と所得把握のルールをつくりなおしていくべきではないでしょうか。

世帯認定と扶養問題

なお、生活保護の扶養に対する見方は、「生活保持の義務」だけでなく、余力があるときに扶養の責任が生じる「生活扶助の義務」までひろくとっており、制定当時の小山進次郎氏にさえ「一番古い格好になっておった」(厚生省社会局保護課 一九八一：一二九)と言わしめたものでした。また、同居の世帯認定それ自体がそう簡単ではなく、別居や長期入院、「偽装離婚」まで疑って調査する実態があります。これは世帯認定だけでなく、扶養照会についても当てはまります。

小山氏はいずれ社会が変わると思っていたようですが、どうも社会は逆コースに向くこともあるので、最低生活保障に扶養義務の考えを入れ込まないほうが良さそうです。この扶養義務については、「保護の要件」ではなく「保護に優先」するもので、扶養がなされたときに収入認定するという原則なのです。保護に先立って活用する「その他あらゆるもの」の一部とする解釈もあります。この点は池谷氏の『生活保護ハンドブック』(二〇一七)を参照ください。

ただし、たとえば要保護層へのリバースモーゲージのような場合や、葬祭扶助の実施や遺留品の処分などに関しては、最後は相続の問題が絡んできます。私有財産制度の原則ですね。また、いざという時の連絡先を福祉事務所は求めるかもしれません。一般にも、医療の現場では、手術の同意書などは、かならず親族のサインを要求してきます。公営住宅を含めて賃貸住宅契約においても連帯保証人が要求される傾向が強まっています。日本社会にある、これらの「古い慣習」が、社会扶助の場にも持ち込まれてしまうのです。その意味で、親族はやっかいなファクターです。社会が引き受けたセーフティネットに関しては、「親族」や「相続」問題を回避できる方策を考える必要があります。

人間の生活にそくした家計の見方を

では、資産の調査はどうでしょうか。すでに、これまでの提案で述べてきたことと一部重複しますが、家計における資産とはなにかをおさらいしてみたいと思います。資産とは一般には預貯金、有価証券、土地建物など貨幣に換算でき、貨幣に換えることができるもの、あるいはもっと積極的にそれが利子などの利益を生むもの、というようにとらえることができます。あの人は資産家だという場合は、後者の使い方ですね。

資産家ではない私たちが貯金することには、二つの理由があると思います。一つはなんらかの「不測の事態（予想外の出来事）」への備え、もう一つは日々の家計運営のための「予備費」です。前者は、社会保障や福祉サービスが十分なものであれば不要かもしれませんが、基礎年金さえ最低生活費に届かない日本では、人びとはこの「私的保障」に勤しむ傾向にあります。もちろんそうできない人が多くなったのが近年の状況といえます。後者は、家計支出の多い月と少ない月の凸凹を「平準化」する費用です。たとえば来月は結婚式に参加するので今月は引き締めてとか、子どもの入学費用のために貯金しておくなど、要するに「やりくり費」ですね。家計においてはこうした「運転資金」が必要なことはすでに指摘しました。

生活保護は、一カ月の保護費を全部使って、次の保護費で翌月の生活を営むというように設計されていますが、それは実際の人間の生活とはまったくかけ離れたものです。ですから、おそらく多くの生活保護利用世帯では、それなりに切り詰めたり、緩めたりしているはずです。娘の高校進学のために郵便局で掛けていた学資保険受取額を収入認定するのは不当、とした最高裁判決が二〇〇四年に出ています。保険をすべて解約させ、収入認定してきたそれまでの保護行政に反省を迫りました。つまり、近い未来の支出を考慮して、小額をコツコツ貯めたり、簡易保険に入ったりするのは合理的な家計運営であって、資産形成ではないという見方ですね。

家計における「運転資金」の意味

現在の生活保護行政では、預貯金は二つに分類されます。一つは保護申請時の収入認定とかかわる、いわゆる「手持金」の取扱いです。現在のルールでは、手持金で収入認定されるのは、最低生活費の五割を超える額とされているので、逆にいえば最低生活費の半分までは認定されないことになります。これは、家計の「やりくり費」あるいは「繰越金」を念頭に置いてのことと厚労省は説明しています。しかし実際には、保護申請しても確定まで二週間程度かかるので、その間をしのぐための費用とも考えられています。

現在は一九五〇年代ではなく、低所得者にも平気で信用供与をする時代です。だから、頑張りすぎると、後からゼロではなくマイナス(負債をおった)状況で福祉事務所に行くということにもなりかねません。実際、生活困窮者支援の場では、まずこうした借金の整理が最初に行なわれざるを得ないのです。社会福祉ではなく、消費者問題としてこれらの問題を担当してきた弁護士さんの中には、家計簿をつけることを条件に借金整理をするといっていた方もいました。

社会扶助開始後も「まともな生活」を送るためには、ある程度の「運転資金」があり、できれば同じ住居に住み続けられ、さらにそれ以前の人間関係を断ち切る必要がない、といった若干の余裕が必要です。手持ち資金は、開始後のやりくり資金とするか、一時保護が想定している耐久財買い換えなどにあてる、あるいは保護廃止後の自立資金とする、というやり方をもう少し多く認めていったほうが、現実の生活に合っていると思います。

もう一つは「保護利用中」の「やりくり」や就学目的の預貯金です。これは認めるとしていますが、一二カ月ごとに申告や、その使途目的のチェックが必要であるとしています。このあたりが「生活管理」として嫌がられるところなのですね。

破産法における自由財産の考え方を参考に

この点で、参考になるのは、破産したときに、差し押さえから免除する「自由財産」という考え方です。破産手続きは、破産者の財産を貨幣に換算して、それを債権者に配当することになりますが、破産者の全財産は差し押さえません。破産法は、破産者の生活の立てなおしを図るため、「自由財産」といって、破産者に残して自由にできる金額を定めています。

この金額は、標準的な世帯の二カ月間の必要生計費を勘案して政令で定める額の金銭＝六六万円に二分の三を掛けた金額、つまり九九万円とされています。破産手続きから外される動産は他にもたくさんあり、給与も全額差し押さえとはならないし、社会保障給付は差し押さえから除外されます。また車などについては、換金して二〇万円以下であればそのまま所有していてよいとされる場合もあるそうです。破産と生活保護を同列に考えるわけにはいきませんが、現金保有としては半月ではなく六カ月程度、車などの保有も、換金して意味があるかどうかという点と、実際にそれが日常生活に不可欠かどうかという観点から判断するのが、常識的なところだと思います。この場合、副田義也氏のいわれるように、最低限の「まともな生活」に必要な資産という「プラスの思考」をしたほうがよく、何をもってはいけないというような「マイナスの思考」でこれをとらえないほうがいいのではないでしょうか(副田 一九九五)。

資産は「プラス思考」で

このプラスの思考に近いのが、英米を中心として展開されてきた、所得保障よりも資産保障(アセットベースの福祉)が貧困対策として効果的だという考えです。基礎にある発想は、「機会の平等」保障で、ベーシック・インカムに対して、ベーシック・キャピタルといわれてきました。たとえば、大人になるスタートラインで、富裕層の子どもは高学歴+親からの贈与金や財産分与に恵まれますが、貧困の中で暮らしてきた子どもたちにはそれはありません。そこで、ベーシック・キャピタルをすべての子どもに保障したらどうだろうかというアイディアが出されています。くわしくは、齊藤拓氏(二〇〇六)、野田博也氏(二〇〇九)の論文を参照していただきたいと思います。

アメリカの個人開発口座(ＩＤＡｓ)の地域実践はこの一例としてよく引用されています。これは低所得者も個人の専用口座をもち、そこへ預金をすると、それに対して公的・私的な第三者が一定割合の上乗せをし、あわせて金融教育や家計援助を行なうという実践です。アメリカのIDAsは主に非営利組織によって運営されましたが、これを国家の福祉政策として取り上げたのが英国の労働党政権のチャイルド・トラスト・ファンド(CTF)の公約でした。

チャイルド・トラスト・ファンド(CTF)は二〇〇五年に開始されました。それは、二〇〇二年九月以降に生まれた子ども(児童手当対象)名義で口座を開設し、そこに政府が二五〇ポンドずつ拠出するというものでした。これは普遍主義の政策ですが、子どもの親の収入が低い場合は政府拠出を最大五〇〇ポンドまで引き上げ、また途中でも政府による追加拠出がなされました。子どもの親族等も自発的にこの口座への拠出が可能ですが、口座の名義人(子ども)が一八歳になるまで引き出すことはできません。またそれまでに子どもたちは、その預金を生かすような金融教育を受けます。一八歳になる頃には、相当の額が口座に蓄えられていることになり、大人への出発点で、誰もが一定額の資産をもっている状態になるとしたわけです。この施策は口座開設する金融機関にも大歓迎され、低所得者の貯蓄率を上げたといわれていますが、キャメロン政権に代わった二〇一〇年に廃止されました。なお、現在でも高齢者用の社会扶助であるペンションクレジットには貯蓄クレジットが含まれており、所得保障のほか、貯蓄への上乗せがあるそうです。

もちろん、この資産ベースの福祉という考え方は、国家に代わって金融機関によって福祉を供与するようなものともいえますし、個人の家計にまで立ち入って、その財産形成に関与するのはどうかなあ、とも思います。ちなみに、日本の生活困窮者自立支援法でも、家計改善支援事業がありますが、この場合は、資産援助があるわけではないので、資産ベースの福祉にはほど遠いことも、付け加えておきます。

しかし齊藤氏は、「それ（資産ベースの福祉政策）が累進的な資産再分配、または普遍的資産給付とセットされるならば、連帯を損なうことなく、個人の自由を増大できる。これまでの福祉国家が、皆が同じ選択肢（公的な財・サービス）を与えられることによる、共同性・自明性に基づく連帯を提示したのに対して、資産ベース福祉国家は個々人が別々の選択肢を追求することを許容する連帯を提示しうる」と述べています（齊藤 二〇〇六：二六五）。

社会扶助の効果を高めるという発想

第Ⅳ章の提案では、資産要件については、六カ月程度としました。住宅手当の場合は、持ち家と高額な預貯金をもつ人だけを除外すればよいのではないでしょうか。なお、よくもめる車の保有ですが、福祉事務所の判断をあおぐというよりは、破産法でいうように、売ってもたいした金額にはならない車の保有を認めるというような原則をはっきりさせたほうがよいと思います。

他方で、資産の要件緩和をしたときの影響についての実証研究があります（山田ほか 二〇一八a）。これは二〇〇四年の全国消費実態調査データに基づくものですが、純金融資産の制限幅を動かしてその影響を計測しています。その結果、世帯主年齢、世帯人員によってその影響は異なり、高齢層では影響が大きい反面、壮年層（三〇〜四〇歳未満）では影響がほとんどないとしています。資産額はこのような実証研究による裏付けも、むろん必要でしょう。特に所得は少ないが預金は多いといわれている高齢者についてどう考えるかという問題があります。ただ、財政への影響が大きい＝緩和しない、と考えるのではなく、最低限保障にとって合理的な資産額という観点から判断すべきだと思います。

先述した車以外の耐久消費財については、厚生労働省の公式見解でも、すべて処分せよとはしていませんし、個々の事情によって保有が認められることが多いと思います。それでもその地域の「七〇％程度の普及率」などという尺度が示されてきた経緯があるので、それにこだわると高齢世帯のクーラーを取り外すなどという馬鹿げた対応も生じる可能性があります。現在、家電製品などはむしろその処分に費用がかかるほどで、換金価値はまったくないのです。こういうことは「常識」を働かせて、社会扶助の効果を高める方向で、資産問題を検討すべきと思います。

4　ベーシック・インカムのほうが早い？

パンデミック以降のリアリティ

新型コロナ禍で再び注目されているベーシック・インカムについても、私の考えをのべておきたいと思います。ベーシック・インカムとは、「すべての個人に無条件で保障される基本所得」のことを指します。新型コロナ対策で配られた一〇万円の給付金のようなもの、と考えると理解しやすいかもしれません。

このような構想は多様なかたちで展開されており、イデオロギーを問わず、またその財源についての考え方も一様ではありません。これらについて学びたい方は、日本にこれを早くから紹介している小沢修司氏(二〇〇二)や山森亮氏(二〇〇九)の入門書をご覧いただければと思います。ベーシック・インカムはまだ構想の段階と思われていますが、いくつかの国では、すでに導入の「実験」をしています。

本書のようなややこしい生活保護解体などを考えずに、一挙にベーシック・インカムを導入すれば、おそらく個々人の働き方や社会のありかたに、革新的な変化がもたらされることは必至でしょう。私も、生活扶助部分の解体については、ベーシック・インカムがあれば、ここにあてはまるなと思いました。

これまでも述べてきたように、社会扶助では資産調査をある程度含まざるを得ないし、労働能力の活用や、扶養照会の問題点などが指摘されています。そうした負の側面を一挙に解決し、そもそも「選別」を行なわない点で、ベーシック・インカムはもちろん今後の重要な検討課題になると思います。山森氏のいうように、福祉国家はどこまで改良しても、「働かざる者、食うべからず」を乗り越えることができないというのは、まったくそのとおりなのです(山森 二〇〇九:五九〜六〇)。

所得保障は完璧な手段ではない――方法がすべてを解決するわけではない

しかし、生活保護の現在から考えると、いくつかの問題が出てきます。私は本書を、ニーズから生活保護の構造をとらえなおす方向で書きました。その場合、ニーズだけでなく、ニーズを充足する手段も含めて考えると、所得保障という手段は、それが無条件であれ選別であれ、ニーズ充足の完璧な手段ではないということがわかります。医療・介護・教育・保育などのニーズはどうでしょうか。また住宅も特殊な財です。葬祭扶助、出産扶助なども考えると、所得保障だけでなく、市場とは一線を画した社会サービスをどのくらい、どのように前提とするかが問題になってきます。

もちろん小沢氏は、それをある程度織り込んで、日本に導入した場合の試算をされています（小沢 二〇〇二：一六七〜一八一）。やや時期が古いですが、これをみると生活扶助水準レベルの金額がまず想定されています。これを国民全員に配った時の総額①を出しています。他方で、機能別社会保障給付費という統計を参照し、そこから、労働災害、医療、住宅をのぞいた現金給付部分を合計した②を計算すると、②は①の四割をカバーするそうです。さらに税制の改革③によって、所得税率五〇％にしても、人びとの生活は十分成り立つことになるそうです。

この小沢試算では、現金給付以外の社会保障部分は、一応現状維持と想定されているとみられます。現在では、介護保険も必要ですし、障害者の介助人確保も必要でしょう。ところで現物財・サービスの保障は、まったくタダで保障されているわけではなく、保険料とサービス負担がかかります。社会扶助の議論では、これをゼロにして考えることができましたが、ベーシック・インカムでは、この負担が問題になります。また、もし医療や教育をすべて市場化してしまえば、基本所得を高くせざるを得ないでしょうから、それらを「脱商品化」した財として提供することへの合意が必要になります。このように、消費財やサービスの市場／非市場の配分と基本所得との関係をどう整理するかが問われます。

さらに大きな課題は、無条件基本所得の保障対象は誰かということです。先の新型コロナの全国民への「給付金」でも、住民登録をベースとしたため、受け取れなかった人びとが存在しました。外国人の制限をはじめ「選別」の問題が改めて出てくるかもしれません。私は、条件なしの基本所得という理想を否定しないし、ベーシック・インカムも一つの方法(といっても多様な方法がありますが)であると思います。しかし方法がすべてを解決するわけはないのです。

それは保険と扶助の「俗論」にもいえることで、保険や扶助は、それぞれの手法のために存在しているのではなく、共に「共同財源」によるニーズの充足の手段でしかないというところから、本書も出発しなおしたわけです。方法は、議論や実験で試されるべきでしょう。本書のような現実主義的なみみっちい改革(それでも全部は実現しそうもないですが)の繰り返しの中に、ベーシック・インカム的なものを導入しつつ、変革していくしかないと私はみています。たとえば、児童の扶養などはすぐにでも取り組めそうなニーズですよね。本書の生活保護解体の提案も、実はその一里となるかもしれません。

公共財としての所得情報

もちろん、ベーシック・インカム以外にも新たな給付方法の提案があります(8)。しかし、私が最後に注目しておきたいと思うのは、「所得情報のリアルタイム把握」とその給付への適用の提案です。これはベーシック・インカムのような大衆的関心が注がれていませんが、実は社会保障にとって、根本的に重要な提案だと考えます。

第Ⅳ章で森信茂樹氏らのグループによる「給付付き児童税額控除の提言」を紹介しましたが、同グループが二〇一七年に「ＩＣＴの活用と税・社会保障改革」という政策提言を行なっています。それは、情報通信技術を使った所得情報のリアルタイム把握によって、公平な所得再分配制度の実現が可能になるというものです。この中で、佐藤主光《もとひろ》氏は、英国が二〇一三年から、毎月の源泉徴収に際して所得情報のオンライン提出を義務づけたことに注目し、これが所得税徴収目的だけでなく、各種の扶助や手当（ユニバーサルクレジットに移行）へ、最新（一カ月前）の所得情報を反映させることでもあった、と指摘しています。

これまで述べてきたように、日本では、地方個人税課税台帳が簡易な所得調査の情報源となってきました。それはすべての給与所得者の「給与支払報告書」が居住する各市町村に提出されているからですが、同時に市町村が多様な給付やサービスを行なってきたからでもあります。佐藤氏は、別の論考で「所得情報は課税のためだけにあるのではない。社会保険料などの算定や減免、給付にも活用される「公共財」」なのだとも述べています（東京財団政策研究所税・社会保障ユニット「英国のＰＡＹＥ（Pay As You Earn）に学ぶ所得情報のデジタル化」二〇一七年一月二〇日）。

問題は、日本の所得把握は年単位で、しかも地方税は前年の所得を基礎としているということです。これでは、たとえば新型コロナによる影響で収入が激減しても、政策にすぐには反映しにくいですね。それをＩＣＴの活用で、リアルタイムに所得情報を把握できれば、緊急の給付政策にも反映されるわけです。二〇二一年九月のデジタル庁の発足を前提に、同じグループの小黒一正氏も「所得のリアルタイム把握を」という提言を日経新聞で行なっています（日本経済新聞二〇二一年五月二八日)。

もちろん、この前提として、給与所得ではない所得の把握をどうするか、またその公平性をどう担保するか、という基本問題があります。さらに国民健康保険組合などでは、所得定義それ自体が統一されていないという点も解決しなければなりません。しかし、私がこのようなデジタル化に希望をもつのは、それが国や地方政府のためだけでなく、個人や世帯にとっての所得、税、給付についての情報源でもあるからです。

「共同財源」と「私の家計」をリンクさせていくことが重要

税や社会保険料の「お知らせ」は大変わかりにくく、特に国保料などは、世帯主あてに通知がなされますから、個人になおしてもらわないと確定申告もできません。所得や世帯情報、個人情報を国や地方政府に、ただ渡すのではなく、個人や世帯がそれを取り戻す必要があります。しかもそうした情報が蓄積されれば、ある個人の生涯の負担と給付の軌跡さえわかるかもしれません。ある地域の、サービスの偏在も可視化するかもしれません。地域やグループでこうした情報をもとに、勉強会をすすめていったら、第Ⅲ章で紹介した塩野谷氏が指摘した「共同財源」という本質を確認しつつ、これへの社会成員の現実的な関与が可能になるのではないでしょうか。ついでに、医療や教育福祉のサービス情報も、個人や世帯が常にアクセスできるようにすべきでしょう。

また、企業にお任せの被用者も含めて、二〇歳以上は、北欧のように全員確定申告をしてはどうでしょうか。最近は確定申告もかなり簡便なものになっていますし、ネット上で質問・確認をしながら記入していくと、「共同財源」への関心が格段に高くなっていくはずです。そもそも「自助」「共助」「公助」などと思い込まされていますが、「公助」を「お上」に求めるのもおかしいのです。「私たちの共同財源」と「私の家計」をリンクさせて議論していく習慣を育んでいく必要があることを、強調しておきたいと思います。

なお、以上のタイムリーかつ正確な所得情報は、再分配機能を強化して格差是正を進めるためにも肝要です。税や社会保障の重要な機能は所得再分配にあり、どのような格差是正が行なわれているかの確認が欠かせません。日本では、一般の統計が単身世帯を十分把握していないので、格差や再分配の確認でも多くは二人以上世帯データが用いられています。リアルタイムの所得把握によって、単身世帯の所得把握が可能になると、生活保障の議論もより現実的なものになると思います。

また、前章での提案について、財源はどうするのだという批判がすぐ起こると思います。財源は税と保険料による「共同財源」であり、この配分を変えていくことによってしか実現しません。どう配分を変えていくかを考えるうえでも、日本の再分配とその効果の検証が役立つと思います。

ただし、先にも指摘したように、再分配や格差是正それ自体は、最低生活保障、貧困の解消を意味していません。本書の主題は、格差を是正しつつ、そこから落ちないほうがよい生活の「限界」を明確につくるということでした。所得情報の明確化は、格差是正ばかりでなく、その最低限および最低限より少し上の低所得基準を明らかにしていくように用いられなければならない点も、付け加えておきたいと思います。

時代は変化している

現行の生活保護法が成立してからすでに七〇年以上、皆保険・皆年金体制の確立からも六〇年が経過しています。序章で述べたように、生活保護は失業保険や失業対策事業とともに、敗戦直後、そして経済の自立化を迫られた時期の失業や貧困に、不十分ながらも対応してきました。皆保険・皆年金体制は、この後の高度経済成長を進む「日本株式会社の福利厚生部」であったという指摘は、まさにそのとおりでした。生活保護はこの「日本株式会社」からは外れた位置に置かれ、他方で社会扶助の性格を強くもった低所得者対策が、皆保険・皆年金体制内部に取り込まれていきました。日本が、経済成長に先駆けて、先進国型の社会保険を基軸とする社会保障を確立していったのは、こうした二重の社会扶助が仕掛けられていったからです。

しかし、一九九〇年代初頭のバブルの崩壊後の「失われた二〇年」のあいだに、「日本株式会社」もそれを支えた産業構造も、あるいは人口構造や家族の様相も、すっかり変わりました。工業社会の正規雇用労働者とその家族をモデルとした福祉国家のデザインは、グローバル化するポスト工業社会の「柔軟な」生産体制への移行や、その中での非正規雇用や下請け化の拡大とともに出現してきた若年者の長期失業や貧困などの新たな社会問題に十分対応することができませんでした。このため、ヨーロッパの福祉国家は、一九八〇年代以降その解体の危機と再建の途を探り当てなければならなかったのです。

しかし、バブル景気でその危機を先送りにした日本は、高齢化あるいは少子高齢社会への対応以外に抜本的な改革を行なってこなかったといえます。いわゆるリーマンショックといわれた世界金融危機への対応は、第二のセーフティネットという名の、小手先の対応に終始しました。生活保護以外の短期給付や貸付、就労への強い結びつけやサポートばかりが強調されていきました。それが可能だったのは、生活保護を「最後のセーフティネット」という位置へ押さえ込んできたからです。その「最後のセーフティネット」も「不正受給」などを口実に攻撃され、基準は下げられつつあります。

それはおかしい、というのが本書の問題意識でした。貧困の解決にとって中心的な手段は所得保障です。日々の暮らしのお金が足りないのに、サポートや自立支援ばかりを強調するのはもういい加減にしてもらいたい。社会扶助は、貧困の解決のために、もっと使えるように、社会保険や社会手当と組み合わせて、柔軟に配置したほうがよいのです。そうしてはじめて社会保障が成り立つのだ、と考えてみてはどうかと提案したつもりです。また、生活保護を「公助」の代表のように扱うのもおかしいと多くの人に気づいてほしいと思います。生活保護は「お上」が貧しい人に与えるものではありません。私たちの「共同財源」から配分されるものであって、その配分の基準や条件は、私たちが決めるべきなのです。

(1) MISはファイト-ウィルソン氏による概念ではなく、一九九二年に、欧州委員会がその加盟国にMISの設定を勧告した。当時これをもたなかった英国にMISを設定する準備として、氏は一〇カ国のMISの状況を調査し、『妥当な標準の設定——政府はいかに最低所得を定義しているか』という報告を一九九八年に公刊している。

（2）生活保護基準部会（第八～一三回）では、次のような手順で検証が行なわれた。まず比較される一般低所得世帯を、単純に世帯年収の第1十分位と、世帯員一人当たり年収の第1十分位の二種類で設定し、その二つの平均値を取ることが前提された。そのうえで、一類費の年齢別消費水準を指数化し、基準と比較する。次に一類費および二類費の世帯人員別の平均消費水準を指数化し、基準と比較。最後に級地別に比較といった手順で消費実態と現行生活扶助基準の乖離を確かめた。なお、ここでの生活扶助基準は仮に第1十分位の全ての世帯が生活保護を受給した場合の一世帯当たりの平均受給額を不変とするようにして行なっている。このような手法を事務局は、「平均指数法」として説明した。平均受給額を不変とするというところが、あたかも基準を下げないというように誤読することを期待したのかもしれないが、わかりにくく、トリッキーな検証ではなかったか。またこれはデータの世帯類型等の実態に依拠するので、全国消費実態調査が全国民の生活実態として正しい、ということが前提にされている。

（3）検証では、主に「全国消費実態調査」データが使われてきた。これは、五年に一度、九、一〇、一一月の三カ月（二人以上世帯）、一〇、一一月の二カ月（単身世帯）に実施される調査である。全国消費実態調査のサンプル抽出は、地域別、類型別に抽出率が違うため、係数による補正が行なわれている。ところが基準の検証は、全国消費実態調査の個票データを借りだしているため、補正が欠落してしまっており、さらに大きな問題として、単身世帯調査の扱いがあった。もともと単身世帯調査は後から付け加えられたもので、その実施時期も抽出方法も異なった、いわば別の調査である。ところが、これまでの生活扶助基準の検証では、二人以上世帯と単身世帯を単純に合体して消費実態の差異を検証してしまった。なお、単身世帯も含めた調査の困難もあり、「全国消費実態調査」は二〇一九年から「全国家計構造調査」として全面見なおしを行なっている。

（4）くわしくは社会政策学会『社会政策』第四巻第一号（二〇一二）の岩永理恵・岩田正美、重川純子・山田篤裕、卯月由佳の論稿を参照のこと。

(5) 試算は、村上英吾、松本一郎、岩永理恵、鳥山まどかの各氏と私の共同作業によるもの。くわしい結果については『貧困研究』四〜六号(貧困研究会家計調査部会)を参照。

(6) 家計調査はレシート保存によって後から調査員が記入できるように設計し、対象者の負担を減らしているが、このため集計は難航を極めた。現在であれば、カード決済などの手法を取り入れられたかもしれない。男性が四八、女性が二三。二〇歳代が約半数の三四、三〇歳代が二二、四〇歳代が一四、無回答が一であった。「収入のある仕事をしている」が六四、「していない」が七、うち仕事を探しているのが四であった。仕事をしている場合の雇用形態は、「正規職員・正社員」一六(二五・〇%)、非正社員は四六(七一・九%)であった。

(7) このケースのうち、寮・寄宿舎居住が四八%を占めたのは、先にも述べた単身世帯抽出の問題点といえる。これらのうち月収一五万円未満のケース数は合計三六で、家計調査部会の三三と数がほとんど変わらなかった。低所得単身世帯や母子世帯などの実態は「公式統計だから十分」というわけにはいかないことが示されている。

(8) 小林慶一郎氏とシロー・アームストロング氏は、オーストラリアの所得連動型学生ローンの仕組みのように、「所得連動課税条件付き現金給付」を提案している。これは自己申告だけで、生活困難に陥った人に毎月生活資金として一五万円ずつ一年間、総額一八〇万円の現金を給付する。事前の審査はなく、受給申請者は、自分の名前とマイナンバーカードを自己申告するだけで、無審査無担保で給付を受けられるようにする。そして、三年後から所得税に上乗せして追加課税するかたちで、給付金を実質的に回収することとする。事後の所得が低い人は返済せず給付を受け取ったままになり、事後の所得が高い人は返済するので、公正性も保たれる、としている(独立行政法人経済産業研究所「特別コラム 事前審査なしの現金給付を——ただし、所得連動課税条件付きに」二〇二〇年四月一四日)。

参考文献

Alcock, P., Glennerster, H., Oakley, A. and Sinfield, A. eds. (2001) *Welfare and Wellbeing: Richard Titmuss's Contribution to Social Policy*, The Policy Press, Bristol, UK
ベヴァリッジ、W(一九四二)「社会保険と関連サービス」健康保険組合連合会訳『調査時報』No.31、一九六〇年三月
中鉢正美(一九七五)「福祉年金と老齢加算」『生活と福祉』二二七号
Department for Work and Pensions (2020) *Income-Related Benefits: Estimates of Take-up*
エンゲル(森戸辰男訳 一九四二)『ベルギー労働者家族の生活費』(統計学古典選集 一二巻)栗田書店
藤澤宏樹(二〇〇七)「就学援助制度の再検討(1)」『大阪経大論集』五八巻一号
藤原千沙(一九九七)「母子世帯の所得保障と児童扶養手当て――児童扶養手当制度の見直しによせて」『女性と労働21』二三号
深田耕一郎(二〇一三)『福祉と贈与――全身性障害者・新田勲と介護者たち』生活書院
福田素生(二〇一九)「障害年金をめぐる政策課題」『社会保障研究』四巻一号
鳫咲子(二〇〇九)「子どもの貧困と就学援助制度――国庫補助制度廃止で顕在化した自治体間格差」『経済のプリズム』六五号
濱口桂一郎(二〇二〇)「緊急コラム 新型コロナ対策としての家賃補助の対象拡大」労働政策研究・研修機構HP https://www.jil.go.jp/tokusyu/covid-19/column/006.html
林正義(二〇一〇)「生活保護と地方行財政の現状――市単位データを中心とした分析」『経済のプリズム』七八号

日景智(二〇〇二)「所得税と個人住民税との関係について――わが国個人所得課税のメカニズム」『税務大学論叢』三九号
Hills, J. (2015) *Good Times, Bad Times: The Welfare Myth of Them and Us*, The Policy Press, Bristol, UK
貧困研究会家計調査部会(岩田正美・村上英吾・岩永理恵・松本一郎・鳥山まどか)(二〇一一)「「流動社会」における生活最低限の実証的研究4　家計実態アプローチによる最低生活費――生活保護基準等との比較」『貧困研究』七巻
平山洋介(二〇二〇)『マイホームの彼方に――住宅政策の戦後史をどう読むか』筑摩書房
広井良典(一九九九)『日本の社会保障』岩波新書
本間義人(一九八八)『内務省住宅政策の教訓公共住宅論序説』御茶の水書房
堀勝洋(二〇〇〇)「社会保障法判例(杉尾訴訟控訴審判決)」『季刊　社会保障研究』三六巻三号
星野信也(二〇〇〇)『「選別的普遍主義」の可能性』海声社
池田和彦(二〇一五)「貧困層に対する医療保障制度の現状と課題」『筑紫女学園大学・筑紫女学園大学短期大学部紀要』一〇号
池谷秀登(二〇一七)『生活保護ハンドブック』日本加除出版株式会社
稲葉剛・小林美穂子・和田静香編(二〇二〇)『コロナ禍の東京を駆ける――緊急事態宣言下の困窮者支援日記』岩波書店
稲葉剛・小川芳範・森川すいめい編(二〇一八)『ハウジングファースト――住まいからはじまる支援の可能性』山吹書店
岩永理恵(二〇一一)『生活保護は最低生活をどう構想したか――保護基準と実施要領の歴史分析』ミネルヴァ書房
岩永理恵(二〇一四)「生活保護制度における住宅扶助の歴史的検討」『大原社会問題研究所雑誌』六七四

号
岩田正美(二〇一七)『貧困の戦後史——貧困の「かたち」はどう変わったのか』筑摩書房
岩田正美・岩永理恵(二〇一二)「ミニマム・インカム・スタンダード(MIS法)を用いた日本の最低生活費試算」『社会政策』四巻一号
Joseph Rowntree Foundation (2020) *A Minimum Income Standard for the United Kingdom in 2020*
角崎洋平・村上慎司(二〇一六)「低所得世帯・要保護世帯向けリバースモーゲージの現状と問題点」『社会福祉学』五七巻二号
篭山京(一九七八)『公的扶助論』光生館
篭山京・江口英一・田中寿(一九六八)『公的扶助制度比較研究』光生館
金澤誠一編(二〇〇九)『「現代の貧困」とナショナル・ミニマム』高菅出版
香取照幸(二〇一七)『教養としての社会保障』東洋経済新報社
権丈善一・権丈英子(二〇〇九)『年金改革と積極的社会保障政策 第二版』慶應義塾大学出版会
菊地英明(二〇〇三)「生活保護における「母子世帯」施策の変遷——戦後補償と必要即応原則」『社会福祉学』四三巻二号
菊池馨実(二〇一八)『社会保障法 第二版』有斐閣
木下武徳(二〇一八)「生活保護の増大で財政は破綻する?」岩永理恵・卯月由佳・木下武徳『生活保護と貧困対策——その可能性と未来を拓く』有斐閣
木村忠二郎(一九五〇)『改正生活保護法の解説』時事通信社
岸勇(野本三吉編 二〇〇一)『公的扶助の戦後史』明石書店
小林成隆・西川義明(二〇一〇)「わが国における低所得者の定義をめぐって——市町村民税非課税者等という基準の妥当性」『名古屋文理大学紀要』一〇号
国立社会保障・人口問題研究所(二〇二〇)『平成三〇年度社会保障費用統計』

駒村康平(二〇一四)『日本の年金』岩波新書
小西砂千夫(二〇一七)「社会保障改革と基礎自治体の財政運営」『社会保障研究』一巻四号
小沼正(一九七四)『貧困――その測定と生活保護』東京大学出版会
是枝俊悟(二〇一一)「新旧児童手当と子ども手当の比較分析」『Legal and Tax Report』大和総研資本市場調査部制度調査課
厚生省年金局編(一九六二)『国民年金の歩み　昭和三四―三六年度』
厚生省社会局保護課(一九八一)『生活保護三十年史』社会福祉調査会
厚生労働省(二〇一二)「社会保障制度の低所得者対策の在り方に関する研究会」資料
小山光一(一九九九)「生活保護制度の構造とメカニズム」『北海道大学経済学研究』四八巻三号
小山進次郎(一九五一)『生活保護法の解釈と運用・改訂増補』(復刻版一九七五)全国社会福祉協議会
小山進次郎(一九五九)『国民年金法の解説』時事通信社
倉田賀世(二〇〇一)「市町村国保における保険料減免対象者の範囲――国保料杉尾訴訟・旭川地裁判決」『賃金と社会保障』一三〇二号
黒田有志弥(二〇一六)「社会手当の意義と課題――児童手当制度及び児童扶養手当制度からの示唆」『社会保障研究』一巻二号
黒木利克(一九五五)「医療扶助の現況と問題点」『社会事業』三八巻八号
牧園清子(一九九九)『家族政策としての生活保護――生活保護制度における世帯分離の研究』法律文化社
牧園清子(二〇一〇)「生活保護政策における自立と自立支援」『松山大学論集』二二巻四号
マーシャル、T・H(岡田藤太郎訳　一九八九)『福祉国家・福祉社会の基礎理論――「福祉に対する権利」他論集』相川書房
丸山桂(二〇一八)「住宅手当の構想――住宅手当導入の費用と効果」山田篤裕・駒村康平・四方理人・田中聡一郎・丸山桂『最低生活保障の実証分析』有斐閣

三井康壽（二〇一二）「自助・共助・公助論」『都市住宅学』七二号
みわよしこ（二〇二一）「生活保護はどうあるべきか？　ラジオ出演で語り尽くせなかった「宿題」」『ダイヤモンドオンライン』https://diamond.jp/articles/-/261888
百瀬優（二〇一六）「障害年金の課題と展望」『社会保障研究』一巻二号
森ます美（二〇一四）「デフレ下の賃金水準引上げ政策と「標準／最低生計費」の算定」『昭和女子大学女性文化研究所紀要』四一号
森信茂樹編（二〇〇八）『給付つき税額控除――日本型児童税額控除の提言』中央経済社
村上英吾（二〇一一）「「流動社会」における生活最低限の実証的研究3　「全国消費実態調査」との比較」『貧困研究』六号
村上貴美子（二〇〇〇）『戦後所得保障制度の検証』勁草書房
長嶋佐央里（二〇一四）「個人住民税の非課税限度額に関する考察」『経済学論究』六七巻四号
中尾友紀（二〇一八）「国民年金法の立案過程――自由民主党および厚生省における拠出制・無拠出制年金の検討」『社会保障研究』三巻一号
NHK・JILPT（二〇二〇）『新型コロナウイルスと雇用・暮らしに関するNHK・JILPT共同調査結果概要』
NHK取材班（二〇一三）『生活保護三兆円の衝撃』宝島SUGOI文庫
西村淳（二〇一六）「国民年金再考――非正規雇用・低所得者の増加と年金制度体系」『社会保障研究』一巻二号
新田勲（二〇〇九）『足文字は叫ぶ！――全身性重度障害者のいのちの保障を』現代書館
野田博也（二〇〇九）「アメリカにおける「個人開発口座IDAs」の展開――資産ベース福祉政策に関する予備的研究」『貧困研究』二号
大林尚（二〇二〇）「核心　貧しさ見放す日本の政治」日本経済新聞（六月二九日朝刊）

小沢修司(二〇〇二)『福祉社会と社会保障改革――ベーシックインカム構想の新地平』高菅出版
労働政策研究・研修機構(二〇一五)「求職者支援制度利用者調査――訓練前調査・訓練後調査・追跡調査の三時点の縦断調査による検討」『労働政策研究報告書』一八一号
齊藤拓(二〇〇六)「(研究ノート)福祉国家改革の一方向性――各国に見る資産ベース福祉への移行」『コア・エシックス』二号
坂口正之(二〇〇二)「わが国の遺族年金制度の形成と展開」『生活科学研究誌』一号
堺恵(二〇二〇)『児童扶養手当制度の形成と展開――制度の推移と支給金額の決定過程』晃洋書房
酒井正(二〇二〇)『日本のセーフティネット格差――労働市場の変容と社会保険』慶應義塾大学出版会
『生活保護手帳』中央法規
『生活保護手帳 別冊問答集』中央法規
『生活と福祉』全国社会福祉協議会、一～五五三号
社会保険庁年金保険部国民年金課編(一九八五)『国民年金二十五年のあゆみ』ぎょうせい
社会保険実務研究所(二〇〇五)『週刊 国保実務』二四七六号
社会保険実務研究所編(二〇一〇)『新・国民健康保険基礎講座』
柴香里(二〇一二)「生活福祉資金貸付制度の現状と課題――近年の制度改正に着目して」国立社会保障・人口問題研究所 Discussion Paper Series (No. 2010-J01)
重川純子・山田篤裕(二〇一二)「日本におけるミニマム・インカム・スタンダード(MIS法)の適用とその結果」『社会政策』四巻一号
四方理人(二〇一〇)「高齢者の最低所得保障――国民年金と生活保護について」駒村康平編『最低所得保障』岩波書店
四方理人(二〇一七)「社会保険は限界なのか?」『社会政策』九巻一号
嶋田佳広(二〇一八)『住宅扶助と最低生活保障――住宅保障法理の展開とドイツ・ハルツ改革』法律文化

社
島崎謙治(二〇一一)『日本の医療——制度と政策』東京大学出版会
島崎謙治(二〇一四)「日本の国民皆保険の実現プロセスと開発途上国への政策的示唆」『早稲田商学』四三九号
塩野谷祐一(二〇〇二)『経済と倫理——福祉国家の哲学』東京大学出版会
副田義也(一九九五)『生活保護制度の社会史』東京大学出版会
菅沼隆・土田武史・岩永理恵・田中聡一郎編(二〇一八)『戦後社会保障の証言——厚生官僚一二〇時間オーラルヒストリー』有斐閣
田多英範(二〇一一)「福祉国家と国民皆保険・皆年金体制の確立」『季刊 社会保障研究』四七巻三号
髙阪悌雄(二〇二〇)『障害基礎年金と当事者運動——新たな障害者所得保障の確立と政治力学』明石書店
武川正吾(二〇一〇)「二つの共助」『福祉社会学研究』七巻
玉田桂子(二〇一五)「生活保護基準の決まり方についての検討——変曲点の観点から」福岡大学先端経済研究センターワーキング・ペーパーシリーズ(WP-2015-002)
玉井金五(二〇一二)『共助の稜線——近現代日本社会政策論研究』法律文化社
玉井金五(二〇一七)「財源調達と社会政策」『社会政策』九巻一号
田宮遊子(二〇一〇)「母子世帯の最低所得保障」駒村康平編『最低所得保障』岩波書店
田中秀明(二〇一一)「年金・扶助・租税の一元化——保険原理と再分配原理をどうバランスさせるか」財務総合政策研究所 Discussion Paper Series(No. 11A-07)
田中聡一郎(二〇一三)「市町村民税非課税世帯の推計と低所得者対策」『三田学会雑誌』一〇五巻四号
立岩真也(一九九五)「私が決め、社会が支える、のを当事者が支える——介助システム論」安積純子・岡原正幸・尾中文哉・立岩真也『生の技法——家と施設を出て暮らす障害者の社会学 増補改訂版』藤原書店

東京都福祉保健局（二〇一七）「生活保護運用事例集」（二〇一九年改訂）
土田武史（二〇一一）「国民皆保険五〇年の軌跡」『季刊 社会保障研究』四七巻三号
土田武史（二〇一二）「国民皆保険体制の構造と課題――国民健康保険の視点から」『早稲田商学』四三一号
卯月由佳（二〇一二）「ミニマム・インカム・スタンダードの日英比較」『社会政策』四巻一号
宇南山卓（二〇一一）「児童手当が家計消費に与えた影響」経済産業研究所 Discussion Paper Series（11-J-021）
Veit-Wilson, J. (1998) *Setting adequacy standards: How governments define minimum incomes*, The Policy Press, Bristol, UK
山田篤裕・布川日佐史・『貧困研究』編集委員会（二〇一四）『最低生活保障と社会扶助基準――先進八ヶ国における決定方式と参照目標』明石書店
山田篤裕・駒村康平・四方理人・田中聡一郎・丸山桂（二〇一八a）『最低生活保障の実証分析――生活保護制度の課題と将来構想』有斐閣
山田篤裕・四方理人・田中聡一郎・駒村康平（二〇一八b）「生活保護受給世帯率の地域差と資産保有」山田篤裕・駒村康平・四方理人・田中聡一郎・丸山桂『最低生活保障の実証分析』有斐閣
山田篤裕・四方理人・田中聡一郎・駒村康平（二〇一八c）「主観的最低生活費の測定」山田篤裕・駒村康平・四方理人・田中聡一郎・丸山桂『最低生活保障の実証分析』有斐閣
山森亮（二〇〇九）『ベーシック・インカム入門――無条件給付の基本所得を考える』光文社新書
吉原健二・畑満（二〇一六）『日本公的年金制度史』中央法規
全国知事会・全国市長会（二〇〇六）「新たなセーフティネットの提案――「保護する制度」から「再チャレンジする人に手を差し伸べる制度」へ」
全国障害者介護制度情報 http://www.kaigoseido.net

あとがき

本書の内容については、かなり前から考えていたことですが、「有言実行」でモチベーションを上げるため、こういう本を書こうと思っている、と周りに言ってきました。すると、ある支援団体の方が、「やさしく」書いてね、と私に釘をさしたのです。うーん、確かに……。かつて新書を出した時、福祉現場の方に、「読み始めて三分の一で挫折」と言われてしまいました。そのうえ、価格が高くなると、読んでもらいたい方々に届けられません。そこで、「ですます調」でなるべくやさしく書くから、安い本にして、と編集者に頼みました。

とはいえ、「やさしく」書くのは容易ではありません。それは文章の問題もありますが、ここで私が書こうとしたことが、研究として、すでに明らかになっていることではなかったからです。実は、生活保護制度をこのように正面切って扱ったのは、私にとって初めての経験でした。かつて東京の家のない人びとを主な対象としてきた更生施設の退寮者記録を分析するにあたって、小山進次郎氏の『生活保護法の解釈と運用』を精読したり、いくつかの福祉事務所の「住所不定取扱」要領を集めたりしたことはありますが、なんとなく自分は生活保護を裏口からみているような感覚がありました。裏口というのは、居宅保護を原則とする生活保護の「表玄関」からではなく、家を失った人びとには、その「裏口」から病院や施設等に繋げる別の仕組みがあったからで、そこに興味をもったのです。しかし、本書では、「国民皆保険・皆年金」という日本の社会保障のメインストリームと、そこから排除され、周縁化された生活保護という位置取りで生活保護をとらえ、しかもメインストリームの中にも低所得者対策という名の社会扶助が仕込まれているという複雑な構図を検討しようとしました。そこで否応なく生活保護という制度とその基準に正面から立ち向かわざるを得ませんでした。

驚かれるかもしれませんが、社会保障や生活保護は、それらが国民の生活に深く関わっているにもかかわらず、専門の研究者は決して多くないのです。また専門研究は医療保障、年金保険、介護保険などの分野に分かれてしまい、生活保護研究も次第に困窮者支援に重点が置かれるようになっています。このため社会保障と生活保護をひっくるめた制度論は、ほとんどないといってもいい状況です。社会保険の低所得者対策は、さらにマイナーですから、それ自体が研究課題にはなりにくいのです。例外は、本書でもたびたび引用した駒村康平、山田篤裕の両氏とその研究グループの、優れた実証研究ぐらいでしょうか。

その意味で本書は、すでにわかっていることを、一般向けに「やさしく」書いたものではありません。私にとっても、謎の生活保護制度、低所得者対策をその内部に呑み込んだ国民皆保険・皆年金体制を再発見する旅でした。本書を読まれて、少しも「やさしく」ないね、と思われたとすれば、その理由の一つは、この再発見のプロセスを含んでいるためです。

再発見のための一つの軸は、小山進次郎氏の『解釈と運用』に戻り、これを篭山京先生の『公的扶助論』と対比することでした。小山氏は生活保護分野では神様扱いですが、国民年金とその低所得者対策の生みの親でもあり、皆保険・皆年金と生活保護の位置取りを決めた張本人でした。この、おそらく戦後厚生官僚の中でも突出して優秀な超人の定評ある解釈に異を唱え、篭山先生の解釈に分があるとしたのは、篭山先生の解釈が生活構造論に裏付けされた生活の基礎ニーズの違いから出発していたためにほかなりません。補足ですが、篭山先生の『公的扶助論』は実は篭山先生を介して出版社が小山氏に依頼したものだったのですが、氏が病に倒れられたので、篭山先生が引き継いだのだそうです。この本は「故小山進次郎氏の墓前に」捧げられています。

その他、特に原理問題については、塩野谷祐一、玉井金五の両先生から、改めて多くのご教示を得ました。本年四月に急逝された星野信也先生のご著書も再読しました。他方で、これまで研究者の少なかった失業保険や住宅扶助について、若い研究者の新しい成果が刊行されたばかりだったことも幸いしました。また終章で使った貧困線をめぐるいくつかの議論は、生活保護基準部会での議論や、阿部彩さんにお誘いいただいた三鷹ＭＩＳ調査、貧困研究会の家計調査の成果に基づくものです。改めてご参加の皆さまに感謝します。

新型コロナウイルスのパンデミックによる自粛の要請は、本を書くうえでは幸いでしたが、困ったのは図書館が使えなかったことです。国会図書館は抽選で何回か通いましたが、それでも欠けるところは、若い研究者の皆さまに頼りました。福祉年金については、中尾友紀さんに質問メールを送ったところ、貴重な資料のコピー付きの返事をいただきました。岩永理恵さんには、雑誌『生活と福祉』の毎年の基準改定の頁をスキャンした資料をいただき、また頻繁にＳＯＳを発して、その都度助けてもらいました。藤原千沙さんは別の要件でメールしてくれたのに、論文について質問したら、すぐコピーを送ってくださいました。さらに特別な感謝を捧げたいのは、池谷秀登氏です。東京都の運用事例集の最新版の提供や、その読み方をご教示いただいただけでなく、結局第I章については下読みをしていただき、間違いがないかの確認をお願いしてしまいました。もちろん、誤りがあれば、それは私の責任であることを申し添えます。

編集を担当していただいた岩波書店の堀由貴子さんは、二〇一九年の秋、偶然市中で私に声を掛けたのが運の尽きで、この厄介な編集作業に巻き込まれてしまいました。すぐできそうなことを言っていたのに、なかなか完成しない原稿を辛抱強く待ち、さらに一般読者の目から厳しくチェックして、私に突き返すという作業を、徹底してくださいました。「やさしく」書けない内容が少しは読めるようになったとすれば、堀さんと校正担当の方のご指摘のおかげです。なにしろ、校正では「ここは分からないので削除または注へ」の箇所がたくさんあり、あわてて書き直さざるを得ませんでしたから。なお、当初のタイトルは「生活保護解体私論」で、後から「私」を取ったのですが、私の気持ちでは、あくまで「私論」です。提言はもちろんまだ穴だらけで、もっと議論が必要なことはいうまでもありません。

有名 YouTuber の発言への世論の反発などに見られるように、このところ生活保護を見る目が少し変わってきたかもしれません。それは、一九九五年以降の「反貧困」運動の成果でしょうし、とりわけパンデミックのもとで困窮化した人びとを生活保護に結びつけるために、粘り強く活動してきた人びとの力があったからだと思います。さらに、生活保護制度を経験した人自身がSNSなどで発言を始めたことは画期的なことでした。それなのにお前は生活保護解体を提案するのか？　と別の私が絶えずささやく中での執筆でした。
もちろん、生活保護基準部会の発足以来、その検証を隠れ蓑に、基準引き下げがあれこれの側面から強行されてきた傾向が変わったとも思えないし、すこし譲歩したって扶養照会が取り下げられているわけではないのです。そのうえ、本書で述べた制度の本質的な問題点は、今後も生活保護を他の社会保障とは区別された特殊な位置におき続けるでしょう。やはり、もう解体→出直しだ、と弱気な態度にむち打って、まあなんとか出版にこぎ着けたというわけです。

バブル崩壊後、大都市の路上で夜を過ごす人びとが一気に増えたことに目を疑ってから、はや四半世紀も経ってしまいました。その間、大災害が何度もありました。金融危機もありました。そして今回のパンデミックです。その度に同じような臨時政策が繰り出されました。しかし、臨時政策は、あくまで臨時であって、結局、平時の生活の「最低限」を明確にもった社会がつくられているかどうかが、いつも問われてきたのではないでしょうか。

二〇二一年秋

岩田正美

岩田正美
1947年生まれ．日本女子大学名誉教授．中央大学大学院経済学研究科修了．日本女子大学博士(社会福祉学)．東京都立大学人文学部助教授，教授を経て，1998年日本女子大学人間社会学部教授，2015年定年退職．
主な著書に『戦後社会福祉の展開と大都市最底辺』(ミネルヴァ書房，1995年．福武直賞，社会政策学会学術賞受賞)，『現代の貧困——ワーキングプア／ホームレス／生活保護』(ちくま新書，2007年)，『社会的排除——参加の欠如・不確かな帰属』(有斐閣，2008年)，『社会福祉のトポス——社会福祉の新たな解釈を求めて』(有斐閣，2016年)，『貧困の戦後史——貧困の「かたち」はどう変わったのか』(筑摩書房，2017年)などがある．2001年から2011年まで厚生労働省社会保障審議会委員．2011年より同審議会生活保護基準部会臨時委員等歴任．

生活保護解体論—セーフティネットを編みなおす

2021年11月5日　第1刷発行
2022年1月14日　第2刷発行

著　者　岩田正美《いわたまさみ》

発行者　坂本政謙

発行所　株式会社 岩波書店
〒101-8002 東京都千代田区一ツ橋2-5-5
電話案内 03-5210-4000
https://www.iwanami.co.jp/

印刷・理想社　カバー・半七印刷　製本・中永製本

ISBN 978-4-00-061495-5　　Printed in Japan